本书由
中央高校建设世界一流大学（学科）
和特色发展引导专项资金
资助

中南财经政法大学"双一流"建设文库

文 | 化 | 传 | 承 | 系 | 列 |

中国古代"不应为"律研究

杨舒然 著

长江出版传媒
湖北人民出版社

图书在版编目(CIP)数据

中国古代"不应为"律研究/杨舒然著.
武汉:湖北人民出版社,2019.12
ISBN 978-7-216-09900-4
Ⅰ.中… Ⅱ.杨… Ⅲ.法律—研究—中国—古代 Ⅳ.D929.2
中国版本图书馆 CIP 数据核字(2020)第 018720 号

责任编辑:朱小丹
封面设计:陈宇琰
　　　　　张　弦
责任校对:范承勇
责任印制:王铁兵

中国古代"不应为"律研究
ZHONGGUO GUDAI BUYINGWEILÜ YANJIU
杨舒然 著

出版发行: 湖北人民出版社
地址:武汉市雄楚大道 268 号
印刷:武汉首壹印务有限公司
邮编:430070
开本:787 毫米×1092 毫米 1/16
印张:13.75
字数:229 千字
插页:2
版次:2019 年 12 月第 1 版
印次:2019 年 12 月第 1 次印刷
书号:ISBN 978-7-216-09900-4
定价:56.00 元

本社网址:http://www.hbpp.com.cn
本社旗舰店:http://hbrmcbs.tmall.com
读者服务部电话:027-87679656
投诉举报电话:027-87679757
(图书如出现印装质量问题,由本社负责调换)

总　序

“中南财经政法大学‘双一流’建设文库”是中南财经政法大学组织出版的系列学术图书，是学校“双一流”建设的特色项目和重要学术成果的展现。

中南财经政法大学源起于1948年以邓小平为第一书记的中共中央中原局在挺进中原、解放全中国的革命烽烟中创建的中原大学。1953年，以中原大学财经学院、政法学院为基础，荟萃中南地区多所高等院校的财经、政法系科与学术精英，成立中南财经学院和中南政法学院。之后学校历经湖北大学、湖北财经专科学校、湖北财经学院、复建中南政法学院、中南财经大学的发展时期。2000年5月26日，同根同源的中南财经大学与中南政法学院合并组建“中南财经政法大学”，成为一所财经、政法“强强联合”的人文社科类高校。2005年，学校入选国家“211工程”重点建设高校；2011年，学校入选国家“985工程优势学科创新平台”项目重点建设高校；2017年，学校入选世界一流大学和一流学科（简称“双一流”）建设高校。70年来，中南财经政法大学与新中国同呼吸、共命运，奋勇投身于中华民族从自强独立走向民主富强的复兴征程，参与缔造了新中国高等财经、政法教育从创立到繁荣的学科历史。

“板凳要坐十年冷，文章不写一句空。”作为一所传承红色基因的人文社科大学，中南财经政法大学将范文澜和潘梓年等前贤们坚守的马克思主义革命学风和严谨务实的学术品格内化为学术文化基因。学校继承优良学术传统，深入推进师德师风建设，改革完善人才引育机制，营造风清气正的学术氛围，为人才辈出提供良好的学术环境。入选“双一流”建设高校，是党和国家对学校70年办学历史、办学成就和办学特色的充分认可。“中南大”人不忘初心、牢记使命，以立德树人为根本，以“中国特色、世界一流”为核心，坚持内涵发展，“双一流”建设取得显著进步：学科体系不断健全，人才体系初步成型，师资队伍不断壮大，研究水平和创新能力不断提高，现代大学治理体系不断完善，国际交流合作优化升级，综合实力和核心竞争力显著提升，为在2048年建校百年时，实现主干学科跻身世界一流学科行列的发展愿景打下了坚实根基。

习近平总书记指出：“当代中国正经历着我国历史上最为广泛而深刻的社会变革，也正在进行着人类历史上最为宏大而独特的实践创新。……这是一个需要理论而且一定能够产生理论的时代，这是一个需要思想而且一定能够产生思想的时代。”[①]坚持和发展中国特色社会主义，统筹推进“五位一体”总体布局和协调推进“四个全面”战略布局，实现“两个一百年”奋斗目标、实现中华民族伟大复兴的中国梦，需要构建中国特色哲学社会科学体系。市场经济就是法治经济，法学和经济学是哲学社会科学的重要支撑学科，是新时代构建中国特色哲学社会科学体系的着力点、着重点。法学与经济学交叉融合成为哲学社会科学创新发展的重要动力，也为塑造中国学术自主性提供了重大机遇。学校坚持财经政法融通的办学定位和学科学术发展战略，“双一流”建设以来，以“法与经济学科群”为引领，以构建中国特色法学和经济学学科、学术、话语体系为己任，立足新时代中国特色社会主义伟大实践，发掘中国传统经济思想、法律文化智慧，提炼中国经济发展与法治实践经验，推动马克思主义法学和经济学中国化、现代化、国际化，产出了一批高质量的研究成果，“中南财经政法大学‘双一流’建设文库”即为其中部分学术成果的展现。

文库首批遴选、出版两百余册专著，以区域发展、长江经济带、“一带一路”、创新治理、中国经济发展、贸易冲突、全球治理、数字经济、文化传承、生态文明等十个主题系列呈现，通过问题导向、概念共享，探寻中华文明生生不息的内在复杂性与合理性，阐释新时代中国经济、法治成就与自信，展望人类命运共同体构建过程中所呈现的新生态体系，为解决全球经济、法治问题提供创新性思路和方案，进一步促进财经政法融合发展、范式更新。本文库的著者有德高望重的学科开拓者、奠基人，有风华正茂的学术带头人和领军人物，亦有崭露头角的青年一代，老中青学者秉持家国情怀，述学立论、建言献策，彰显“中南大”经世济民的学术底蕴和薪火相传的人才体系。放眼未来、走向世界，我们正以习近平新时代中国特色社会主义思想为指导，砥砺前行，凝心聚力推进“双一流”加快建设、特色建设、高质量建设，开创“中南学派”，以中国理论、中国实践引领法学和经济学研究的国际前沿，为世界经济发展、法治建设做出卓越贡献。为此，我们将积极回应社会发展出现的新问题、新趋势，不断推出新的主题系列，以增强文库的开放性和丰富性。

“中南财经政法大学‘双一流’建设文库”的出版工作是一个系统工程，它的推进得到相关学院和出版单位的鼎力支持，学者们精益求精、数易其稿，付出极大辛劳。在此，我们向所有作者以及参与编纂出版工作的同志们致以诚挚的谢意！

因时间所囿，不妥之处还恳请广大读者和同行包涵、指正！

中南财经政法大学校长 杨灿明

① 习近平：《在哲学社会科学工作座谈会上的讲话》，2016年5月17日。

目　录

绪　论

一、选题意义

（一）问题的提出

中国法律史学自20世纪以来，经由几代学者潜心钻研，成果颇为丰硕。在对大量文献史料搜集、整理、分析的基础上，无论是纵向方面还是横向方面，研究都在不断推进。得益于对文献史料的极大丰富，目前中国法律史研究硕果累累，学者们用大量的成就推进了这一学科的发展。我国悠久的成文法传统为今日的学者留下了极为珍贵的、探究古代法律及社会的第一手资料，多种形式的成文法规范为文本研究提供了丰富的观察对象。其中，作为数千年中华文化的凝结，历代法典是今人了解中国历史，了解传统法律和社会的重要研究对象，吸引了无数学者“焚膏油以继晷，恒兀兀以穷年”，孜孜不倦地研究其中的现象，皓首穷经地探寻其中的规律。若想了解传统中国的法律现象，法典无疑是最为直观的研究素材之一。

以历代法典为观察对象，可以发现，虽然随着时间的推移，经济水平的增长，社会的变化也会携着法律的变化。但是，法典之中的部分规范，会跨越时代的更迭，相对稳定地被保留下来。如果着眼于这些长期沿用的传统法律规范，我们常常能够借助这些规范的稳定性和延续性，从而窥探到传统中国法律的一些脉络所在。例如，为人们所熟知的“十恶”、“擅发兵”、“阑入宫殿”、“不应为”等规定，在后世相沿不断达上千年之久，虽然在这过程之中，有的会出现一些对罪名、适用规则、补充规定的细微修改，但是核心内容却变化不大。因此，为今天我们深入地了解传统中国法律与社会提供了极为珍贵的指引标识。对于这些几乎历代相沿的规定，更加需要我们给予客观、全面的了解与分析，否则得到的不过是片面化的误解，这种误解会阻碍我们了解真实的历史。

在这些几乎历代皆予以沿用的规范之中，“不应为”律是极为特殊的一条。同时也是历来被加诸模式化认识的研究对象之一。传统中国法中的“不应为”律一直是以“口袋罪”的刻板印象出现在今天的研究中的，并且有不少观点认为它导致了罪刑擅断及滥刑。甚至有学者认为它是中国古代罪刑擅断原则的重要依据，即“不应为”律实际上“为追究法律没有明文规定的行为提供合法依据”，“这充分体现了封建刑法擅断主义的特点”。[①] 如此一来，“不应为”律被认为是

① 高绍先：《中国刑法史精要》，法律出版社2001年版，第136页。

中国古代没有罪刑法定原则的重要证据。但是这种单一、片面的定性，很容易模糊真实的情况，忽略法律现象在别的方面所具有的不同表现，进而产生一些本可避免的误解，最终导致我们在看待历史时，“执今以律古”，一味地否定自己国家和民族的部分传统文化。

近年来，除了不断扩展研究领域、推进研究深度之外，陆续有学者提出应当对之前的一些模式化的认识进行反思和重新考证。由于模式化的认识对细节、具体问题以及主体的忽略及化约，已经成为脱离了具体时空的笼统描述。目前，对这些模式化的认识进行反思以及严谨的再度考证、重新评析，也取得了一些意义颇深、能够指引未来研究方向的成果。例如，反思以“诸法合体，民刑不分”作为中华法系的特点。张晋藩先生指出中国古代法典编纂结构是“诸法合体，民刑不分”的，但是法律体系确是“诸法并用，民刑有分”的。[①] 杨一凡先生提出：“‘诸法合体、民刑不分’说实际上把律典之外大量的各种形式的法律排除在中华法系之外，其消极后果是不言而喻的。它影响了对部门法史的开拓研究，又导致中华法系研究的一系列重大偏颇。”[②] 这些都提醒着我们，在探究中国法律史问题之时，应当尊重历史，从具体的历史时空出发，客观地对法律史研究对象进行合理、具体、全面的评析。

审慎的反思是必要的。而这种反思绝非简单的“颂古非今”，从而走向另一种空洞的极端。而是在有据可依的基础上，更为全面地考察过往已经固定下来的见解，并且尝试提出更具解释力的观点。近年来，不少学者开始反思以简单模式来概括传统中国法而导致的片面认识，提出对过往法史研究中的一些模式化认识应当谨慎对待，认真反思以打破这部分模式化认识，从而将中国古代法律的内在脉络与机制真正地解读出来。他们提出应当在律典、例等规范性文本的基础上做静态研究，此外更需要借助档案、判牍等文献，与“法律表达”进行相互验证，探究法律的实际功能及其运作实态，将视野拓展到更大范围的法律规范层面，结合具体的史实进行批判性的思考，进而揭下模式化的面纱，以期能厘清中国古代规则、制度、社会的本来面目。笔者认为，对“不应为”律片面化的定位和模式化的简单描述，极易造成对传统法的错误理解。而误解则会使我们与真实历史之间相隔更远。客观、全面地分析“不应为”律，对于了

① 张晋藩：《再论中华法系的若干问题》，《法史鉴略》，群众出版社 1988 年版，第 45 ～ 62 页。
② 杨一凡：《中华法系研究中的一个重大误区——“诸法合体、民刑不分”说质疑》，《中国社会科学》2002 年第 6 期，第 99 页。

解传统中国的刑法原则、立法及司法的真实状况有着重要的意义，也能对今日的法治发展提供些许有益的经验借鉴，进一步弘扬传统法律文化中的优良价值。因此，笔者尝试将律典与档案、判牍、官箴等史料文献结合在一起，从纵向上考察“不应为”律历史变迁的全过程，并从横向上结合具体时空中“不应为”律在司法中的具体运用，回到历史的具体情境之中，从断狱理讼这一特殊视角，来观察“不应为”律的司法适用。以期能发现“不应为”律在宏大叙事之下被遗漏的各种细节，借以了解传统中国法的一点脉络。

（二）研究概况评析

仅就资料所及，关于“不应为”律的研究，相较于中国法律史中的其他问题，梳理并不算丰富。国外学者曾对“不应为”律有很少的讨论。其中最知名的应数布迪与莫里斯在《中华帝国的法律》一书中的论述，他们认为它“缺少可预见性的规定”，是“概括性禁律”之一。[①] 其后，以“概括性禁律”来定义“不应为”律的观点，被大部分国内学者所接受，并衍生出“口袋罪”、兜底条款这样的共识性定性。日本学者中村茂夫也曾于1983年发表了《不应为考——关于罪刑法定主义是否存在的问题》一文，从刑法学含义来探讨此类律条。较之国外学者，我国学者对于此律条的研究要更多一些。如，甘露的《从一个判例看中国古代的“不应得为”罪》，黄源盛的《唐律不应得为罪的当代思考》，徐燕斌的《唐律“不应得为”罪新探》，管伟的《试论清代不应得为律的适用——以规则分析和案例实证为中心》，刘志勇的《清代〈不应为〉律及纠纷解决》，彭剑鸣的《中国法制史上的“不应为”罪名及其现代启示——以法社会学为视角》，张茂霖的《中国传统法律“不应为”律条规范结构探析》，靳匡宇、丁净玉的《“不应得为”条背后的礼法共识——论中国古代法律文本中的泛论条款》。另外，钱锦宇在《论中国古代刑法典中的概括性禁律——以〈大清律例〉为例》一文中将“不应为”律作为概括性禁律之一进行了论述，陈新宇在《继受与变革——以日本过渡刑律下“断罪无正条”与“不应为”的变化为中心》一文中对传统中国律例中的“不应为”律有过略述，于志刚在《口袋罪的时代变迁、当前乱象与消减思路》一文里对‘不应为’律也有部分论述。而笔者在硕士毕业论文《功

① [美] D. 布迪、C. 莫里斯：《中华帝国的法律》，朱勇译，江苏人民出版社2010年版，第432页。

能视角下的“不应为”律》，也曾尝试对“不应为”律进行浅显的思考。[①]

目前学界对“不应为”律的研究可以大致做出如下分类：第一类是直接以西方近现代刑法理论作为论证的基础，从现代刑法的重要原则之一的“罪刑法定主义”原则出发，倾向于将“不应为”律作为“罪刑法定主义”的反面事例，评价偏于否定。例如甘露、彭剑鸣这几位学者的文章。第二类则注目于特定的朝代，分析和思考“不应为”律的法源、处罚根据、“应”与“不应”的界限、违反事理“轻”“重”基准。黄源盛先生曾在《唐律不应得为罪的当代思考》一文中，细致地考察了唐律中“不应得为”罪的规定，深刻地分析了与该罪相关的一些基础问题，并且提出了引人深思的发问。并且指出将“不应得为”一条看作是唐律有关罪与罚的灵魂原则也不为过。[②]此文注目于唐代时空，细致地剖析“不应得为”罪，透视唐律罪刑法定的虚与实，提出了更具解释力的观点。第三类以律文背后的“礼法共识”为研究重点，着重分析“不应为”律的立法目的。例如靳匡宇、丁净玉的《“不应得为”条背后的礼法共识——论中国古代法律文本中的泛论条款》。[③]例如第四类从司法实践出发，考察“不应为”律的司法适用，将具体时空中的律典与司法相结合做了一部分讨论。如徐燕斌、管伟、刘志勇，几位学者对此律条的考察都较为偏重司法实践，但各有不同。徐燕斌将司法实践与文本分析并重，但论证简化，缺乏足够的例证；管伟借助《刑案汇览》，从规则分析与案例的实证研究角度，运用大量案例，使得解释力与说服力都有所增强；[④]刘志勇则主要侧重于清代此律条在纠纷解决中的利弊、功效、社会后果。第五类则是从法律条文的结构出发，进行法律规范分析。如张茂霖先生的《中国传统法律“不应为”律条规范结构探析》。[⑤]

从已有研究结论来看，很多学者认为“不应为”律加强了国家对官吏及社会的管控，甚至造成司法擅断。即倾向于消极性评价。譬如刘志勇提出此律“体现的是政府对社会的挤压和排斥”，对人们的行为造成了严重的拘束并窒息了社

① 杨舒然：《功能视角下的“不应为”律》，云南大学硕士学位论文，2012 年。

② 黄源盛：《唐律不应得为罪的当代思考》，《法制史研究》2004 年第 5 期，第 220 页。

③ 靳匡宇等：《“不应得为”条背后的礼法共识——论中国古代法律文本中的泛论条款》，《北华大学学报（社会科学版）》2018 年第 6 期，第 78 ～ 86 页。

④ 管伟：《试论清代不应得为律的适用——以规则分析和案例实证为中心》，《政法论丛》2008 年第 4 期，第 74 页。

⑤ 张茂霖：《中国传统法律“不应为”律条规范结构探析》，《世界华人法哲学年会 2012 年会议论文集》，清华大学 2012 年，第 590 ～ 601 页。

会生活；[①] 管伟认为“统治者通过不断修例赋予不应为律条新的功能”，在固有的功能基础上，还使得此律“承担了不断加强对基层社会有效管理的任务”，并指出清代司法实践对此律文的适用则是“建立在对情罪相符、社会有效控制及澄清吏治等目标实现的基础之上”，推断引用“不应为”律的“州县自理案件数量可能更为庞大”；[②] 甘露认为“不应为”律“为封建执法者陷人于罪，擅断滥刑，随意处断提供了法律依据，实际将司法镇压的任意性合法化”；[③] 钱锦宇认为“(包含‘不应为’律在内的‘概括性禁律’）在司法过程中的运作，为司法擅断提供了‘合法性’依据”；[④] 于志刚认为以“不应为”为代表的绝对口袋罪削弱了成文法的进步性；[⑤] 彭剑鸣认为我国 1979 年刑法中的“流氓罪”是此律条“在当代刑法中的反映”[⑥]。另有一部分学者较为审慎地分析了“不应为”律，对该律的评价较之前一部分学者要更为积极。例如，认为“不应为”律使刑律更加规范化。如徐燕斌认为此律“更多的是针对一般的刑事犯罪和职务犯罪”，对其造成了罪刑擅断一说进行了否定；[⑦] 陈新宇也认同此律“得以弥补律无正条时，比附援引可能造成的量刑偏畸之弊”[⑧]。

总的来说，这些研究对“不应为”律的探讨和分析，为今后的研究奠定了坚实的基础。但是，其中一部分研究，还是难以摆脱“口袋罪”一类的刻板印象，对于历史脉络的梳理较为简化，使“不应为”律被描述为几乎固定不变的消极形象，难免有片面与化约之嫌。虽有不少学者注意到了不同的一面，但是遗憾的是，未能在论文中进行深入的论证。在全面、详尽解读“不应为”律的领域，还留有很多值得探索的空间。此外，还可以看出，随着时间的推移，学者们在研究材料的选取上，已经逐渐突破了静态的文本分析，将所选取的史料文献从历朝律典扩展至条例、例案和各类档案，注意到了动态的司法适用。但是，目前研究仅仅考察了“不应为”律在重情之案中的司法适用，对于理论推断中大

① 刘志勇：《清代“不应为”律及纠纷解决》，谢晖等编：《民间法 2011》，济南出版社 2011 年版，第 201 页。

② 管伟：《试论清代不应得为律的适用——以规则分析和案例实证为中心》，《政法论丛》2008 年第 4 期，第 74 页。

③ 甘露：《从一个判例看中国古代的“不应得为”罪》，《北京航空航天大学学报》2004 年第 2 期，第 58 页。

④ 钱锦宇：《论中国古代刑法典中的概括性禁律——以〈大清律例〉为例》，《求是学刊》2007 年第 1 期，第 93 页。

⑤ 于志刚：《口袋罪的时代变迁、当前乱象与消减思路》，《法学家》2013 年第 3 期，第 64 页。

⑥ 彭剑鸣：《中国法制史上的“不应为”罪名及其现代启示——以法社会学为视角》，《湖南社会科学》2013 年第 4 期，第 81 页。

⑦ 徐燕斌：《唐律“不应得为”罪新探》，《兰州学刊》2008 年第 12 期，第 111 页。

⑧ 陈新宇：《继受与变革——以日本过渡刑律下“断罪无正条”与“不应为”的变化为中心》，《清华法学》2008 年第 3 期，第 111 页。

量适用的细故案件领域，并未有探讨。

综上所述，现有的研究结果，为本书的写作奠定了坚实的基础。但从研究的总体而言，或许出于研究对象、研究视角和研究方法的不同，仍然存在一些需要继续讨论的问题，并且在具体细节的结论方面也存在尚需商榷之处。

二、几点说明

（一）研究对象的界定

概念是一切研究论证的起点，也是理论研究的重要前提。本书以“不应为”律作为研究对象，在展开论述之前，有几个问题需予以阐述。

首先要说明的是对“不应为”律的界定。“不应为”律是中国古代的一种特殊律文，如若单从罪名角度来看，也可将之称为“不应为”罪。这条规定处罚的是“律、令无条，理不可为者”。《唐律疏议》中的规定较为详细：“诸不应得为而为之者，笞四十；谓律、令无条，理不可为者。事理重者，杖八十。疏议曰：杂犯轻罪，触类弘多，金科玉条，包罗难尽。其有在律在令无有正条，若不轻重相明，无文可以比附。临时处断，量情为罪，庶补遗缺，故立此条。情轻者，笞四十，事理重者，杖八十。”① 许慎在《说文解字》将“应”简释为“当也”。②“不应”即为“不当”。“不应为”即是依照情理不能或不该如此。此律条被莫里斯和布迪称为中华帝国法律之中的“概括性禁律”，因为他们认为它“缺少可预见性的规定”。③ 因其规定的模糊性，也曾被片面地推定为“口袋罪”。究其源流，“不应为”律的发端，应当在汉代以前。有文献可考的律典规定则出自汉律。张家山汉墓竹简中记载了《贼律》篇“不当的为”的规定，证明汉代将之规定于汉律之中，可见其源流悠久。在后世历朝的律典中，“不应为”律曾有过不同名称，《唐律疏议》将“当”改为“应”，于是从“不当得为”变成“不应得为”。《宋刑统》沿用唐律规定，也称“不应得为”。到了明朝，《大明律》再次将“不应得为”修改为“不应为”。《大清律例》沿用《大明律》的规定，仍为“不应为”，

① 刘俊文点校：《唐律疏议》，法律出版社 1999 年版，第 561 ～ 563 页。

② （汉）许慎：《说文解字》，中华书局 2012 年版，第 217 页。

③ ［美］D. 布迪、C. 莫里斯：《中华帝国的法律》，朱勇译，江苏人民出版社 2010 年版，第 432 页。

而所附例、令里也会简称为“不应”，例如“问不应”、“坐以不应”。本书为了在行文叙述上能够统一表达，采明清律典之名，概称“不应为”律。其中，“不应为”之事理重者及情轻者，律例中称“不应重”、“不应重律”、“不应轻”、“不应轻律”，本书概称“不应为”重律、“不应为”轻律。

其次，“不应”与“不合”。“不合”出现于清代命案审断的判词及州县自理词讼的判词、批词之中，指行为不合于理，也即不应为之行为，在文献记载中有时也称“不应”。被断定为“殊属不合”的行为也即“理不可为者”，是“不应为”律理论上的适用对象。

（二）史料文献的运用及研究思路

史料文献是中国法律史研究的基石所在。但凡合格的法史研究，都必须以广泛地搜集史料文献，充分占有史料文献为前提。在系统梳理相关史料文献的基础上，对史料文献进行分析和研究，探求其内在的联系，进而做出更深入的考察和研究。中国古代历史源远流长，保留下来的史料文献可谓汗牛充栋。历代律典、例、奏议、档案、判牍、地方志、族谱等，资料浩如烟海。这些丰富且多样的史料文献，为当今法史研究浇筑了稳固的基石，为各类研究提供了广阔的空间。

本书以“不应为”律为研究对象，因此历代律典自然是研究“不应为”律的基本素材之一。我国的成文法传统，使得历史中的法律规范得以展现延续与变化的清晰脉络。“不应为”律传袭久远，因而能在历代刑法典中找到其醒目的踪迹。但若仅以历代法典为素材，就无法支撑起一个系统、全面的研究。因此还需要借助其他的成文法规范，以及奏议、档案、判牍等史料文献予以辅助。除此之外笔者还参考了其他官修文献，例如《清实录》的相关记载，以及官箴、文集、笔记等其他资料加以佐证讨论，以期能搭筑起合理的研究框架。

本书借助律典、条例、律注、判牍、清代刑科题本、官箴等文献资料，先从文本分析，再从历代的流变做历史梳理。“不应为”律历代因袭，折射出中国古代法律与社会的一条隐形的逻辑。已有研究往往尝试从总体上来把握“不应为”律，预设了单一的层次、几乎固化的前见，对其源流发展的梳理大多较为简化。加入司法实践方面的讨论之后，又遗漏了对州县自理词讼的考察，仅以理论推论来判断，以至于结论不可避免地带有局限性。本书尝试从不同维度、不同视角切入研究，借助历代律例、清代档案及判牍等多种史料来擘肌分理；借鉴社会史研究的长时段视野，在历史脉络中来探讨此律条的功能演变，同时寻找细故理断领域的相关材料，对比重情案件中命案的相关情况，力图在制度性的大问题描述之下，观察到一些较为微观的秩序运作，以便为问题寻找到更加全面一点的答案。

从律典规定来看，由其“庶补遗缺”的立法初衷所决定，“不应为”律确有“兜底”之意，具有“概括性禁律”的特征。并且，此律条还存在适用疑难、混乱与擅断滥刑的可能性。但是，在“不应为”律持续传袭的历史中，显现出了一些比其律文特征更为复杂的变化。笔者认为，“不应为”律虽有弊端，但是从长时段的历史演变来考察，此律条在规定和适用上承载了更为复杂而细致的功能。

最后需要说明的是，前文虽已述及目前学者对于“西洋中心的偏差”这一认识误区的反思和否定，但正如寺田浩明所言，这种偏差的大部分往往会在不知不觉之间融入研究者的认识框架之中，很难预知。[①] 并且，“在社会科学研究中，实现论述中的‘价值中立’多是一种自我激励，要完全摆脱理论背景是不可能的”[②]。所谓“褚小者不可以怀大，绠短者不可以汲深”，笔者深知自己才疏学浅、笔力有限，书中所论的一得之愚，并不是要摒弃所有的西方法学理论背景，更不敢妄言自己完全摆脱了“西洋中心的偏差”。只不过想尽力一试，回到历史情境之中，用具体史实来提醒自己认知之中的类似偏差，审视自己是否存有主观臆断、是否持蠡测海，并且尝试说清楚一些“不应为”律的具体细节。

① ［日］寺田浩明：《清代民事审判：性质及意义——日美两国学者之间的争论》，《北大法律评论》1998 年第 1 卷第 2 辑，第 617 页。

② 里赞：《晚清州县诉讼中的审断问题——侧重四川南部县的实践》，法律出版社 2010 年版，第 19 页。

第一章
源流与演变：
“不应为”律的流变脉络

引　言

“不应为”律是中国古代一条特殊律文，处罚“律、令无条，理不可为者”。长期以来，“不应为”律通常被学者们认定为“概括性禁律”、“口袋罪”，甚至有不少观点认为该条律文导致了古代司法中的擅断滥刑，认为这是中国古代没有罪刑法定主义的依据。但是，仅对“不应为”律进行片面化的定位和模式化的认识，而不细探其在漫长历史中的变化、忽视其在具体时空的理讼断狱中的适用实况，会导致对中国传统法律及社会的错误认识。因此，对“不应为”律的探究，必须要将其源流脉络进行细致的梳理。通过梳理该律条的发展脉络，可以看出，这是一条沿袭千年之久的条款。汉代之前便有萌芽，至汉代被引入律中，到了唐代，又被详细地规定于唐律之中，此后，数代相沿不辍。

第一节　“不应为”律在唐代之前的发端

“不应为”律的由来极为久远，有文献记载的发端，可以追溯至夏代。《尚书大传》中记载了这样的文字：

夏刑三千条，夏后氏不杀，不刑死罪，罚二千馔。禹之君民也，罚弗及强，而大治，一馔六两。决关梁、逾城郭而略盗者，其刑膑；男女不以义交者，其刑宫；触易君命，革舆服制度，奸宄盗攘伤人者，其刑劓；非事而事之，出入不以道义，而诵不祥之辞者，其刑墨；降叛寇贼、劫略、夺攘、矫虔者，其刑死。[①]

《周礼》秋官篇中郑玄在“司刑掌五刑之法，以丽万民之罪。墨罪五百，劓罪五百，宫罪五百，刖罪五百，杀罪五百”一条后，引用《尚书大传》原文做注释：“《书传》曰：‘决关梁、逾城郭而略盗者，其刑髌；男女不以义交者，其刑宫；触易君命，革舆服制度，奸轨盗攘伤人者，其刑劓；非事而事之，出入不以道义，而诵不祥之辞者，其刑墨；降叛、寇贼、劫略、夺攘、矫虔者，其刑死。’”[②]

《尚书大传》中记载的“非事而事之”一罪，是夏及西周的刑罚规定。从字面来看可理解为做出了不该做的事情。具体行为指的是“出入不以道义，而诵不祥之辞”，即若出入违背了道义的准则，而述说与祸乱、灾殃有关的不祥言辞，则会被以“非事而事之”罪之，处以墨刑。清代皮锡瑞有言：“传所谓‘非事而事之出入不以道义而诵不祥之辞’者，或亦在‘消义’中矣。”[③]

为何以“明德慎罚”为刑法原则的西周，要将这样一种在今日看来，极为轻微的行为规定为罪行并予以处罚？若从今人的逻辑来看，也许很难理解。但是，如果从当时的历史情境来看，将“非事而事之”这样的行为纳入刑罚规范之中，其背后确实是有特定历史环境下的法理逻辑支撑的。从文献记载可知，“出入”在商周时期的日常生活中，是需要予以重视的一个部分。从殷商时起，“出入”一事便会靠求问占卜来决定。甲骨文中有很多占卜求问的记载留存下来，根据学者罗振玉收集整理了 1169 条卜辞的统计分类，“分作祭祀，卜告，卜享，出入，渔猎，征伐，卜年，风雨，杂卜等九项”[④]。而西周以道义作为出入所要遵守依据的准则。“出入不以道义，而诵不祥之辞者”违背了周礼的原则和规范。

汉代之时，“非事而事之”一罪演变为“不当得为”。汉代郑玄在《尚书大传》“非事而事之，出入不以道义，而诵不祥之辞者，其刑墨”这一条之后，注“非事而事之，今所不当得为也”。[⑤] 由此可推断，汉代有类似“非事而事之”罪的规定，即“不当得为”罪。由于汉律原典早已逸失，因而学者们通过其他史料文献来对汉律的“不当得为”罪进行考证。沈家本曾在《历代刑法考》中罗列《汉书》

①⑤《尚书大传·甫刑》。
②《周礼注疏·秋官》。
③（清）皮锡瑞：《皮锡瑞集》，岳麓书社 2012 年版，第 1021 页。
④ 郭沫若：《中国古代社会研究》，人民出版社 1964 年版，第 174 页。

中《昌邑王贺传》、《萧望之传》、《田延年传》的原文和《尚书大传》之郑注（见《御览》）来佐证汉律确有“不当的为”一条。

《汉书》中《昌邑王贺传》记载:“臣敞前书言:‘昌邑哀王歌舞者张修等十人，无子，又非姬，但良人，无官名，王薨当罢归。太傅豹等擅留，以为哀王园中人，所不当得为，请罢归。’”[①]《萧望之传》记载:“今羌虏一隅小夷，跳梁于山谷间，汉但令罪人出财减罪以诛之，其名贤于烦扰良民横兴赋敛也。又诸盗及杀人犯不道者，百姓所疾苦也，皆不得赎；首匿、见知纵、所不当得为之属，议者或颇言其法可蠲除，今因此令赎，其便明甚，何化之所乱？”[②]《田延年传》:“延年奏言：商贾或豫收方上不祥器物，冀其疾用，欲以求利，非臣民所当为。请没入县官。奏可。”[③]

据此，沈家本提出：“‘所不当得为’五字，观《望之传》与《大传》郑注相合，此《汉律》原文也……不应犹不当也,《唐律》承于汉。”[④]而程树德考证汉律时，除上述文献外，另增《三国志·魏书·武帝纪》卷一引自《续汉书》的注释。两人皆认可类同于“非事而事之”的“不当得为”是《汉律》规定的罪刑条款。

1984年，湖北荆州张家山发掘了三座西汉早期的汉墓，从中出土了一批汉简,记载了《贼律》的竹简上刻有:“诸诈增减券书,及为书故诈弗副,其以避负偿，若受赏赐财物，皆坐臧（赃）为盗。其以避论，及所不当得为，以所避罪罪之。所避毋罪名，罪名不盈四两，及毋避也，皆罚金四两。”[⑤]从而直接证实了“不当得为”罪在汉代律典中确实存在。

遗憾的是，因为受限于先秦及汉代法律文献资料的缺失，我们无法看到“非事而事之”、“不当得为”的更详细的记载。不过，现存相关文献依然能够证明“不应为”律在唐代以前的发端，并记述了它在夏、西周和汉代的些许演变过程。

---

① 《汉书·昌邑王贺传》。

② 《汉书·萧望之传》。

③ 《汉书·田延年传》。

④ （清）沈家本：《历代刑法考》，中华书局1985年版，第133页。

⑤ 张家山二四七号汉墓竹简整理小组：《张家山汉墓竹简·二四七号墓》，文物出版社2001年版，第135页。

第二节　唐代至清代"不应为"律的沿袭

> 及至唐代，《唐律疏议》中将汉律《贼律》篇中的"不当得为"修改为"不应得为"，并附之以详细的注疏。《唐律疏议》在杂律中明确规定了"不应得为"正条：诸不应得为而为之者，笞四十；谓律、令无条，理不可为者。事理重者，杖八十。疏议曰：杂犯轻罪，触类弘多，金科玉条，包罗难尽。其有在律在令无有正条，若不轻重相明，无文可以比附。临时处断，量情为罪，庶补遗缺，故立此条。情轻者，笞四十，事理重者，杖八十。[①]

与"非事而事之"、"不当得为"相比，《唐律疏议》中"不应得为"一条的规定较为详细，明确了"不应得为"罪的构成要素，规定了适用规则，即律、令中没有明确规定，并且是依据情理而言不被允许的行为。区分了罪行的程度和刑罚的两个等级，首次将"不应得为"罪按照违反情理的程度分成轻律和重律两个部分，分别处以笞四十或者杖八十的刑罚。由于《唐律疏议》中"不应得为"规定的细致性，从此开始，后世律典的"不应为"几乎都以此为蓝本。

除去杂律中的"不应得为"正条规定，《唐律疏议》在其他罪刑条款之下出现的特殊情形，因罪行较之该正条相对轻微，为避免以正条处断而陷人入罪，导致科罪处刑都过重，便以"不应得为"做出特别规定。

《宋刑统》的相关律文几乎全数照搬了《唐律疏议》："诸不应得为而为之者，笞四十。谓律令无条，理不可为者。事理重者，杖八十。疏议曰：杂犯轻罪，触类尤（犯宣祖上一字庙讳改为尤）多，金科玉条，包罗难尽。其有在律、在令无有正条，若不轻重相明，无文可以比附。临时处断，量情为罪，庶补遗缺，故立此条。情轻者，笞四十，事理重者，杖八十。"[②] 可见，宋律除了避讳于先祖

---

① 刘俊文点校：《唐律疏议》，法律出版社 1999 年版，第 561 ～ 563 页。

② （宋）窦仪等：《宋刑统》，中华书局 1984 年版，第 447 页。

改去一字之外，其余内容皆与唐律相同。

元代则因《大元通制》已佚失，仅存部分残卷留于《元史·刑法志》中，无法将“不应为”律的律典原文规定找出加以对照。仅能看出《元史·刑法志》中记载的《大元通制》体例和一些内容基本沿用了唐宋两代律典，同样设有“杂犯”篇。而笔者查阅了《元典章》刑部卷，其中录有“车碾死人”、“自行渰死”、“碾死人移尸”、“无官诈称有官”四则依“不应得为”科罪的案例。[①] 此外，《元史》中也发现一则记载：“至正十年春，丽正门楼斗拱内，有人伏其中，不知何自而至，远近聚观之。门尉以白留守，达于都堂，上闻，有旨令取付法司鞫问。但云蓟州人，问其姓名，诘其所从来，皆惘若无知，唯妄言祸福而已，乃以不应之罪笞之，忽不知所在。”[②] 这也从侧面证明元代律典中同样有此“不应得为”一条。

明代，《大明律》将唐律中的“不应得为”修改为“不应为”，“凡不应得为而为之者，笞四十；谓律令无条，理不可为者。事理重者，杖八十”[③]。与《唐律疏议》相比，《大明律》的规定相对而言更为简化，只取了律典原文，而不再留疏议的注释部分。可见，明代“不应为”律的构成要件、适用规则、罪行分为轻重两个等级，刑罚分为笞刑和杖刑这些方面，基本因袭了唐代的规定。

《大清律例》的“不应为”律规定则略有不同：“凡不应得为而为之者，笞四十；事理重者，杖八十。律无罪名，所犯事有轻重，各量情而坐之。”[④] 从文本上看，《大清律例》将《大明律》“不应为”律的规定做了轻微的调整，将“不应为轻”和“不应为重”放置在一起，形成法律逻辑上的递进关系；又将“谓律令无条，理不可为者”一句，修改为“律无罪名”，去掉了令，文字表述中虽然删掉了判断行为时最为核心的依据——“理不可为者”，但是从“凡不应得为而为之者”、“事理重者”、“所犯事有轻重，各量情而坐之”这些表述来看，“理不可为”仍然是其中之义。这一点从清代律学著作及司法者的判词也能看出。同时《大清律例》增加了根据行为违犯情理的轻重程度，由法官根据具体的案件情况进行衡量而科罪。

《大清律例》在所附例文中，有 69 条“不应为”律的特殊适用规定散见于法典各篇的具体条款之下。

---

① 祖生利等点校：《大元圣政国朝典章》，山西古籍出版社 2004 年版，第 91、109、111、317 页。
②《元史》卷五十一。
③ 怀效锋点校：《大明律》，法律出版社 1999 年版，第 204 ～ 205 页。
④ 田涛等点校：《大清律例》，法律出版社 1999 年版，第 540 页。

就"不应为"律正条来看，自唐至清，律条内容变化不大，见下表：

表 1—1 唐、宋、明、清"不应为"律正条内容

朝代	"不应为"律正条
唐代	诸不应得为而为之者，笞四十；谓律、令无条，理不可为者。事理重者，杖八十
宋代	诸不应得为而为之者，笞四十；谓律令无条，理不可为者。事理重者，杖八十
明代	凡不应得为而为之者，笞四十；谓律令无条，理不可为者。事理重者，杖八十
清代	凡不应得为而为之者，笞四十；事理重者，杖八十。律无罪名，所犯事有轻重，各量情而坐之

将唐代、宋代、元代、明代、清代各自的"不应为"律规定梳理清楚之后，我们可以清晰地看出，第一，从唐律开始，律典中的"不应为"律明确了适用的限制所在，即必须在"律令无条"或者"律无罪名"的情况下。第二，唐律之后增加了轻重两分、各处以笞或杖的规定，情轻者问"不应笞罪"、"不应轻律"，处以笞四十之刑；事理重者（情稍轻者）问"不应杖罪"、"不应重律"、"不应从重"，处以杖八十之刑，即"律无正条之事，情稍轻者，以不应杖罪论；情轻者，以笞罪论"。①

第三节 "不应为"律的构成特征

"不应为"律以夏代及西周的"非事而事之"为发端，在汉代成了与唐律极为接近的"不当得为"。时至唐代，"不当"改为"不应"，成为后世相沿甚久的"不应得为"。宋代、元代皆以唐律规定为参照，变化不大。直至明代，《大明律》将罪名简化终成"不应为"。而清代稍加修改后，继续沿用。这条清晰且悠久的发展脉络，对于总结并分析"不应为"律的构成特征，奠定了稳固的基石。综观"不

① 黄彰健编：《明代律例汇编》，台北"中央研究院"历史语言研究所 1994 年版，第 957 页。

应为”律由先秦至清代的演变，可以将其构成特征概括为以下几点。

一、适用的规则前提：律令无条

从《唐律疏议》开始，历代法典都明确规定了“不应为”律的适用前提：必须是“律令无条”、“律无罪名”，也就是断罪时没有律文的正条规定可供援引。通常情况下，法官在审断案件时必须要以法律的原文为依据。唐律称为“断罪引律令格式”条。《唐六典》明确载明唐代的正式法律渊源包括：“凡文法之名有四：一曰律，二曰令，三曰格，四曰式。”[①] 而《唐律疏议》在“断狱”中规定了“断罪皆须具律令格式”条，即“诸断罪皆须具引律、令、格、式正文，违者笞三十”。[②] “断罪皆须具引律令格式正文”条明确了司法者在处断案件时，所作科罪量刑的判决裁断皆须援引律、令、格、式的正文，处断案件的依据只能是唐律、令、格、式。如果违反该条规定，司法者在判决时没有以律、令、格、式的正文为依据，没有援引具体条文，则会导致处断无效，法官也会被处以刑罚“笞三十”。《宋刑统》中的“断罪引律令格式”条与沿用了唐律的内容。明清律则有“断罪引律令”条。《大明律》卷第二十八刑律十一断狱条之“断罪引律令”款规定：“凡断罪，皆须具引律令。违者，笞三十。”[③]《大清律例》规定：“凡断罪，皆须具引律例。违者，笞三十。”[④]

但是，出于律文已有正条的局限性，考虑到制定法律时无法充分预测到社会变化的发展，“杂犯轻罪，触类弘多”，故而无法将司法实践中层出不穷的轻微罪行都提前加以分析，将行为所侵害的法益、价值进行区别，并用律典规定来预先做出规范。而立法是存在局限性的，难以囊括所有的触犯刑律并应当被刑律规范的行为，所谓“金科玉条，包罗难尽”。这一点既是“不应为”律立法的原意，更是在承认国家制定法律的局限性的基础上，将“不应为”律的首要适用前提加以合理的确定。《唐律疏议》言明：“其有在律在令无有正条，若不

---

① （唐）李林甫等：《唐六典》，中华书局 1992 年版，第 180 页。
② 刘俊文点校：《唐律疏议》，法律出版社 1999 年版，第 602 页。
③ 怀效锋点校：《大明律》，法律出版社 1999 年版，第 220 页。
④ 田涛等点校：《大清律例》，法律出版社 1999 年版，第 595 页。

轻重相明，无文可以比附。"[1]详细说明了"律令无条"、"律无罪名"是适用"不应为"律这一罪刑规定的前提条件。一旦律令中有明确的罪刑规则可以援引，那么法官就不得再适用"不应为"律。

二、适用的案件类型：杂犯轻罪

在"律令无条"、"律无罪名"的情况下，法官也并不能不加限制的适用"不应为"律。这是必须要注意的一点。在司法实践中，并非只要律、令、例缺乏正条可以适用在案件中，法官就能直接援引"不应为"律。因为在断罪无正条的情况下，通常还有"比附援引"一条处断规则。《唐律疏议》名例律中规定："诸断罪而无正条，其应出罪者，则举重以明轻；其应入罪者，则举轻以明重。"[2]这一条规定被认为是比附原则在法典中的体现。同样是出于律法条文的局限性所导致的司法规则，比附一直以特殊的地位存在于传统法典之中。明代首次明确将比附规定于名例律之中，见《大明律》之规定："凡律令该载不尽事理，若断罪而无正条者，引律比附。应加应减，定拟罪名，转达刑部，议定奏闻。若辄断决，致罪有出入者，以故失论。"[3]《大清律例》规定："凡律令该载不尽事理，若断罪而无正条者，（援）引（他）律比附。应加、应减，定拟罪名，（申该上司）议定奏闻。若辄断决，致罪有出入者，以故失论。"[4]因此，司法实践中法官在处断案件之时，如果没有律令原文罪名可以直接援引，可以比照其他律文规定拟罪审理。当然，比附有明确的适用限制规则，清代刑部山东司官员曾说："然必所引之条与本案事理切合，即或事理不一而彼此情罪实无二致方可援照定谳，庶不失为平允。"[5]在断罪无正条的情况下，法官以比附来进行司法论证，判断案情处断案件。只有在断罪无正条且行为情节轻微，属于杂犯轻罪的情形之下，才会适用"不应为"律。将适用的案件类型限定为轻罪，规范了法官对"不应为"律的援引。

① 田涛等点校：《大清律例》，法律出版社 1999 年版，第 540 页。
② 刘俊文点校：《唐律疏议》，法律出版社 1999 年版，第 145 页。
③ 怀效锋点校：《大明律》，法律出版社 1999 年版，第 23 页。
④ 田涛等点校：《大清律例》，法律出版社 1999 年版，第 127 页。
⑤（清）沈家本编：《刑案汇览三编》卷四十三（下）"刑律 · 杂犯 · 不应为"。

三、律文内容具有概括性、模糊性

“不应为”律的律文内容是概括的,缺乏明确性的。从“非事而事之”到“不当得为”,留下的文献记载很难将触犯该条的行为进行明确的归类。从唐宋律典中的“不应得为”和明清律典中“不应为”的正条规定可以看出,律文的内容是极其概括的,是抽象的行为描述,缺乏明确性。因此被莫里斯和布迪称为“概括性禁律”[①]。《尚书大传》中“非事而事之”指的是“出入不以道义,而诵不祥之辞者”。《汉书》中记载的三种“不当得为”,一是“首匿见知、纵所不当得为之属”;二是昌邑哀王薨逝后,太傅豹等人擅自留下了应当“罢归”的十个歌舞者;三是“商贾或豫收上方不祥器,冀其疾用,欲以求利”这样的借昭帝之死而囤积居奇的行为。[②]《三国志》中的“不当得为”指的是东汉宦官曹腾“内臣外交”。[③]这些文献中的“不当得为”较为具体,难以归纳出共同的可预见性规则,称之为“概括性禁律”并不为过。我们可以将“概括性禁律”,理解为依照法律所维护的价值目标而言,某类行为应当被加以禁止。而规范这种行为的律文没有具体地限定行为的法律事实、描述行为的具体构成要素,仅仅是以概括而抽象的言辞加以笼统地表述,导致该条文缺乏可预见性的构成要件。作为现代刑法罪刑法定主义原则的基本内容之一,法的明确性要求刑法对某一犯罪的成立条件和法定刑应事先做出明确而清晰的规定,排斥以模糊性和歧义性的立法语言进行表述,以便司法工作者能够准确地适用该规则。

《唐律疏议》中的“不应得为”正条,虽然比夏、西周、汉代留下的文献规定更明晰,但从律文内容来看,依然缺乏一定的明确性。“诸不应得为而为之者,笞四十;谓律、令无条,理不可为者。事理重者,杖八十。”行为的实质构成要件被描述为“理不可为者”,由此可以看出该条律文内容是概括性、模糊性的。对“不应为”律文内容模糊性的思考,可以参考博西格诺对模糊性的论断来考察。若将模糊性视为客观性的反面来看问题,那么“在日常的法律工作中,模糊性有两个来源:事实的模糊性(发生了什么)和法律的模糊性(对所发生的事件

---

① [美] D. 布迪、C. 莫里斯:《中华帝国的法律》,朱勇译,江苏人民出版社 2010 年版,第 432 页。
② 程树德:《九朝律考》,商务印书馆 2010 年版,第 133 页。
③《三国志 · 魏书 · 武帝纪》。

运用什么法律)"[①]。若说比附的模糊性体现在事实的模糊性和法律的模糊性兼具，那么"不应为"律的模糊性则主要体现在事实的模糊性上。事实指的是法律事实，核心便是该律条所规范的行为，处断案件的关键是分析行为所产生的法律事实是否符合该罪刑规范的构成要件。"不应为"的行为是依照"理"不应该实施的行为，违背了"理"的社会价值观念。但是，理不可为的行为，其外延是十分宽泛的，并且会随着社会礼法观念的变化而变化。从这一规范的结构特征来看，"不应为"律是对构成要件被抽象化描述的行为加以限制，可以说是缺乏明确性的禁止类规范。我们必须看到，"不应为"律的概括性特征有其必然性，有合理之处也有弊端，这一点，将会在后文详加阐述，于此不再赘言。

四、赋予了司法者有限的自由裁量权

从上述分析可以看出，"不应为"律的规范结构特征为司法者的自由裁量权提供了基础和条件。正是由于律条内容具有事实的模糊性，需要司法者在处理具体案件时酌情做出处断，以判断行为是否是违背了"理"的。"理不可为"的宽泛外延为自由裁量留下了空间。或者可以说，"不应为"律的律典正条规定将司法者有限的自由裁量权作为填补律文规定模糊性的工具加以了考虑。情势所需，出于律文规定的局限性，《唐律疏议》要求司法者"临时处断，量情为罪"，针对具体个案和特殊情形作出恰当的、准确的，能够实现处断公平的定罪量刑结论。具体而言，司法者至少需要判定两个基础性问题。第一，行为性质判断，即判断具体行为是否属于"理不可为"，判断行为的性质是否触犯"不应为"律。第二，违背"理"的程度判断，即根据具体的行为、情节违背"理"的程度，判断具体行为是属于"情轻者"还是"事理重者"，是适用"笞四十"还是"杖八十"的刑罚。

有学者指责"不应为"律规定模糊，行为的界定包容性极大，认定"不应为"律使司法者随意罗织罪名，陷人入罪，导致擅断滥刑。其实这一看法并不准确，既缺乏史料文献的证明，也缺乏逻辑推断上的合理性。诚然，律文对行为构成要件规定的模糊性，给司法者自由裁量留下了可操作性的空间。如果司法者恣

① [美] 博西格诺等：《法律之门》，邓子滨译，华夏出版社 2007 年版，第 17 页。

意将主观因素渗入案件审断之中，处断结果的不确定性将会加剧，也难以保证情罪平允这一价值目标是否能够实现。但是，司法者在适用“不应为”律时的所行使的自由裁量权并不是一种恣意或专断的权力，更不可能随心所欲地加以行使。这种判断忽视了司法者处断案件的活动本就受其他规则的规制。首先，职权制约。传统司法中，司法者并不是一个完全独立的司法主体。上级司法官员、监察官员、皇帝都会对司法者产生权力的制约。其次，制度化的防范措施。为了防止司法者滥用概括性禁律衍生出的自由裁量权，任意出入人罪，导致情轻法重或者情重法轻，传统法中也有其他规定对其行为产生约束，例如《唐律疏议》断狱律的“官司出入人罪”条。该条规定：“诸官司入人罪者，谓故增减情状足以动事者，若闻知有恩赦而故论决，及示导令失实辞之类。若入全罪，以全罪论；虽入罪，但本应收赎及加杖者，止从收赎、加杖之法。”疏议曰：“‘官司入人罪者’，谓或虚立证据，或妄构异端，舍法用情，锻炼成罪。故注云，谓故增减情状，足以动事者。若闻知国家将有恩赦，而故论决囚罪及示导教令，而使词状乖异。称‘之类’者，或虽非恩赦，而有格式改动；或非示导，而恐喝改词。情状既多，故云‘之类’。‘若入全罪’，谓前人本无负犯，虚构成罪，还以虚构枉入全罪科之。”从而警示司法者，为自由裁量权划定界限，并为司法者枉法出入人罪的行为提供了科罪的依据。

由此可以看出，这种自由裁量权是“不应为”律文本概括性规则表述的必然补充，是在规定的限度内行使之，并非完全不受约束。因此，在“不应为”律的司法实践之中，虽有自由裁量权带来的风险，但并没有造成司法者完全恣意处断、随意罗织罪名并大肆滥刑的现象。

五、刑罚的范围：仅限于笞杖

“不应为”律所适用的刑罚十分明确地规定为轻、重两个等级。“情轻者，笞四十，事理重者，杖八十。”[①] 将刑罚适用的种类限定于笞杖刑应当是出于以下几点考量。

---

① 刘俊文点校：《唐律疏议》，法律出版社 1999 年版，第 561 ～ 563 页。

首先，罪刑相当、刑罚适中的观念。适用刑罚与轻罪案件相匹，既然适用的案件类型被限定于轻罪案件，刑罚自然也是从轻。笞杖刑从汉至清皆为常刑，虽然笞杖的形制、数量等具体标准曾有变动，但是一直以来，笞杖刑在传统刑罚体系中都属于轻刑范畴。皆因"不应为"律规范对象是轻罪，故而刑罚也相应地制定为轻刑。不过，笞杖刑虽为轻刑，但数量若是极多或行刑时下手较重，也会致人死亡。《汉书 · 刑法志》："斩左止者笞五百，当劓者笞三百，率多死。"汉景帝因此削减笞刑数量，宋仁宗也曾下令更改官杖重量。因此从唐律开始，对"不应为"律适用的笞杖刑数量也做了严格限制，律典规定犯"不应轻律"者笞四十，犯"不应重律"者杖八十。

其次，"笞四十"和"杖八十"的刑罚出自教化本义。"不应为"律是极为特殊的律条，处罚"理不可为者"，以行为违背"情理"或"事理"为规范标准。这与其他罪刑规范大不相同。"理不可为者"本就蕴含着教化之意。儒家认为治理社会应当礼以齐之，乐以化之，刑以成之。而笞杖刑的溯源正是教刑、家刑的一种。《尚书 · 舜典》："扑作教刑。""扑"即笞击。而笞杖作为刑罚之一，暗含着尊长对卑幼的训诫与教诲之义。再次，对于司法者自由裁量权的限制。"不应为"律由于律文规定的概括性特征，决定了在司法实践中它的适用有赖于司法者进行一定限度内的自由裁量。而律典正条规定了只能适用笞杖刑，也就划定了司法者对于量刑裁判的界限；能够防止出现情轻法重，罪责与罪行危害程度不符的情形；目的是为公正处断设置一条刑罚底线，使被科罪者不致遭受超出其行为过错范围的损害。

小　结

本章尽可能详细地阐述了"不应为"律在历史中的发展延续。从"不应为"的流变脉络可以看出其源流悠久，且在后世传承之中变革不大。无论是唐代之前的萌芽，还是唐代以后的沿袭，"不应为"律都保持着概括性的文本特征。在律、令、条例缺乏正条规范的情况下，是一种补充轻微罪行的法律规范。

由于“不应为”律缺乏明确的构成要件，以及弹性的裁量空间，被称作概括性禁律，并且很多学者将之视为兜底条款。由于概括性的特征，“不应为”律的存在对法律的明确性要义构成了挑战，于是被看作是罪刑法定原则的反证。概括性禁律的内涵具有一定的抽象性，外延则呈现出开放性和延展性。因此，“不应为”律的适用范围，可能会在不同的时空、不同司法者的审理中，随着案件事实与情节的差异而不同，这就导致了适用范围不统一的风险。同时，对于司法者理解“不应为”律的内涵，将之准确地适用于具体的案件之中，都提出了挑战。而“不应为”律所指向的具体规则也会处于不确定状态。也有观点从罪刑法定主义的角度出发，将“不应为”律评价为违反罪刑法定原则的规范。

可是，我们必须认识到，“不应为”律的弊端与否定性评价，仅仅是这一法律现象的一个侧面。若要客观认识“不应为”律，就应当将其所起的积极作用与消极作用都纳入考量的范畴。当代刑法较之中国古代，立法技术更为完善。可是，仍然不能避免兜底条款的存在。据学者统计，我国目前刑法中的兜底条款共计 49 条。[①] 这一事实说明了兜底条款的存在有其必然性。因为法律的明确性原则，依然有其弊端。并且，兜底条款所承载的法律补充功能，仍然有效且难以被彻底替代。有学者认为从立法模式的价值取向来看，列举性规定和兜底条款都有各自的存在价值和功能诉求。前者旨在“限制国家刑罚权的恣意与法官的自由裁量权、着重体现刑法的人权保障功能”；后者则是“为刑罚权的发动提供了依据，重在体现刑法的社会保护功能”。[②] 因此，我们更加不能仅以其弊端为视角来考察“不应为”律。而应当承认“不应为”律入律是中国古代立法技术的一次重大提升。从“不应为”律的文献记载中可知，中国古代以兜底条款来弥补法律漏洞，最迟始于汉代。汉代“不当得为”条的记载，即是当时法律技术的例证。唐代将此规定进一步完善，把“不应为”律作为庶补遗缺的工具设定于杂律轻罪之中，并且开创性地将“不应为”律的规范内容切分成“事理重者”与“事理轻者”。此后，“不应为”重律和“不应为”轻律的划分规定，被唐代以后的法典悉数沿袭。由上可知，“不应为”律作为庶补遗缺的兜底条款，并非是为罗织法网陷人入罪，而是古代立法者在充分认识到律法局限性的基础之上，出于补充法律疏漏缺失之考量而有意设置的条款，是立法技术的提升。

---

① 张建军：《论刑法中兜底条款的明确性》，《法律科学》2014 年第 2 期，第 86 页。
② 张建军：《论刑法中兜底条款的明确性》，《法律科学》2014 年第 2 期，第 95 页。

第二章
扩张与克制：
特别“不应得为”律

引　言

继上章梳理了"不应为"律正条的历史流变之后，律典中"不应为"律正条的构成特征得以总结而出。然而，"不应为"律的特殊之处还在于，除去律典正条规范之外，历代皆以特别条款对"不应为"律进行了补充，分别以疏议、律后注、例、例注等方式将"不应为"律规范的部分具体罪行，散设于其他条款之下以作特殊情形之补充。有学者认为这样的条文法律效力等同于"不应为"律正条，因而将之称为同"不应为"律正条或特别"不应为"律。[①] 笔者认为这些特别"不应为"律是讨论"不应为"律必须加以探究的基石之一。因此，除去简洁的"不应为"律正条，还必须对历代律典中的特别"不应为"律加以详尽的考察。分析这些更为细致的特别律条，才能对"不应为"律做出清晰的论断。盖因宋代、元代"不应为"律以唐律为底本，沿用唐律罪名"不应得为"，且元代由于律典等文献亡佚，仅剩四条案例记载留存于《元典章》刑部卷之中，因而笔者将宋、元的特别"不应为"律之探究合为一节论述。

第一节　唐代特别"不应为"律

一、《唐律疏议》特别"不应为"律概述

统计之后发现，《唐律疏议》疏议之中所列的特别"不应为律"，分别附于

① 张茂霖：《中国传统法律"不应为"律条规范结构探析》，《世界华人法哲学年会 2012 年会议论文集》，清华大学 2012 年，第 594 页。

27条其他罪刑正条之下。部分律条下，甚至出现了2条“不应得为”律的特别条款。因此，确切地说，共有特别“不应为”律31条（见表2—1）。各篇目中特别“不应为”律所占比例由高至低分别为：户婚律19.3%、职制律12.9%、擅兴律12.9%、诈伪律12.9%、卫禁律9.7%、贼盗律9.7%、名例律6.5%、厩库律3.2%、斗讼律3.2%、杂律3.2%、捕亡律3.2%、断狱律3.2%。

表2—1 《唐律疏议》特别“不应为”律统计表

律文正条名称	所属篇目	数量（条）
犯罪未发自首条	名例律	2
向宫殿射条	卫禁律	2
冒名守卫条	卫禁律	1
匿父母及夫丧条	职制律	2
长吏辄立碑条	职制律	1
贷所监临财物条	职制律	1
养杂户为子孙条	户婚律	2
放奴婢部曲还压条	户婚律	1
以妻为妾条	户婚律	1
居父母丧主婚条	户婚律	1
违律为婚离正条	户婚律	1
犬伤杀畜产条	厩库律	1
擅发兵条	擅兴律	1
镇所私放征防人还条	擅兴律	1
私有禁兵器条	擅兴律	1
私使丁夫杂匠条	擅兴律	1
口陈欲反之言条	贼盗律	1
盗毁天尊佛像条	贼盗律	1
知略和诱强窃盗受分条	贼盗律	1
教令人告事虚条	斗讼律	1
对制上书不以实条	诈伪律	1
诈疾病及故伤残条	诈伪律	1
父母死诈言馀丧条	诈伪律	1
证不言情及译人诈伪条	诈伪律	1
错认良人为奴婢部曲条	杂律	1

续表

律文正条名称	所属篇目	数量（条）
官户奴婢亡条	捕亡律	1
拷囚限满不首条	断狱律	1

二、《唐律疏议》特别“不应为”律的罪刑详情

《唐律疏议》首次开创将“不应为”律规定于其他罪条之下的疏议中。这些特别“不应为”律有着不同的规定。名例律中有 2 条特别“不应为”律，都列于“犯罪未发自首”条之下，罪刑详情见表 2—2（有节略）[①]：

表 2—2 《唐律疏议》名例律中的特别“不应为”律

律文正条罪名	行为	定罪科刑
犯罪未发自首	谋杀凡人，乃云是舅	坐是“不应得为从轻”，合笞四十
	监临之官，受财不枉法，赃满三十匹，罪合加役流。其人首云“受所监临”，其赃并尽	止从“不应为重”，科杖八十

卫禁律中有 3 条特别“不应为”律，罪刑详情见表 2—3：

表 2—3 《唐律疏议》卫禁律中的特别“不应为”律

律文正条罪名	“不应为”之行为	定罪科刑
向宫殿射	箭力应及宫、殿而射不到者	从“不应为重”
	放弹及投瓦石……应及不到	放弹及投瓦石比箭罪轻……亦从“不应为重”上减一等
冒名守卫	宿卫人以非应宿卫人冒名自代及代之者，未入宫、殿内事发	如未入宫门事发，律无正条，宜依“不应为重”，杖八十。其在宫外诸处冒代，未至职掌处，从“不应为轻”，笞四十

① 本节律文内容均摘自《唐律疏议》。

职制律中有 4 条特别“不应为”律，罪刑详情见表 2—4：

表 2—4 《唐律疏议》职制律中的特别“不应为”律

律文正条罪名	“不应为”之行为	定罪科刑
匿父母及夫丧	（期亲以上、大功亲）闻丧不举哀，于后择日举讫	期以上从“不应得为重”；大功，从“不应得为轻”
	居期丧作乐及遣人作	从“不应为”之坐：期丧从重，杖八十；大功以下从轻，笞四十
长吏辄立碑	官人不遣立碑，百姓自立及妄申请者	从“不应为重”，科杖八十，其碑除毁
贷所监临财物	官人遣人或市司而为市易，所遣之人及市司为官人卖买有剩利，官人不知情	从“不应为”：准官人应坐之罪，百杖以下，所市之人从“不应为轻”，笞四十；徒罪以上，从“不应为重”，杖八十。仍不得重于官人应得之罪

户婚律中有 6 条特别“不应为”律，罪刑详情见表 2—5：

表 2—5 《唐律疏议》户婚律中的特别“不应为”律

律文正条罪名	“不应为”之行为	定罪科刑
养杂户为子孙	若当色自相养者……杂户养官户，或官户养杂户	宜依“不应为”之法：养男从重，养女从轻
	若养客女及婢为女者	从“不应为轻”法，笞四十，仍准养子法听从良
放奴婢部曲还压	部曲娶良人女为妻，夫死服满之后，其有欲去不放，或因压留为妾及更抑配与部曲及奴	服满不放，律无正文，当“不应为重”，仍即任去……若是良人女压留为妾，即是有所威逼，从“不应得为重”科
以妻为妾	［以媵为妾］	宜依“不应为重”，合杖八十
居父母丧主婚	若居夫丧，而与应嫁娶人主婚者以及父母丧内，为应嫁娶人媒合	前者从“不应为重”，合杖八十。后者从“不应为重”，杖八十；夫丧从轻，合笞四十
违律为婚离正	应离之辈，即是赦后须离，仍不离者	犹当“不应得为从重”，合杖八十

擅兴律中有 4 条特别“不应为”律，罪刑详情见表 2—6：

表 2—6 《唐律疏议》擅兴律中的特别“不应为”律

律文正条罪名	“不应为”之行为	定罪科刑
擅发兵条	其擅发九人以下	当“不应为从重”
镇所私放征防人还	虽经宿，不满日者一人	从“不应为”之坐：征人从重，镇戍从轻

续表

律文正条罪名	“不应为”之行为	定罪科刑
私有禁兵器	其旌旗、幡帜及仪仗，并私家不得辄有	违者从“不应为重”，杖八十
私使丁夫杂匠	计庸重者，其非本部官者	依“不应得为”从轻，笞四十

贼盗律中有 3 条特别“不应为”律，罪刑详情见表 2—7：

表 2—7 《唐律疏议》贼盗律中的特别“不应为”律

律文正条罪名	“不应为”之行为	定罪科刑
口陈欲反之言	若有口陈欲逆、叛之言，勘无真实之状	各从“不应为重”
盗毁天尊佛像	其非真人、菩萨之像，盗毁馀像者，若化生神王之类	当“不应为从重”
知略和诱强窃盗受分	其余犯赃，故买及藏者	从“不应为”：流以上从重，徒以下从轻

诈伪律中有 4 条特别“不应为”律，罪刑详情见表 2—8：

表 2—8 《唐律疏议》诈伪律中的特别“不应为”律

律文正条罪名	“不应为”之行为	定罪科刑
对制上书不以实	若被官司责罚，情在咆哮，或有因斗忿争，欲相恐迫，口虽告密，问即不承，既无文牒入司	坐当“不应为重”
诈疾病及故伤残	即无所避而故自伤，不成残疾以上者	从“不应为重”
父母死诈言馀丧	有人嫌恶前人，妄告父母身死，其妄告之人	宜从“不应为重”科
证不言情及译人诈伪	若刑名未定而知证、译不实者	止当“不应为”法；证、译徒罪以上从重，杖罪以下从轻

斗讼律、厩库律、杂律、捕亡律、断狱律中各有 1 条特别“不应为”律，罪刑详情见表 2—9：

表 2—9 《唐律疏议》斗讼律、厩库律、杂律、捕亡律、断狱律中的特别“不应为”律

律文正条罪名	“不应为”之行为	定罪科刑
教令人告事虚	教人部曲、奴婢告主期亲以下	教告主期亲及外祖父母者，科“不应为重”；教告主大功以下、缌麻以上，科“不应为轻”

续表

律文正条罪名	“不应为”之行为	定罪科刑
犬伤杀畜产	两主放畜产，而斗有杀伤者	从“不应为重”，杖八十，各偿所减价
错认良人为奴婢部曲	错认良人以下为子孙或错认他人妻妾及女为己妻妾者	前者依“不应为轻”；后者依“不应为重”科
官户奴婢亡	诱导官户、部曲亡者	当“不应得为从重”，杖八十
拷囚限满不首	不取保放者	当“不应得为”，流以上从重，徒罪以下从轻

第二节　宋元特别“不应为”律

《宋刑统》中的特别“不应为”律共计 32 条。分布比率为户婚律 22%，诈伪律 13%，职制律 13%，擅兴律 13%，卫禁律 9%，贼盗律 9%，名例律 6%，厩库律 3%，斗讼律 3%，杂律 3%，捕亡律 3%，断狱律 3%。

表 2—10　《宋刑统》特别“不应为”律统计表

律文正条名称	所属篇目	数量（条）
犯罪已发未发自首	名例律	2
夜开宫殿门出入（向宫殿射）	卫禁律	2
京城宫城门守卫人相代	卫禁律	1
匿哀	职制律	2
长吏立碑	职制律	1
受所监临赃	职制律	1
养杂户男为子孙	户婚律	2
放良压为贱	户婚律	1
典卖指当论竞物业	户婚律	1
以妻为妾	户婚律	1
居父母丧主婚	户婚律	1
违律为婚（定婚年限）	户婚律	1

续表

律文正条名称	所属篇目	数量（条）
犬伤害人畜	厩库律	1
擅发兵（调发杂物供军）	擅兴律	1
主将不固守	擅兴律	1
私有禁兵器	擅兴律	1
役功力采取不任用（差遣丁夫杂匠及私役使）	擅兴律	1
口陈欲反之言	贼盗律	1
盗毁天尊佛像	贼盗律	1
知略和诱强窃盗受分	贼盗律	1
教令人告事虚	斗讼律	1
对制及奏事、上书不以实	诈伪律	1
诈疾病	诈伪律	1
父母死不解官及诈言父母及夫死	诈伪律	1
证不言情	诈伪律	1
错认良人为奴婢部曲	杂律	1
官户奴婢亡	捕亡律	1
拷囚限满不首	断狱律	1

《宋刑统》中的特别“不应为”律基本皆沿用了《唐律疏议》的内容。仅在罪名上有轻微改动，但是条文内容与唐律相差无几，因而不做赘述。除去沿袭《唐律疏议》中的 31 条特别“不应为”律之外，仅于建隆年间在户婚律“典卖指当论竞物业”[①] 条下补充了一条。

表 2—11 《宋刑统》增设的特别“不应为”律

律文正条名称	行为	定罪科刑
典卖指当论竞物业	应田土、屋舍有连接交加者，当时不曾论理，伺候家长及见证亡殁，子孙幼弱之际，便将难明契书扰乱别县，空烦刑狱，证验终难者	以“不应得为”从重科罪

① 薛梅卿点校：《宋刑统》，法律出版社 1999 年版，第 230 ～ 232 页。

元代立法中的特别“不应为”律目前只能借助《元典章》中留存的刑部卷残卷窥之。其中记载了四件特别“不应为”律的案例如下（有节略）。[①]

表 2—12　《元典章》刑部卷中适用“不应为”律的案例

案例名称	行为	定罪科刑
车碾死人	其秦丑厮、刘赛儿不合坐罪，止据不曾喝住车辆将也速救护罪犯，详情，系不应得为而为	量情事重，依旧例，其秦丑厮为首合杖八十，刘赛儿为从减一等，合杖七十。部准法司拟。省断：秦丑厮二十七下，刘赛儿一十七下
自行淹死	亲家牛阿候部领人众，就来本家，捉拿妹珍珍奸事打拷	即系不应轻罪
碾死人移尸	止据阎喜僧不合移尸出碾，不告身死人本家得知	合从不应为事轻，合笞四十。部拟三十七下，呈省准拟
无官诈称有官	若拟伪金牌，缘用金纸裹着做金牌虚说	即系不应为事理，合杖八十

第三节　明代特别“不应为”律

虽然《大明律》也以《唐律疏议》为主要参照，但是由于社会、经济、政治的变革，明清时期的律例规定与唐宋相比出现了变化。明代律典沿袭了唐律“不应为”律正条的规定，但结构体例上不再采用了元代的分类，而设名例律、吏律、户律、礼律、兵律、刑律、工律七类。若仅对比“不应为”律正条，文本上与唐律变化不大，仅在措辞上作出了小幅修改。若考察律例中的特别“不应为”律规定，较之唐律则变动颇多。明代律例中，特别“不应为”律的数量比唐律更少，除了少部分出自比附律条之外，其余部分几乎全都出自于各朝颁行的条例之中。这一变化打断了从唐至清特别“不应为”律数量逐渐增长的趋势。笔者统计了《明代律例汇编》中从明孝宗弘治十三年（1500）所制定的《问刑条例》

① 《元典章 · 刑部卷》。

到崇祯年间所制定的各朝条例（含比附律条），发现有特别"不应为"律的共计17条。详见下表：

表2—13 《宋刑统》特别"不应为"律统计表

律文正条罪名及比附律条	所属篇目	数量（条）
制书有违	吏律	1
私创庵院及私度僧道	户律	1
尊卑为婚	户律	1
隐匿费用税粮课物	户律	1
冒支官粮	户律	1
禁止师巫邪术	礼律	1
主将不固守	兵律	1
发冢	刑律	1
斗殴及故杀人	刑律	2
杀子孙及奴婢图赖人	刑律	1
威逼人致死	刑律	1
诬告	刑律	1
囚应禁而不禁	刑律	1
吏部吏典赴内府，带小牌，不问收取问结	比附律条	1
奏本赴内府，带小木牌一面，放在承天门外不放，被把守官军奏发	比附律条	1
为事复职百户谢恩，为无冠带，借指挥镀金带拴系	比附律条	1

并且，这些特别"不应为"律规范的内容与唐宋律相比也有不同。具体而言，明代律例中特别"不应为"律的罪刑详情见下表（有节略）：

表2—14 明代律例中的特别"不应为"律

律文正条名称	"不应为"行为	定罪科刑
制书有违	今后凡系故违见行事例	其不应得为而为之律，原为该载不尽者而设。缘律文有限，事犯无穷，罪在原情，见难偏执。若情罪相等者，止照本律，不得概拟不应从重[①]

① 此条是适用"不应为"律的指导性条款。

续表

律文正条名称	“不应为”行为	定罪科刑
私创庵院及私度僧道	僧道旧寺之亲故等遗存原造奉佛像三尊，去别寺院侍奉	比依不应，从重，杖八十
尊卑为婚	凡随母嫁子女，与继父子女，苟合成婚	问者问以不应，杖罪，断令离异
隐匿费用税粮课物	不行首官	问得犯在革前，止拟不应，杖罪
冒支官粮	官员监生吏典旗军人等，关过俸粮及预支应得粮米，遇有事故调用等项，五斗以上，失于还官者	事发止问不应，追粮还官
禁止师巫邪术	雇工人故明火点火，人众惊挤，践踏压死	为首者绞，为从者流，造作人不应，从重论
主将不固守	其有被贼入境，将爪探夜不收及飞报声息等项公差官军人等，一时杀伤捉去，事出不测者	俱问不应，杖罪还职
发冢	父亡，母改嫁，生子。母死，前子盗母葬父坟内	系不应，从重论
斗殴及故杀人	其有同行之人，原无同谋情由，止是不行劝阻	问不应罪名
	恰不知故杀之情，原无同谋之意，止是偶然追从助打者	俱止问不应，杖罪
杀子孙及奴婢图赖人	若夫将妻尸图赖人者	依不应，从重
威逼人致死	为从者	俱问不应，事重
诬告	今后军民人等，告诉词状，若有亲属死者，止混告致死根因不明，欲要追勘，不曾诬执是某人打死；其布绢俸粮等项，止混告无有下落，不曾诬执是某人侵欺，及虽告侵欺，不曾开有数目者	俱止问以不应，或加诬罪名发落
囚应禁而不禁	司狱司囚人放在监外宿歇，自缢身死	合比依不应，从重论
吏部吏典赴内府，带小牌，不问收取问结	吏部吏典赴内府，带小牌，不问收取问结	拟不应，从重论
奏本赴内府，带小木牌一面，放在承天门外不放，被把守官军奏发	奏本赴内府，带小木牌一面，放在承天门外不放，被把守官军奏发	比依不应，从重论
为事复职百户谢恩，为无冠带，借指挥镀金带拴系	为事复职百户谢恩，为无冠带，借指挥镀金带拴系，校尉捉获	百户问违制，指挥问不应，从重论

此外，万历年间由巡按浙江等处都察院右佥都御史高举发刻并刊行的《大明律集解附例》，由巡按浙江监察御史郑继芳等订正、浙江布政使司左布政使洪启睿等校定，其中将对律例条文的私家律注以“纂注”、“备书”、“按”的形式

附于条文之下。由于《大明律集解附例》由浙江地方官员刊行，有学者认为其事实上获得了地方官府的认可，因此这些私家律注随后在浙江地区也具有了一定的法律效力。笔者检索了《大明律集解附例》，发现纂注及备书部分有 34 条特别“不应为”律律注。如将《大明律集解附例》纂注及备书中未与条例重合的特别“不应为”律私人律注部分算入明代律例的特别“不应为”律总数之中，那么粗略上看来，特别“不应为”律的规模，由唐至清呈现出稳步增长的趋势。但是，在探究了这些特别“不应为”律律注的实质之后，笔者认为应当更加审慎地看待这部分记载。

明代之时，民间先后出现了《律条疏议》、《读律琐言》、《大明律例注解》、《大明律解》、《大明律集解附例》等私家律注书籍，这些私家注本借助著书来阐释律意，传达个人对具体律例适用的理解，但是皆未获得官方的正式认可。“在明代中期明律的解释书不少，但始终未能形成‘定本’，也正反映出立法者在法律解释的‘法定’问题上的谨慎态度，宁可让私著的各种解释书四处流传，官方也不加干预。”①《大明律集解附例》虽然由浙江官员校订、刻发，对后世影响较大，甚至影响到了清律，但是它并不是被明代官府认可的正式律例定本。尤其纂注、备书这些私家律注部分，“《集解》的‘纂注’全以陈遇文释文为本以及保留分歧意见的做法，就很难说它就是官方的定本”②。因此不能将其看作是国家认可的通行性法律解释。笔者仔细查验了《大明律集解附例》的纂注及备书中的特别“不应为”律之律注，仅有 3 条与明代后来颁行的条例重合（笔者已将此 3 条计入明代条例中特别“不应为”律总数），可推断此 3 条规则后来被纳入条例之中。剩余未与律例重合的 31 条特别“不应为”律私家律注，在明代后期颁行的条例中未见踪迹。因此，笔者认为“不应为”律这部分未被官方认可的私家律注，不应被看作是明代律例中的特别“不应为”律，而仅是明代律学家对于“不应为”律司法适用的个人看法。

①② 张伯元：《〈大明律集解附例〉“集解”考》，《华东政法学院学报》2000 年第 6 期，第 39 页。

第四节　清代特别“不应为”律

一、《大清律例》特别“不应为”律概述

《大清律例》中特别“不应为”律最明显的特点就是较之于唐宋明三代，清代律例中的特别“不应为”律数量大幅增加了。笔者统计了《大清律例》的律文及所附条例，发现特别“不应为”律律例共计 69 条，律文部分有 8 条规范，律后所附条例中有 61 条规范。其中名例律中有 4 条，户律中有 15 条，礼律中有 2 条，兵律中有 5 条，刑律中最多，有 43 条，详见下表：

表 2—15　《大清律例》特别“不应为”律统计表

律文正条罪名	所属篇目	数量（条）
常赦所不原	名例律	1（例）
给没赃物	名例律	1（例）
犯罪事发在逃	名例律	1（例）
亲属相为容隐	名例律	1（例）
私创庵院及私度僧道	户律	1（例）
盗卖田宅	户律	1（例）
典买田宅	户律	3（例）
娶亲属妻妾	户律	1（例）
强占良家妻女	户律	1（例）
嫁娶违律主婚媒人罪	户律	2（例）
揽纳税粮	户律	1（律）
转解官物	户律	1（例）
盐法	户律	2（例）
匿税	户律	1（例）
市司评物价	户律	1（例）

续表

律文正条罪名	所属篇目	数量（条）
禁止迎送	礼律	1（例）
匿父母夫丧	礼律	1（例）
冲突仪仗	兵律	1（律）
主将不固守	兵律	1（例）
纵军掳掠	兵律	2（例）
私出外境及违禁下海	兵律	1（例）
造妖书妖言	刑律	1（例）
盗园陵树木	刑律	1（例）
监守自盗仓库钱粮	刑律	1（例）
强盗	刑律	2（1条律文，1条例文）
白昼抢夺	刑律	1（例）
盗田野谷麦	刑律	2（例）
恐吓取财	刑律	1（例）
诈欺官私取财	刑律	1（例）
发冢	刑律	1（律）
盗贼窝主	刑律	3（1条律文，2条例文）
杀死奸夫	刑律	1（例）
造畜蛊毒杀人	刑律	1（例）
斗殴及故杀人	刑律	1（例）
戏杀误杀失杀伤人	刑律	2（例）
杀子孙及奴婢图赖人	刑律	2（例）
保辜限期	刑律	1（例）
妻妾骂夫期亲尊长	刑律	1（律）
越诉	刑律	1（例）
诬告	刑律	1（例）
教唆词讼	刑律	1（例）
官吏受财	刑律	1（例）
事后受财	刑律	1（律）
官吏听许财物	刑律	1（例）
私铸铜钱	刑律	1（例）
诈教诱人犯法	刑律	1（例）

续表

律文正条罪名	所属篇目	数量（条）
赌博	刑律	2（例）
放火故烧人房屋	刑律	1（例）
搬做杂剧	刑律	1（例）
徒流人逃	刑律	5（例）
盗贼捕限	刑律	1（例）
陵虐罪囚	刑律	1（律）
妇人犯罪	刑律	1（例）

二、《大清律例》中特别“不应为”律的罪刑详情

《大清律例》名例律中的特别“不应为”律罪刑详情如下表（有节略）：

表 2—16　《大清律例》名例律中的特别“不应为”律

律文正条罪名	“不应为”行为	定罪科刑
常赦所不原	其逃回后自行投首及亲属代首者，遇有犯亲病故，准其察看情形，如实系闻丧哀痛	免其发回原配，仍照不应重律，杖八十
给没赃物	地邻人等如有隐匿发觉者	均照不应重律治罪
犯罪事发在逃	杖罪人犯之保人，倘该犯释放后私自逃匿	照不应轻律笞四十
亲属相为容隐	父为母所杀，其子隐忍于破案后，始行供明者	照不应重律，杖八十

户律中的特别“不应为”律罪刑详情如下表（有节略）：

表 2—17　《大清律例》户律中的特别“不应为”律

律文正条罪名	“不应为”行为	定罪科刑
私创庵院及私度僧道	僧道如有为匪不法等事，责令僧纲道纪等司随时举报……若止失于觉察者	照不应重律杖八十
盗卖田宅	尊长族长祠长失于查察	照不应重律科罪

续表

律文正条罪名	“不应为”行为	定罪科刑
典买田宅	卖产立有绝卖文契……倘已经卖绝，契载确凿，复行告找、告赎及执产动归原先尽亲邻之说，借端掯勒，希图短价，并典限未满而业主强赎者	俱照不应重律治罪
	典卖契载不明之产，若远在三十年以外，契内虽无绝产字样，但未注明“回赎”者，即以绝产论，概不许找赎，如有混行争告者	照不应重律治罪
	若业户混交匪人代投（田房税契），致被假印诓骗者	照不应重律，杖八十，责令换契重税
娶亲属妻妾	知情（嫁娶违律，罪不至死者）不阻之亲族地保	照不应重律杖八十
强占良家妻女	被逼诱随行，止于帮同抬杠	各照不应重律，杖八十
嫁娶违律主婚媒人罪	绅衿庶民之家，将婢女不行婚配致令孤寡者	照不应重律杖八十
揽纳税粮	侵欺之包与者	不应杖罪
转解官物	州县起解银两，解役潜行小路，不请拨护者，即未被失	亦照不应重律杖八十
盐法	若商厮稽察不到，被船户乘机盗卖者	照不应重律杖八十
	保雇不实者	照不应重律杖八十
匿税	海巡失察之	照不应重律杖八十
市司评物价	五城平粜米石时……收买铺户	照不应重律，杖八十，米石仍交该厂另行粜卖

礼律中的特别“不应为”律罪刑详情如下表（有节略）：

表 2—18 《大清律例》礼律中的特别“不应为”律

律文正条罪名	“不应为”行为	定罪科刑
禁止迎送	上司之子侄亲戚，经过属员境内，拜候往来属员，供应馈送	有官职者均照不应重罪，降三级调用；无官职者，照不应重律杖八十
匿父母夫丧	倘有临时先谋出继归宗，预为匿丧恋职地步，而扶同具结之邻族	照不应重律杖八十

兵律中的特别“不应为”律罪刑详情如下表（有节略）：

表 2—19　《大清律例》兵律中的特别“不应为”律

律文正条罪名	“不应为”行为	定罪科刑
冲突仪仗	军民之家纵放牲畜，若守卫不备，因而冲突仪仗者，其纵畜之家	以不应重律论罪
主将不固守	其有被贼入境，将侦探军役及飞报声息等项公差官军人等，一时杀伤捉去，事出不测者	俱问不应杖罪，留任
纵军掳掠	调台兵丁及台湾催饷社丁，如借端需索扰害番社，无赃者	照不应重律杖八十，革退
	出征官兵于经过地方，私自典买人口	均照不应重律，系兵，杖八十
私出外境及违禁下海	如查有额外携带及无照夹带不成器皿之铁，并非递运海洋亦非卖与商渔船，只至五十斤者	将铁入官，照不应重律，杖八十

刑律中的特别“不应为”律罪刑详情如下表（有节略）：

表 2—20　《大清律例》刑律中的特别“不应为”律

律文正条罪名	“不应为”行为	定罪科刑
造妖书妖言	至狂妄之徒，因事造言，捏成歌曲，沿街唱和，及以鄙俚亵慢之词，刊刻传播者，内外各地方官即时查拿，审非妖言惑众者	坐以不应重罪
盗园陵树木	凡子孙将祖父坟茔旁散树（并非高大株颗）私自砍卖	止问不应重杖
监守自盗仓库钱粮	小船人户受雇偷载漕粮盗卖者……其漕船头舵，明知旗丁盗卖，不据实举首者	俱照不应重律，杖八十，受财计赃从重论
强盗	凡强盗自首不实不尽	只宜以名例自首律内至死减等科之，不可以不应从重科断
	如捕役兵丁分赃通贼及与巨盗交结往来，奉差承缉走漏消息及本非承缉走漏消息，致令脱逃者……若不知情，止系查缉不力	照不应重律科断
白昼抢夺	若抢夺不得财，及所夺之物，即还事主，或探知窃盗人财，而于中途抢去，系强盗赃	问不应
盗田野谷麦	巡查人等搜查人参、珠子不力，以及私带过关者	照不应重律治罪
	受雇挖芪之人	照不应重律，杖八十
恐吓取财	棍徒倘并无滋事实迹，只有绰号	酌量科以不应重律，杖八十，加枷号一个月
诈欺官私取财	窝留代考枪手之家不知情者	照不应重律治罪

续表

律文正条罪名	“不应为”行为	定罪科刑
发冢	将尊长坟冢平治作地，得财卖人，买主知情	坐不应重律，追价入官
盗贼窝主	不知盗情，只是暂时停歇者	止问不应
	牌头所管内，有为盗之人，虽不知情而失察	坐以不应轻律，笞四十
	老瓜贼本处，邻佑地保非知情容留，止系失于稽查	各照不应重律，杖八十
杀死奸夫	奸夫已离奸所，本夫登时逐至门外杀之者	照不应重律，杖八十
造畜蛊毒杀人	诸色铺户人等，货卖砒霜信石，若不究明来历，但贪利混卖致成人命者，虽不知情	照不应重律，杖八十
斗殴及故杀人	若仅止口角骂詈，并无揪扭情事，因向人赶殴，自行失跌身死，及被死者扑殴，闪避致令自行失跌身死者	照不应重律，拟杖八十
戏杀误杀失杀伤人	凡过失杀人，应追埋葬银两之犯，如有力不能交，咨请豁免者，免其着追，将该犯	照不应重律，杖责发落
	疯病之人，其亲属邻佑人等容隐不报，不行看守，以致疯病之人自杀者	照不应重律，杖八十
杀子孙及奴婢图赖人	夫将妻尸图赖人者	依不应重律
	无赖凶棍，遇有自尽之案，冒认尸亲，混行吵闹殴打，或将棺材拦阻，打坏台去，尸首勒措行诈者，均杖一百，枷号两个月。若该管地方兵役，知而不拿者	各照不应重律治罪
保辜限期	因抬验而致伤生者	各照不应重律，杖八十
妻妾骂夫期亲尊长	妻骂夫	拟不应笞罪
越诉	在外刁徒，身背黄袱，头插黄旗，口称奏诉，直入衙门，挟制官吏者，所在官司就拿送问。若系干己事情及有冤枉者	照例审断，仍治以不应重罪
诬告	控告人命，如有诬告情弊，即照诬告人死罪未决律治罪。不得听其自行拦息，其间或有误听人言，情急妄告于未经验尸之先，尽吐实情，自愿认罪递词求息者，讯明该犯果无贿和等情	照不应重律治罪完结
教唆词讼	教唆词讼诬告人之案，如本人起意欲告，而所谓教唆之人，若仅止从旁谈论是非，并非唆令控告者	科以不应重杖，不得以教唆论

续表

律文正条罪名	“不应为”行为	定罪科刑
官吏受财	直省书役年满缺出，遵例召募，有暗行顶买索取租银者……出结人等	依不应重律，杖八十
事后受财	凡官吏有承行之，事先不许财事，过之后而受财事，律不言出钱、过钱人之罪	问不应从重可也
官吏听许财物	如所犯本轻或本无罪，但许财营求者	止问不应重律
私铸铜钱	收买不及十千，尚未搀和货卖者	照不应重律杖八十
诈教诱人犯法	如坊店寺院容留不报，地保人等不行查拿	均照不应重律，杖八十
赌博	赌饮食者	坐不应重律
	凡容留制造赌具之房主，如讯不知情	仍照不应重律治罪
放火故烧人房屋	若图财挟仇，故烧空地闲房，及场园堆积柴草等物者，首犯枷号两个月，杖一百，流三千里……地方文武官弁，退有此等恶徒放火，不即赴援扑灭，协力擒拿，照例议处。地方保甲人等	照不应重律治罪
搬做杂剧	城市乡村如有当街搭台悬灯，唱滨夜戏者，将为首之人，照违制律，杖一百，枷号一个月。不行查拿之地方保甲	照不应重律，杖八十
徒流人逃	若系强、窃盗及光棍案内之犯，不许出境，倘有私自出境者；以及容留京城潜住发觉者之总甲人役，并知情容留之房主	各依不应重律，杖八十
	若但经复逃来京，不论次数，各按其原犯之罪	由笞杖递回者，照不应重律，杖八十。其原犯并无罪名者，照不应轻律，笞四十。各加枷号一个月，满日仍递回原籍，折责发落，严加管束
	逃回原籍之军流人犯，容留之亲属，除祖父子孙夫妻奴仆外	照不应重律，杖八十
	凡遣军流徒各犯，仅止脱逃者，其容留之亲属，除祖父子孙夫妻奴仆外，其余亲属人等，系容留徒罪人犯	照不应轻律，笞四十。容留遣军流犯，俱照不应重律，杖八十
	由京递籍人犯，脱逃来京，其容留之亲属，除祖父子孙夫妻奴仆外其余亲属人等	照不应轻律，笞四十
盗贼捕限	听信地保差役捏称，并无其人，并久经外出，空文回复掯不发人者，地方官议处外，其地保差役	照不应律治罪
陵虐罪囚	司狱官典及提牢官，有不知	坐以不应
妇人犯罪	未产拷决不堕胎及产限未满拷决不致死者	依不应轻律

可见，清代特别“不应为”律的数量远超前代。由于《大明律集解附例》对清代修订《大清律例》影响极大，因此出现在《大明律集解附例》的“纂注”、“备考”部分的特别“不应为”律条款被《大清律例》直接沿用。可以说《大清律例》中的特别“不应为”律条款有一部分是完全承袭自明代律例的。除了沿袭部分外，清代还产生了新的特别“不应为”律条款，随着清代修例的活动，逐步也被添加进律例规范之中。

小 结

从特别“不应为”律的流变可以看出，“不应为”律从唐代至清代的发展情况，特别“不应为”律的量变趋势，从唐代至清代，历代律典中“不应为”律正条的规范内容基本上皆以《唐律疏议》为底本，仅有语词上的些微变化。这条规范的构成要件基本相沿不变。而律疏、律例中的特别“不应为”律，从数量上来说，唐代到宋代，仅有极少量的增长。明代特别“不应为”律数量减少了近三分之一，清代则出现大幅增长，为历代最多。因此，特别“不应为”律从唐至清，并非随着时间发展而稳步增长，而是在明代出现了相反的发展趋势。到清代，随着条例增修发展至顶峰（见图 2—1）。

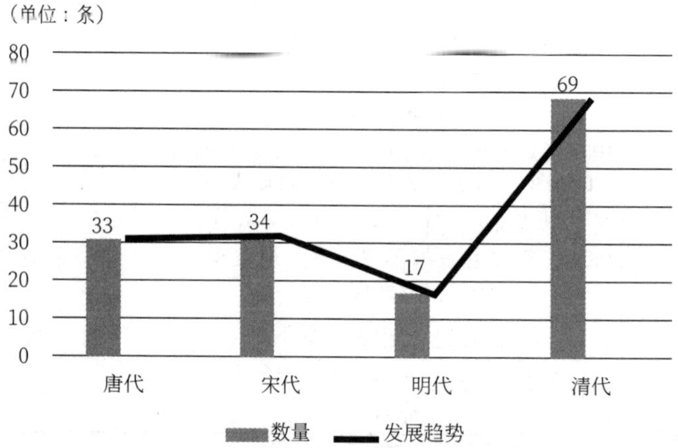

图 2—1　历代特别“不应为”律数量变化图

由此可以看出，“不应为”律本条虽然被唐代以后的朝代所继承，应用在了律典之中作为立法补救措施。唐代开创的以律疏为载体，将特别“不应为”律条款附于其他律文正条罪名之下，一并刊行于律典之中的立法方法，被宋、明、清代承袭。但是特别“不应为”律在唐代至清代的发展，并不是随着朝代更迭、历史流传而逐渐增长。在明代，特别“不应为”律条款出现了相反的发展趋势。被官府认可纳入条例和比附律条中的特别“不应为”律条款，比其他三个朝代更少。虽然明代的律学家们曾将特别“不应为”律条款以律注的形式载明于私家律注本之中，并且其中一部分还曾被刊行于万历年间发刻的《大明律集解附例》中。但是，这些律学家们出于主观的适用解读绝大多数并未获得明代官方的完全认可。可以看出明代在万历之后修订条例时，对这些特别“不应为”律条款的私家之说持以较为审慎的态度。清代则相反，以官修律例的形式将大量特别“不应为”律条款纳入《大清律例》之中颁行全国。

由上文可知，自唐至清，律、律疏、条例中都有数目不少的特别“不应为”律规范。《唐律疏议》共有 33 条，《宋刑统》共有 34 条，明代律例共有 17 条，《大清律例》共有 69 条。而这些特别“不应为”律，几乎都可看作是对其所属律文正条的补充性规定。这种补充性规定的出现，无疑是为律文正条规范的缺漏及疏失之处提供补救措施。由于立法是具有局限性的，因而律典文本不可避免地存在缺漏和疏失之处。由于《唐律疏议》立法成就的重大影响，从唐代至清代，虽然具体规定有所不同，但是以特别“不应为”律为律典正条其他罪刑规范提供补充性的规则这一点上，并没有发生变化。

第三章
核心与主脉：“理不可为”之意涵

引 言

厘清“不应为”律的肇端与流变历史之后，我们能看出，从唐代至清代，“不应为”律的传袭呈现出一条清晰的主脉提挈全篇。历代“不应为”律正条的构成要素中，最核心的一点始终没有变化过。自唐律始，在后世律典中一直都保留了“不应为”律最核心的规范要素，即“理不可为”。唐律、宋律、明律都直接以文本表述注明，清律虽然在正条的措辞中去掉了直接的表达，但却仍然暗含在了整条规范的罪行判断逻辑之中。因此，可以说“理不可为”是“不应为”律的核心之义，是这一规则流变的主脉。“不应为”律规范“理不可为”之行为。“理不可为”可说是“不应为”律所规范行为的必备要件。而“不应为”更深一层的内涵是“应当如何行为”，这就使得“不应为”律成为一种暗含着价值评判的行为规范。而“理”成为行为被允许与被禁止的重要边界。“不应为”律所指的“理不可为”，将“理”设定为一种宽泛的合法行为规范和准则。“理”暗含着必然性判断，涵摄观念、行为和评价等几个方面，向来是中国传统哲学关注的焦点之一。若止步于“不应为”律拥有一条宽泛的入罪标准这样的概括性认识，会使得我们忽略掉历史发展中的细节，用简化的标签粗暴地给其以“定论”。因此，从历代立法来探讨“理不可为”之意涵，是理解“不应为”律不可越过的步骤。作为“不应为”律的核心判定准则之一、源流演变的主脉，厘清“理不可为”的规范意涵即是探究之始。

第一节　礼治之理

按照唐君毅先生的论述，中国哲学史中的“理”之意涵共分为六义，分别是“文理之理”、“名理之理”、“空理之理”、“性理之理”、“事理之理”、“物理之理”。[①] 而首要的“文理之理”便是礼治之理。《礼记 · 乐记》有云：“礼也者，理之不可易者也。”儒家将礼治之理看作“制割大理”，荀子认为“礼义文理之理”乃是真正之理、大理。[②] 礼生发于对神灵、自然的敬畏，源自祭祀、祈祝，在后世又衍生出对人之间关系的调整。从夏商周时期，礼便已开始影响社会生活。而后数千年之中，礼是天地之序，一直都是中国文化最重要的内容之一。《左传 · 隐公十一年》言礼能够“经国家、定社稷、序民人、利后嗣”，也能“立亲疏，决嫌疑，别同异，明是非也”。礼并非一成不变，而是经过了不同时期的进化，由最初的“宗教仪节”发展成为规范。这种规范是被风俗和习惯所认可的。其后，逐渐被形塑成规范，也就是胡适先生所说的“合乎义理可以作为行为规范的规矩”。而礼法关系渊源甚古，《礼记 · 乐记》中谓：“礼以道其志，乐以和其声，政以一其行，刑以防其奸。礼乐刑政，其极一也……礼节民心，乐和民声，政以行之，刑以防之。礼乐刑政，四达而不悖，则王道备矣。”唐代之前，礼对于传统中国的形塑与影响就已经不容忽视。《唐律疏议》纳礼入刑，“一准乎礼，以为出入”。由此奠定了“不应为”律以“理不可为”作为行为规范标准的基础。虽然“不应为”律本条未以列举方式将“理不可为”的行为附于律条之后，但是，从唐代开始将特别“不应为”律注于其他律条之下以作补充的立法手法，使我们能够从中看出“不应为”律所谓“理不可为”者，具体包括何种行为。笔者仅从以下四个方面来举例。

---

① 唐君毅：《中国哲学原论》，九州出版社 2016 年版，第 3 页。
② 唐君毅：《中国哲学原论》，九州出版社 2016 年版，第 13 页。

一、婚丧嫁娶之“理”

（一）丧仪之理

“父为子纲”以孝道为中心。孝道在家族关系中是至尊无上的，宗法伦理不允许卑幼违逆尊长。儒家宣扬孝悌乃是君子立身之本。如若废置孝道，作出不孝之举，则会被家法、族规甚至律法所惩罚。而妻子对丈夫也必须恭顺谦卑，否则一样会招致规则的严惩。因此，不孝、不恭顺自然是“理不可为”所涵摄之义。在特别“不应为”律中，对不孝者的行为规范，尤为显目的便是有关丧礼的规范。以《唐律疏议》“匿父母及夫丧”条为例：

> 诸闻父母若夫之丧，匿不举哀者，流二千里；丧制未终，释服从吉，若忘哀作乐，（自作、遣人等。）徒三年；杂戏，徒一年；即遇乐而听及参预吉席者，各杖一百。
>
> ……
>
> 问曰：闻丧不举哀，于后择日举讫，事发合得何罪？
>
> 答曰：依《礼》：“斩衰之哭，往而不返。齐衰之哭，若往而返。大功之哭，三曲而偯。小功、缌麻，哀容可也。”准斯礼制，轻重有殊，闻丧虽同，情有降杀。期亲以上，不即举哀，后虽举讫，不可无罪，期以上从“不应得为重”；大功，从“不应得为轻”；小功以下，哀容可也，不合科罪。若未举事发者，各从“不举”之坐。①

《丧服四制》曰：“知者可以观其理焉。”丧礼之“理”，主要是靠卑幼、妻子及其他亲属为死者守丧的礼仪、葬仪的礼治来体现的。按礼治举办丧仪、依五服制度服丧是孝道的重要体现。根据礼治，亲属应当依照亲等穿着形制有别的服饰，并遵守不同的丧期要求服丧，以示对死者的哀悼和追思。根据五服制度，斩衰的丧期为三年，齐衰的丧期为三个月、五个月、一年不等，大功的丧期为九个月，小功五个月，缌麻则是三个月。服制等级由血缘亲疏决定，由服制衍生出了传统中国社会生活的基本规则和传统道德规范。《礼记》有云：“丧有四制，

① 刘俊文点校：《唐律疏议》，法律出版社 1999 年版，第 222 ～ 224 页。

变而从宜，取之四时也。有恩、有理、有节、有权，取之人情也。”丧礼中的“理”通过仪式化、程式化、制度化的规则体现出来。丧礼之制体现着出自于血缘情感的规则，既是基于人情自然，也是因循礼俗文化。由此条特别“不应为”律来看，符合礼治的做法是在听闻父母或丈夫的死讯之后，自闻丧日起，应当举行丧礼哀悼、高声哀哭，并按照礼治守孝服丧。这种习俗表达了子女、妻子对死者的哀悼之情，以昭孝道。如果闻丧之后，不举行丧礼哀悼，反而隐匿父母或丈夫之死讯者，即为“理不可为”，科以流刑发配两千里。除此之外，丧礼之“理”，不仅是服丧的形式性规则。为人子女、妻子者，仅做出及时举丧的行为并不足以彰显孝道与恭顺。若是心中并无真正的悲痛哀悼之情，在居丧期间做出违反丧制的行为，也属“理不可为”。居丧之礼还未完结，在服丧期间脱下丧服穿上了吉服，将哀痛抛诸脑后，自己作乐或者命他人作乐的，科以三年徒刑；杂戏者，科以一年徒刑；此外，对于特殊主体，还作了以下规定。遇上这种情况而参与其中欣赏乐曲者，则处杖刑一百。如果没有立即举哀，而是择日再举行，一旦事发也要被依照唐律处罚。

五服制度将除子女之外的亲属也纳入规制之中。那么，同样的行为，如果由亲缘较远的亲属做出，依然违背了礼治的要求。若不处罚，不仅不合于宗法伦理，相对于子女、妻子而言，也不算公平。因此，《疏议》将这样的行为以特别“不应为”律加以补充规范。这种情况下，由于礼治对于不同服制等级的亲属要求不同，因而罪行的轻重也就有所差别。父子之间，血缘最近，亲恩最重。而其他亲属，自然次之。因此，违背丧仪的处罚自然应当轻于子女，否则会导致情轻法重。服期亲以上亲属，没有自闻丧日起举丧哀悼的，按照“不应为”重律处罚，杖八十；服大功亲属按照“不应为”轻律处罚，笞四十；服小功以下的亲属，露出哀容即可，不应当再科罪。如果在择日举行丧礼之前被发现的，则按照该正条不举丧礼的规定进行处罚。

又问：居期丧作乐及遣人作，律无条文，合得何罪？

答曰：《礼》云：“大功将至，辟琴瑟。”郑注云：“亦所以助哀。”又云：“小功至，不绝乐。”丧服云：“古者有死于宫中者，即三月为之不举乐。”况乎身服期功，心忘宁戚，或遣人作乐，或自奏管弦，既玷大猷，须加惩诫，律虽无文，不合无罪，从“不应为”之坐：期丧从重，杖八十；大功以下从轻，笞四十。缌麻、卑幼，不可重于“释服”之罪。[①]

“匿父母及夫丧”正条规定的是子女或者妻子对于父母或丈夫的举丧要求，按照礼治，期亲、大功、小功亲属也应当遵从诚心举哀服丧的习俗规则。但是，由于唐律对这一类行为缺乏规定，因此在疏议中做出了补充。如果期亲在服丧期间忘记哀痛，自己作乐或者命他人作乐的，违反了礼治和孝道，司法者应该适用“不应为”律对其科罪。期亲将被科以“不应为”重律，杖八十；大功以下亲属科“不应为”轻律，笞四十；并且，对缌麻、卑幼的处罚要比正条中的斩衰亲属“释服”之罪轻。

之所以要在“匿父母及夫丧”正条之下，对其他服制等级、其他情形的行为，以“不应为”律进行规范，是为了让律文规范在指导司法时能够情罪相符。从以上两条特别“不应为”律条款可以看出，其意在补充“匿父母及夫丧”正条中遗漏的特殊主体的行为。按照丧仪礼治的要求，子女、妻子在听闻父母或丈夫的死讯传来之后，需要按照一定的行为规范举办葬礼。这是出于“孝道”和“以夫为纲”的立法要求。而其他参与葬礼的人，同样也受孝敬尊长的立法所规制。这些特殊主体包括：期亲以上亲属，大功、小功亲属。对于子女、妻子来说，他们的行为规范是闻丧之后要尽快举行丧礼哀悼，悲痛哀哭，并在守丧期间认真按照礼治守孝服丧，决不可作乐享受忘记尊长过世的哀痛。那么，相对应的，从特别“不应为”律条款可以看出，妻、子、女之外的期亲以上亲属，须自闻丧日起举丧哀悼，否则按照“不应为”重律处罚。大功亲属也须自闻丧日起举丧哀悼，否则按照“不应为”轻律处罚。期亲和大功以下亲属在服丧期间遵照礼治守孝，不可自己作乐或者命他人作乐，否则也会被以“不应为”律对其科罪。由此可见，“不应为”律的“理不可为”要件，虽然就理论上而言，是极为宽泛的，仿佛一切不合于“理”的行为皆是其打击范围。但实际上，并不是所有“理不可为”的行为都会被“不应为”律所规范。它真正规范的是，按照其他罪条规范的“理不可为”标准，需要被惩处的、更为轻微的、违背“理”之行为。

① 刘俊文点校：《唐律疏议》，法律出版社1999年版，第224页。

（二）嫁娶之理

从西周时起，婚姻的缔结需要遵照礼的规则来完成。缔结婚姻，需要父母之命、媒妁之约。前者便是指由尊长享有主婚权的尊长主婚之制。享有主婚权的尊长包括祖父母、父母、余亲。其中，祖父母、父母是首要的权力享有者。《明户令》明确规定："凡嫁娶皆由祖父母、父母主婚，祖父母、父母俱无者，从余亲主婚。"而主婚人的主婚之举自身又会受到法的约束。以《唐律疏议》"居父母丧主婚"条为例：

> 诸居父母丧，与应嫁娶人主婚者，杖一百。
>
> 疏议曰：居父母丧，与应合嫁娶之人主婚者，杖一百；若与不应嫁娶人主婚，得罪重于杖一百，自从重科。若居夫丧，而与应嫁娶人主婚者，律虽无文，从"不应为重"，合杖八十。其父母丧内，为应嫁娶人媒合，从"不应为重"，杖八十；夫丧从轻，合笞四十。[①]

在主婚人父母丧期之内，给礼制允许缔结婚姻之人主婚，主婚人杖一百。如果为之主婚的是不应当缔结婚姻的人，罪过比前一种情形更重，因此需要从重处罚。此外，与此相关的两种类似情形，唐律没有明文规定，但是其行为也违背了婚仪嫁娶之理，因此应当加以处罚。对于这两种情形，疏议注明以"不应为"律进行规范。其一是，如果妇女在为丈夫服丧期间，给符合为婚标准、被允许缔结婚姻之人主婚，科以"不应为"重律，杖八十。其二是，若并非主婚，而是为符合为婚标准、被允许缔结婚姻之人做媒说合，也科以"不应为"律。在父母丧期间为应嫁娶人媒合者，科以"不应为"重律，杖八十；在夫丧期间为应嫁娶人媒合者，科以"不应为"轻律，笞四十。

该条规范的是主婚人服丧期间的行为。正如上文所述，子以父为纲，妻以夫为纲。因此，父母、丈夫若不幸过世，其丧期之内，子女、妻子的行为需要依照礼来完成。应当立即举办葬礼丧仪，为死者服丧。服丧期间需要衷心哀悼，着丧服，不可忘哀作乐。孝为首善。主婚人是嫁娶结婚之人的尊长，其为之服丧的则是尊长之尊长或尊长之丈夫。因此，主婚尊长为自己的尊长或者丈夫诚

---

① 刘俊文点校：《唐律疏议》，法律出版社 1999 年版，第 281 ～ 282 页。

心服丧哀悼，优先于为卑幼主婚或媒合。其中之理与“匿父母及夫丧”条下的特别“不应为”律之理是一脉相承的。皆是出自对孝道的维护和尊崇。

需要注意的是，并非所有违反孝道的行为，都会被入罪处罚。“不应为”律也并非将所有的“不孝”罪名罗织于其名下。在守丧期间违律之行为，还有“居父母丧生子”、“居父母丧嫁娶”。

再以唐律中的“违律为婚离正”条为例。

> 诸违律为婚，当条称“离之”、“正之”者，虽会赦，犹离之、正之。定而未成，亦是。娉财不追；女家妄冒者，追还。
>
> 疏议曰：“违律为婚”，谓依律不合作婚而故违者。“当条称离之”，谓上条“男家妄冒，或女家妄冒，离之”。又，“正之”者，谓上条“奴婢私嫁女与良人，仍正之”。虽会大赦，称“离之”者，犹离之，称“正之”者，犹正之。“定而未成，亦是”，假令杂户与良人为婚已定，监临之官娶所监临女未成，会赦之后，亦合离、正，故云“定而未成，亦是”。男家送财已讫，虽合离、正，其财不追。若女家妄冒，应离、正者，追财物，还男家。凡称“离之”“正之”者，赦后皆合离、正。《名例》律云：“会赦，应改正，经责簿帐而不改正，各论如本犯律。”应离之辈，即是赦后须离，仍不离者，律无罪条，犹当“不应得为从重”，合杖八十。若判离不离，自从奸法。①

嫁娶需依礼，而婚配双方的身份也受到严格限制。禁止婚配的情况有良贱不婚、同姓不婚、官民不婚、尊卑不婚、奸逃不婚、僧道不婚，等等。唐律中禁止通婚的情况包括：

1.“为婚妄冒”条。“诸为婚而女家妄冒者，徒一年。男家妄冒，加一等。未成者，依本约；已成者，离之。”② 婚姻的缔结需经过行媒，无论被婚配的哪一方，其性别、嫡庶身份还是长幼排序，都在媒合之时理应立有契约，若用他人李代桃僵，女方家违约以人妄冒，科以一年徒刑，男方家以人妄冒，加一等处罚。已经成婚的，离之。

2.“有妻更娶”条。“诸有妻更娶妻者，徒一年；女家，减一等。若欺妄而娶者，

---

① 刘俊文点校：《唐律疏议》，法律出版社 1999 年版，第 295 ～ 296 页。

② 刘俊文点校：《唐律疏议》，法律出版社 1999 年版，第 277 页。

徒一年半；女家不坐。各离之。"[①] 既已娶妻，就该依礼维护夫妻之义。若隐瞒娶妻之事，则为"矫诈"，科以一年半徒刑。女方家不知情，无罪。后娶之妻不论知情否，都离之。

3. "居父母夫丧嫁娶"条。"诸居父母及夫丧而嫁娶者，徒三年；妾减三等。各离之。知而共为婚姻者，各减五等；不知者，不坐。"[②] 父母过世，子女应当终身忧愁而悲伤，依礼应当服丧三年才可释服从吉。夫丧之后，妻子也要依礼守丧。在此期间内嫁娶，科以三年徒刑。若为妾者，减三等处罚。以上之人丧期内嫁娶，都要离之。

4. "父母被囚禁嫁娶"条。"诸祖父母、父母被囚禁而嫁娶者，死罪，徒一年半；流罪，减一等；徒罪，杖一百。（祖父母、父母命者，勿论。）"[③] 在祖父母、父母被囚禁期间，子孙不得嫁娶，除非是遵照祖父母、父母之命，但也不得举办宴会。若违反此律，则按照祖父母、父母所犯之罪来确定该子孙的处罚。祖父母、父母犯了死罪的，嫁娶的子孙科以一年半徒刑；祖父母、父母犯了流罪的，嫁娶的子孙科以一年徒刑；祖父母、父母犯了徒罪的，嫁娶的子孙杖一百。如果是由期亲尊长主婚，主婚之尊长为主犯，成婚的男女为从犯；若是由别的亲属主婚，成婚男女为主犯，主婚者为从犯。如果嫁娶双方系被逼成婚，以及不满十八岁的男子、在室女，都只罪坐主婚人。

5. "同姓为婚"条。"诸同姓为婚者，各徒二年。缌麻以上，以奸论。"[④] 若是同姓或者同宗，不准通婚，否则科以两年徒刑。若是双方属于缌麻以上亲属，以奸论。其中，"外姻有服属而尊卑共为婚姻，及娶同母异父姊妹，若妻前夫之女者"，也不得为婚，违者杖刑一百并且离之。

6. "尝为袒免妻而嫁娶"条。"诸尝为袒免亲之妻，而嫁娶者，各杖一百；缌麻及舅甥妻，徒一年；小功以上，以奸论。妾，各减二等。并离之。"[⑤] 禁止"袒免亲"通婚。"袒免亲"指的是有共同的五代之祖先的亲属，包括高祖的兄弟、曾祖之堂兄弟、祖父的再从兄弟、父亲的三从兄弟、自己的四从兄弟、三从侄、再从侄孙，并缌麻绝服之外的亲戚。违者各处以杖刑一百。若是娶缌麻亲属或

---

① 刘俊文点校：《唐律疏议》，法律出版社 1999 年版，第 278 页。
② 刘俊文点校：《唐律疏议》，法律出版社 1999 年版，第 279 页。
③ 刘俊文点校：《唐律疏议》，法律出版社 1999 年版，第 281 页。
④ 刘俊文点校：《唐律疏议》，法律出版社 1999 年版，第 285 页。
⑤ 刘俊文点校：《唐律疏议》，法律出版社 1999 年版，第 287 页。

者舅舅或者外甥的妻子，科以一年徒刑；小功以上亲属，科以奸罪。若是纳缌麻亲属或者舅舅或者外甥的妾，各减二等。以上婚姻皆离之。

7.“夫丧守志而强嫁”条。“诸夫丧服除而欲守志，非女之祖父母、父母而强嫁之者，徒一年；期亲嫁者，减二等。各离之。女追归前家，娶者不坐。”① 祖父母、父母强迫守节之妇再嫁，科以一年徒刑。期亲强迫守节妇再嫁，减二等处罚。

8.“娶逃亡妇女”条。“诸娶逃亡妇女为妻妾，知情者与同罪，至死者减一等。离之。即无夫，会恩免罪者，不离。”② 唐律规定不得娶犯罪逃亡的妇女为妻妾。除非该犯罪妇女被恩赦免罪，且之前未曾婚配，则认可该婚姻。如果不知该妇女是逃犯而娶妻者无罪，若该女之前未婚，那么可以听从夫家意见不离婚。若是明知其逃犯身份而娶之，则要处罚并离婚。该女犯死罪，娶妻为妻者流三千里。若犯流罪以下，则与女方同罪。

9.“监临娶所监临女”条。“诸监临之官，娶所监临女为妾者，杖一百；若为亲属娶者，亦如之。其在官非监临者，减一等。女家不坐。”③ 唐律禁止监临之官娶其所管辖之地的民人之女做妾，也不许该官员帮缌麻以上亲属纳所监临女为妾，违者杖一百。若非统摄案验之监临官，娶所监临女为妾，减一等处罚，女方家无罪。

10.“和娶人妻”条。“诸和娶人妻及嫁之者，各徒二年；妾，减二等。各离之。即夫自嫁者，亦同。仍两离之。”④ 唐律禁止双方合意后娶一方之妻妾的行为。双方达成合意之后，娶别人妻妾者以及将自己妻妾嫁人者，都要受刑罚处罚，并且前夫之婚与后夫之婚皆离之。若合意后娶他人之妻，合意双方都处以徒刑两年。若合意后娶他人之妾，罪减二等，处以徒刑一年。

11.“奴娶良人为妻”条。“诸与奴娶良人女为妻者，徒一年半；女家，减一等。离之。其奴自娶者，亦如之。主知情者，杖一百，因而上籍为婢者，流三千里。”⑤ 良与贱身份有别。良贱不婚是传统礼法的准则，因此，奴仆不得娶良民之女为妻子。主人若给奴仆婚配了良民之女，科以一年半徒刑，奴仆无罪。嫁女之良民家长，罪减一等处罚。若是奴仆自己娶了良民之女，科以一年半徒刑。

---

①② 刘俊文点校：《唐律疏议》，法律出版社 1999 年版，第 288 页。
③ 刘俊文点校：《唐律疏议》，法律出版社 1999 年版，第 289 页。
④ 刘俊文点校：《唐律疏议》，法律出版社 1999 年版，第 290 页。
⑤ 刘俊文点校：《唐律疏议》，法律出版社 1999 年版，第 293 页。

主人不知情者不为罪，知情者杖一百。若主人趁奴仆婚配之机上报户籍，将良民女儿报为其婢女，科以流刑，流放三千里。

12. "杂户官户与良人为婚"条。"诸杂户不得与良人为婚，违者，杖一百。官户娶良人女者，亦如之。良人娶官户女者，加二等。"[①] 唐律不允许异色嫁娶。杂户、官户与良民不是同一类别，只能在其本色同类之中婚配，不可异色通婚。违反此律者，杖一百。若是良民娶了官户之女，罪加二等。

以上十二种婚姻形式，皆违律。不可与这些身份的人通婚，如果违律缔结婚姻，则要依律处罚。应当离婚的双方，即便遇到恩赦被赦免违律成婚的罪责，也必须离婚。唐律虽未规定对不离者的处罚，但由于其违反礼法，不得纵之，因此依照"不应为"重律，处以杖八十。此中之"理不可为"，指的是违反礼法的婚姻禁忌而缔结婚姻，并且在被科罪之后，仍然不知改正。恩赦虽赦免其刑罚，但其婚姻仍然违背礼法准则。因此，在被科罪再遇恩赦，明知成婚违律的情况下，仍不解除婚姻的人，应当用这一轻罪条款处罚之。

二、仪制之"理"

礼不仅包含着作为家族秩序、社会道德共识的一面，也包含着维护等级秩序的一面。《资治通鉴》有云："天子之职莫大于礼，礼莫大于分，分莫大于名。"礼是关于天人关系、伦常关系、等级秩序的系统，蕴含着尊卑有别之观念、名分关系之思想和等级制度之秩序，衍生出了维护尊卑等级的一系列外在规范。而仪制就是其中的一部分。司马光在论述"礼"、"分"、"名"的关系之时，运用了递进式的逻辑将礼纪朝纲，君臣有别，匡正公、侯、卿、大夫名分三个内涵，分步阐释出来。而仪制这样的外在规范，目的就在于助人"辨贵贱，序亲疏，裁群物，制庶事"，以维护"天子统三公，三公率诸侯，诸侯制卿大夫，卿大夫治士庶人"这样的"贵以临贱，贱以承贵"之等级结构。仪制是礼治中非常重要的区分等级的手段。仪制之"理"则在于服从仪制所标识的等级秩序，其中"理不可为"者便是紊乱纲纪，以下犯上。自唐至清，可以看到"不应为"律也被

① 刘俊文点校：《唐律疏议》，法律出版社 1999 年版，第 270 页。

用于规制对违背仪制规则的行为。以《大清律例》中的“冲突仪仗”条为例。

冲突仪仗（凡车驾行幸之处其前列者为仪仗，仪仗之内即为禁地。）凡车驾行处，除近侍及宿卫护驾官军外其余军民并须回避。冲入仪仗内者，绞。（系杂犯准徒五年。）若在郊野之外，一时不能回避者，听俯伏（道旁）以待（驾过）。其（随行）文武百官，非奉宣唤，无故辄入仪仗内者，杖一百。典仗护卫官军故纵者，与犯人同罪；不觉者，减三等。

若有申诉冤抑者，止许于仗外俯伏以听。若冲入仪仗内而所诉事不实者，绞。（系杂犯，准徒五年。）得实者，免罪。军民之家纵放牲畜，若守卫不备因而冲突仪仗者，（守卫人）杖八十。冲入紫禁城门内者，（守卫人）杖一百。（其纵畜之家，并以不应重律论罪。）①

此条所规范的行为主体是广泛的臣民，这一类行为的罪刑详情见下表：

表 3—1 《大清律例》“冲突仪仗”条罪刑详情表

行为人身份	行为	罪刑处罚
近侍及宿卫护驾官军	进入仪仗禁地内	无罪
其余军民	冲入仪仗内	绞
随行文武百官	非奉宣唤，无故辄入仪仗内者	杖一百
典仗护卫官军	故纵	与犯人同罪
	不觉	减三等
申诉冤抑者	冲入仪仗内而所诉事不实	绞
	冲入仪仗内而所诉事得实	免罪
因不备而导致军民之家纵放牲畜的守卫	若牲畜冲突仪仗	杖八十
	若牲畜冲入紫禁城门内	杖一百
纵畜之家	若牲畜冲突仪仗或冲入紫禁城门内	不应重律

由上可知，冲突仪仗的不同主体罪行轻重有别，所受的刑罚处罚不尽相同。唯一能得到豁免的，是闯入仪仗内申诉冤抑且冤屈属实的民人。罪行最重者，

① 田涛等点校：《大清律例》，法律出版社 1999 年版，第 304 页。

是擅闯仪仗的普通军民，包括为申诉冤抑但冤屈不实者。最高可处以绞刑。其次是护卫仪仗的官军，若是故意放纵人冲突仪仗，则与擅闯者同罪；若是出于疏忽，减三等处罚。随行官员不经传召也不得擅入，若是自行闯入仪仗禁地内，处以杖刑一百。若是军民没有管领好所养的牲畜，导致牲畜冲突了仪仗，失职守卫官军会被处以杖刑，而纵畜之家依照"不应为"重律处罚。

由此可推知此律条中的逻辑所在。在中国古代的礼治文化中，礼以仪式化的外在形式表现出来，出现了各种仪制规范。君主的车马仪仗是礼仪中规定严格的部分之一。君主出行要摆设仪仗，从车驾级别、旗帜、盖、幡、伞、乐器等配置都有着严密的规定，以显示天子至高无上的地位。而出行时，这些标识着皇权的仪仗，也就成了不可侵犯的禁地。臣民需要怀着敬畏之心主动避让。可见"冲突仪仗"条所蕴含的具体之"理"是指，在圣驾出行之时，其余人等须避让不得冲撞冒犯。根据此条，但凡天子车驾所经过的地方，车架前列即为仪仗，而仪仗之内属于禁地，只允许近侍、宿卫等护驾官军能够进入其中，其余军民必须要回避仪仗。一旦违反回避规则，进入仪仗禁地范围，冲撞君主或可能造成对君主人身安全的威胁，就属于"法不可为"、"理不可为"。而若是有主的牲畜冲突了仪仗，也是对天子权威的冒犯。因此，该条特殊"不应为"律的具体的"理不可为"则是指没有管领好所养牲畜，导致其冲入仪仗内或紫禁城内。较之臣民冲突仪仗的行为责任，这是一种对牲畜管领者间接责任的补充。

三、伦常之理

传统中国社会强调三纲五常、长幼有序，利用血缘基石，建构出"父为子纲，夫为妻纲"的家族宗法结构，强调尊长、丈夫的绝对权威和强势的支配地位。与此相呼应的，则是逐步构造出与宗法社会结构相匹配的宗法伦理体系。从纵向的社会结构来说，君臣父子的关系是宗法伦理的重中之重，也是传统法调整的重点。反映在家族之中，就是父系血脉的尊卑伦常，反映在主仆之间，则是贵贱名分。乖丧伦常者为世人所不齿，也会受到律法的惩罚。先以《唐律疏议》中的"教令人告事虚"条为例：

诸教令人告，事虚应反坐，得实应赏，皆以告者为首，教令为从。

……

即教令人告缌麻以上亲，及部曲、奴婢告主者，各减告者罪一等；被教者，论如律。若教人告子孙者，各减所告罪一等。（虽诬亦同。）

疏议曰：其有教令人自告缌麻以上亲，或教人部曲、奴婢告主者，告实及诬，各减告者罪一等。其告缌麻以上亲，即尊者坐重，卑者坐轻；部曲、奴婢告主，皆绞。故云“各减告者罪一等”。“被教者，论如律”，谓被教告缌麻以上亲及告主，各得本罪。“若教人告子孙者”，告子孙本既无罪，“各减所告罪一等”，虽是死罪，亦减死处流。注云“虽诬亦同”，谓虽教诬告，亦减罪一等。既上条“祖父母、父母诬告子孙、外孙、子孙之妇妾及已之妾，各勿论”；此条但云“教人告子孙，各减所告罪一等”，既外孙以下，亦准“教令告子孙”法，减所告罪一等。教人部曲、奴婢告主期亲以下，虽无别理，亦合有罪：教告主期亲及外祖父母者，科“不应为重”；教告主大功以下、缌麻以上，科“不应为轻”。虽无正文，比例为允。①

虚构某人的犯罪事实，教令他人告发该人，属于教令人诬告他人。按律应当依所诬告的罪行坐罪。告发者为主犯，教令者为从犯。若教令人告发之事属实则应当嘉奖。而被告发者与告发者的身份关系，决定了所犯罪行的轻重。教令人告缌麻以上亲，及部曲、奴婢告主者，教人告子孙处罚各不相同，详见下表：

表 3—2 《唐律疏议》“教令人告事虚”条罪刑详情表

行为	成立要件	罪刑处罚
教令人告	事虚诬告	反坐
教令人告缌麻以上亲	告实及诬不论	各减告者罪一等，尊者坐重，卑者坐轻
教人告子孙	告实及诬不论	告外孙以下，各减所告罪一等
部曲、奴婢告主	告实及诬不论	教告主期亲及外祖父母者，科“不应为重”
	告实及诬不论	教告主大功以下、缌麻以上，科“不应为轻”

若告发者与被告发者没有特殊的身份关系，那么，只有在诬告的情形下，才成立犯罪。告发者与教令者才会被反坐处罚。而古代社会家国同构的社会结

① 刘俊文点校：《唐律疏议》，法律出版社 1999 年版，第 480 ～ 481 页。

构决定了，一旦就告发者与被告发者存在特殊的身份关系，那么罪行自然会比告发一般人更重。该条规范仍然是基于纲常伦理来规范不同身份关系的告发行为，设定轻重不同的罪刑处罚。根据律文规定，无论告发真实还是虚构的罪行，教令人告发亲属、子孙；教令部曲、奴婢告发主人，都要教令者的具体处罚须依从告发者的处罚而定。按照亲亲得相首匿的原则，教令人告发缌麻以上亲属的，不再以诬告须事虚为成立要件。只要产生了告发的行为，即便是告发真实罪行也会被科罪处罚。所告发的为尊长者，从重处罚；若所告发为卑幼者，从轻处罚。教人告子孙，如果是告发外孙以上子孙，与祖父母、父母自行诬告其子孙、外孙、子孙之妇妾及己之妾的行为一样，法律不予追究。若教令人告发外孙以下的子孙，减所告罪一等处罚。教令他人的部曲、奴婢告发主人期亲以下的亲属，也要处罚。"虽无别理"指的是虽然部曲、奴婢被教令告发的不是自己的期亲以下亲属，不属于教令告缌麻以上亲之理。但基于主仆名分的规制，部曲、奴婢若告发主人的期亲以下亲属，便是伦常的败坏，亦合有罪。因此部曲、奴婢被教告主人期亲及外祖父母者，依照"不应为"重律处罚；教告主人大功以下、缌麻以上亲属，依照"不应为"轻律处罚。虽然律文中没有正条规定，但是如此比照处罚才能克尽伦常之道，才是公允的。

四、职责之理

从西周时起，周礼便为君王治国设置了辅佐臣属之体制，并设定了不同官吏的职责所在。《周礼 · 小宰》："以官府之六属举邦治：一曰天官，其属六十，掌邦治，大事则从其长，小事则专达。二曰地官，其属六十，掌邦教，大事则从其长，小事则专达。三曰春官，其属六十，掌邦礼，大事则从其长，小事则专达。四曰夏官，其属六十，掌邦政，大事则从其长，小事则专达。五曰秋官，其属六十，掌邦刑，大事则从其长，小事则专达。六曰冬官，其属六十，掌邦事，大事则从其长，小事则专达。"周礼的六官体制影响到了后代的官制。隋唐之六部，系沿用《周礼》之六官而来。礼治为不同的官员设定了不同的职责，违背职责可能会受到律法的惩治。唐律中就对不少违背官吏职责的行为做出了规范，先以"贷所监临财物"条为例：

> 诸贷所监临财物者，坐赃论；（授讫未上，亦同。余条取受及相犯，准此。）若百日不还，以受所监临财物论。强者，各加二等。（余条强者准此。）
>
> 疏议曰：……
>
> 问曰：官人遣人或市司而为市易，所遣之人及市司为官人卖买有剩利，官人不知情及知情，各有何罪？
>
> 答曰：依律：“犯时不知，依凡论。”官人不知剩利之情，据律不合得罪。所为市者，虽不入己，既有剩利，或强卖买，不得无罪，从“不应为”：准官人应坐之罪，百杖以下，所市之人从“不应为轻”，笞四十；徒罪以上，从“不应为重”，杖八十。仍不得重于官人应得之罪。若市易已讫，官人知情，准“家人所犯知情”之法。[1]

该律条规制的是职务犯罪行为，惩治监临官在其所部内向民人借贷财物的行为。唐代监临官为统摄、案验之官吏，是一个相对被监临对象而言的概念，“盖特定机关内，分四等官（长官、通判官、判官、主典），地位高者，监临地位较卑者”[2]。其管辖区域称之为所部，其职责具体包括“州县、镇戍、折冲府等机关系地方官署，直接与人民（百姓及征召之兵卒）接触，放其判官以上，不但对其部署，且对百姓亦常为监临。唯州县，与镇戍及折冲府又有区别，对被监临人之家口，限于犯奸及取财，始得为监临”[3]。

从监临官的职责便可看出，其对所部下属、民人皆有监临之权，因此在其所部的权力结构之中处于绝对优势地位。如果不将其权力收束于律法范围之内，则极有可能发生监临官利用权势非法谋取利益的现象。因此，《唐律疏议》为限制监临官权力做了很多规定，其中直接相关的律条包括“受所监临财物”条、“贷所监临财物”条、“监临娶所监临女”条、“监主私借官奴畜产”条、“监主贷官物”条、“监临主守自盗”条、“监临官司殴统属”条、“监临知犯法不举劾”条、“监主于监守内奸”条、“监临自以杖捶人”条。此外，还在许多其他条下疏议之中，将监临官触犯相关规定的情形加以补充，例如“受人财为请求”条、“僦运租税课物”条、“私使丁夫杂匠”条等。

---

① 刘俊文点校：《唐律疏议》，法律出版社 1999 年版，第 243 ～ 244 页。

② 戴炎辉编著：《唐律通论》，台北中正书局 1964 年版，第 490 页。

③ 戴炎辉编著：《唐律通论》，台北中正书局 1964 年版，第 491 页。

“贷所监临财物”条针对的是监临官利用其职权向所部之中的下属、民人谋取经济上的利益。凡是向其所部之中的下属、民人借贷财物的监临官，以坐赃罪论处。若是借贷财物超出百日仍未归还，则以受所监临财物罪论处。若所部之人不愿借予，监临官使用威力强权迫之，则罪加二等。而且，对于“授讫未上”者即已受封但还未到任的，也依照此条处罚。五品以上官员按照制书颁布之日算，六品以下官员按照画讫之日算，规定十分严格。

《疏议》中还考虑到，若监临官并非亲自行为，其代行之人触犯律法，既不可放纵违法之人，又不可按照“贷所监临财物”正条处置。这种情形下，则适用“不应为”律予以惩戒。此时的“理不可为”具体是指，代为交易之人或市司，明知监临官不可在其所部利用其职权谋私，却利用其职责衍生出的权势，为其交易牟利。这对于并非自愿与其交易的所部之人，极不公平；也会造成某些所部之人借机讨好监临官，名为让利实为行贿，对吏治造成极大隐患。因此《疏议》规定，若监临官并未在其所部向人借贷财物，而是遣人或者派管理市场的官吏为其交易，此交易产生了盈利，这种案件需要对监临官是否知情的情形加以区分。若其知盈利之情，比照“家人所犯知情”之法处罚。若不知盈利之情，该监临官无罪。而代监临官交易之人或市司，须比照监临官犯此法的罪刑，依照“不应为”律处罚。若监临官应当判处杖一百以下刑罚，代为交易之人或市司依照“不应为”轻律，笞四十。若监临官应当判处徒刑以上刑罚，代为交易之人或市司依照“不应为”重律，杖八十。

再以《大清律例》“主将不固守”条为例。

> 凡守边将帅，被贼攻围城寨，不行固守而辄弃去，及守备不设，为贼所掩袭，因此弃守无备而失陷城寨者，斩监候。若官兵与贼临境，其望高巡哨之人，失于飞报，以致陷城损军者，亦斩监候。若主将懈于守备及哨望失于飞报不曾陷城失军止，被贼侵入境内掳掠人民者，杖一百，发边远充军。其官军临阵先退及围困敌城而逃者，斩监候。
>
> 条例：失误军机，除律有正条者，拟议监候奏请外，若是贼拥大众入寇，官军卒遇交锋，损伤、被掳数十人以上，不曾亏损大众，或贼众入境掳杀军民数十人以上，不曾掳去大众，或被贼白昼黄夜突入境内，掳掠头畜衣粮数多，不曾杀掳军民者，俱问守备不设。被贼侵入境内掳掠人民，本律发边远充军。若是交锋入境，损伤、掳杀四五人，抢去头畜衣粮不多者，

亦问前罪。以上各项内，情轻律重，有碍发落者，备由奏请处置。其有被贼入境，将侦探军役及飞报声息等项公差官军人等，一时杀伤捉去，事出不测者，俱问不应杖罪，留任。或境外被贼杀掳，侦探军役非智力所能防范者，免其问罪。[①]

该条系沿袭明代律例所设。明清律中“主将不固守”条，系唐律“主将守城弃去”条。清代在边关重镇皆设有守城，派将帅戍边营汛兵弁，操演巡防。若边关遇贼人袭击，城寨被围攻，戍守边关的将帅应当尽力固守城寨，尽忠职守。若不尽力履行好防务职责，则会被问罪处罚。该戍边将帅会被问罪的行为包括没有尽力固守城寨便弃城而逃，或是守备不设。守备不设指的是擅离职守，在贼人来袭之时不能及时防卫，以致城寨失守。此外，依照条例规定，还有三种情形也属于“守备不设”：一是若贼众大举入侵，官军与其突然相遇，双方争战交锋，导致数十人以上官军伤亡、被俘，而贼军没有大量伤亡；二是贼众入侵，劫掠、杀害数十人以上军民；三是贼众于白天或深夜突袭入侵，不曾杀掳军民者，但是掳掠大量的牲畜、衣物、粮食。

如果有贼侵入境内，境内负责侦查、暗探以及飞报传讯的公差、官军，却不能及时察觉敌情，而被杀伤、俘虏，则依照“不应为”重律将戍边将帅问罪，此外，留任并不予革职。如果是在境外发生，贼人还未能突破守军的巡查，将外出侦查、暗探以及飞报传讯的公差、官军，杀害或俘虏，此时侦探、军役仅凭智力无法预知和防范，则不予问罪。从该条例可以看出，清律认为负责侦查、暗探以及飞报传讯的公差、官军，因其职务特殊，应当对贼人突袭入侵这样的危险，保持警觉和分辨力。若其在境外查探而不幸被杀或俘虏，属于已尽职守，并无过错。但是守军所镇守的城池，应当是防备最严密，部署守卫最多的地方，也是抵抗贼人的最后防线。将帅驻守城池中，应当及时查知城中安全事宜，以作防范。戍边将帅如果未能及时查知敌情，导致贼人侵入境内，还将城内的侦查、暗探、军役杀害或俘虏，是疏于职守，失察失职，因最后损害结果轻微，所以不宜以“主将不固守”正条问罪，也不将其革职查问，只依照“不应为”重律，杖八十，以作惩戒，令其明白在今后镇守军务之中，其职守之责，万不可有大

① 田涛等点校：《大清律例》，法律出版社 1999 年版，第 313 ～ 314 页。

意疏失。

无论婚丧嫁娶、世俗伦常、仪制、官员职责，都被纳入礼法之中。礼治之理，是礼法规范，具有规则之属性。通过仪制、礼俗、伦常观念贯穿于社会生活之中，维护尊卑等级的差序结构，被赋予了高度的社会价值认同。法为违背礼治的行为划定了一条最低的底线。但由于当时的立法不可能达到绝佳的完备状态，必然会出现法律无法规制的某种轻微罪行。而其中"不应为"律则是补描出这条底线可能缺漏的外沿。应当被加以处罚的轻微罪行以"不应为"律做出补充，这是符合当时的家国一体、立法者逻辑的。即便今人对这种入罪逻辑会有不同看法，但就历史时段而言，那是符合当时的社会、经济、文化发展程度的观念。

第二节　理义之理

本节所谓的理义，是就狭义而言的，指生发于朴素的正义观念的理。《易·说卦》曰："和顺于道德而理于义。"①《礼记》有云："理者，义也。"②孟子云："心之所同然者何也？谓理也，义也……理义之悦我心，犹刍豢之悦我口。"③由此可见，孟子将"理义"视为一种人心所同的道理和准则，是人与人之间，可以趋同的共识，能够交流的纯粹主观经验，和能够通行的普遍性价值。"义"是衡量行为的外部标准，"带有一种外部要求的意味"，"更加注重合适的外在效应"。"义"除了对人的主观方面有要求之外，还是一种"内心所感到的客观标准或原则"④。理义之理以帮助他人，公平地对待他人为准则，其中"义"的观念基石是人性本善，"体现为在既定等级框架之下人与人之间的互相帮助和扶持……是主观内心的道德标准，带有天经地义（诚、良知）的固化性和具体执行中'潜规则'式的偶然性、

①《周易·说卦》。
②《礼记·丧服四制》。
③《孟子·告子上》。
④ 邓晓芒：《中西正义观之比较》，《华中科技大学学报（社会科学版）》2015年第1期，第61页。

随意性和不确定性"[①]。

一、公平之义

举《宋刑统》中的"典卖指当论竞物业"条为例，以作考察：

> 建隆三年十二月五日敕节文：今后应典及倚当庄宅、物业与人，限外虽经年深，元契见在，并许收赎。如是典当限外，经三十年后，并无文契，及虽执文契，难辨真虚者，不在论理收赎之限，见佃主一任典卖。……一、应田土、屋舍有连接交加者，当时不曾论理，伺候家长及见证亡殁，子孙幼弱之际，便将难明契书扰乱别县，空烦刑狱，证验终难者，请准陪限庆二年八月十五日敕"经二十年以上不论"，即不在论理之限。有故留滞在外者，即與出除在外之年。违者，并请以"不应得为"从重科罪。一、应典、卖、倚当物业，先问房亲；房亲不要，次问四邻；四邻不要，他人并得交易。房亲着价不尽，亦任就得价高处交易。如业主、牙人等欺罔邻、亲，契帖内虚擡价钱，及邻、亲妄有遮怯者，并据所欺钱数，與情状轻重，酌量科断。[②]

此条规范被纳入律典，与宋代商品经济的发展息息相关。以"不应为"律作为典卖田宅交易的补充规范，用以规范典当庄宅、物业的市场秩序。从此条可看出，宋代司法对于典卖庄宅、物业的交易，十分倚重文书证据。元契留存完好者，能够证明所持有的契约是真实可信的，才能被认可允许收赎所典卖的庄宅、物业。此外，还规定了权利的时效限制，超出时效限制的，只要完好的契约书证见在就可以收赎。如果超出了时限，"经三十年后"，没有留存好契约书证，或者虽然执有文契，单难以辨别契约真假者，则不允许收赎。

此外，又考虑到现实生活中，各家庄宅、物业并非都是界限分明，如果出现了田土、屋舍的连接、交加情况，典卖田宅时又不曾论理分辨田土、屋舍的界限，而家长或者见证者也已亡殁，只留下年幼孤弱的子孙。这种情况下，若有人将

---

① 邓晓芒：《中西正义观之比较》，《华中科技大学学报（社会科学版）》2015 年第 1 期，第 68 页。

② 薛梅卿点校：《宋刑统》，法律出版 1999 年版，第 231 ～ 232 页。

难以辨别真假的契书作为证据告至官府，扰乱司法，最终又难以证验其主张的，按照敕令规定的“经二十年以上不论”作为审断依据。此二十年消灭时效中允许扣除因故留滞在外的时间。如有违反者并以“不应得为”重律科罪，处以杖八十刑罚。可以看出，这一规范中，理不可为的行为是在交易之时既不将彼此的田土、屋舍界限分辨清楚，又缺乏真实可靠的契约书证，而在家长及见证者死亡之后，想要收赎而兴起官司诉讼扰乱司法秩序的行为。作此规定，是因为这样的行为违反了公平交易的市场规则，“于理不合”。首先，田土、屋舍等己方产业与他人产业出现连接、交加的情况，虽然是客观的不可归责于双方的事实，但是在该产业进入典卖交易之时，与产业交连方论理清楚彼此的权属范围，明晰产权所在，才是典卖者遵从公平、合乎理义的行为。而典卖方不曾作出明晰产权的努力，为其后权属纠纷埋下祸端，实为不义。其次，当时不理论权属，而待对方家长或者见证者亡殁后，欺其子孙年幼孤弱的人，企图恃强凌弱，其所为完全败坏了道义。再次，将物业纠纷告至官府，应当持有能够证明其权属的真实契约书证，以便支持自己的主张。行为人却仅凭难辨真假的契书为证据，扰乱了州县官司法，给刑理讼断狱增重负担，更是违背理义。因此，这种“理不可为”的行为自然也会被以“不应为”律处罚。

再以《大清律例》“戏杀误杀失杀伤人”条为例。

律：凡因戏（以堪杀人之事为戏，如比较拳棒之类。）而杀伤人，及因斗殴而误杀伤旁人者，各以斗杀伤论。死者并绞，伤者验轻重坐罪。其谋杀、故杀人，而误杀旁人者，以故杀论，死者处斩不言，伤仍以斗殴论。若知津河水深泥淖，而诈称平浅，及桥梁渡船朽漏，不堪渡人，而诈称牢固，诓令人过渡，以致陷溺死伤者，与戏杀相等，亦以斗杀伤论。若过失杀伤人者，较戏杀愈轻，各准斗杀伤罪，依律收赎，给付其被杀伤之家。过失，谓耳目所不及，思虑所不到，如弹射禽兽，因事投掷瓦，不期而杀人者，或因升高险足，有蹉跌累及同伴，或驾船使风，乘马惊走，驰车下坡，势不能止，或共举重物，力不能制损，及同举物者，凡初无害人之意，而偶致杀伤人者，皆准斗殴杀伤人罪，依律收赎，给付被杀被伤之家以为管葬及医药之资。

例：凡过失杀人，应追埋葬银两之犯，如有力不能交，咨请豁免者，免其着追，将该犯，照不应重律，杖责发落。[①]

从此条可见，如果在谋杀、故杀过程中，误杀了别的人，以故杀论，处以斩刑。若只是使别的人受伤，则以斗殴论。若是则要看如果“戏”的行为本身属于足以杀死人的行为，而行为人对自己的行为结果本应有预见，却不加以注意，导致在“戏”的过程中，杀死或者伤害他人，则以斗杀论罪。如果是斗杀过程中误杀了旁的人，也以斗杀论罪。此外，还有两种情况，从行为表面来看，与戏杀行为似乎等同，看似戏言致人死伤，但是考虑到罪过形式，清律规定以斗杀论罪。这两种情况包括：一、明知河流水深，却欺骗别人河流平顺且浅，使人误以为真，而致被溺死或伤；二、桥梁或是渡船已经年久朽烂，不足以承载人的重量，而欺骗别人桥梁或是渡船牢固，使人被溺死或伤。而过失杀伤人，罪责更轻。清律认为从主观过错来看，过失是极为特殊的，主观上没有犯意，没有“害人之意”。从客观上来看，属于“不期”，损害结果的发生是超出了人应当有的预见能力，常人无论以耳目还是靠思虑，都难以对损害结果有事先的认识。例如用弹丸、弓箭射杀禽兽，或是出于别的缘故投掷瓦石，最终导致了他人的死亡；或者在险峻处登高，自己失足滑倒摔跌而牵连了同伴，导致同伴受伤或死亡；或者外出之时，因车、船、马等交通工具无法控制，导致他人受伤或死亡；或者和他人一起举重物，因为力气不够无法避免损伤，导致一起举重之人受伤或死亡。这些情况都准照斗殴杀伤人罪，允许收赎，并且必须要赔付安葬的费用或者治疗的费用。如果过失杀人者，没有能力赔付被害人埋葬银两，向司法者请求豁免，可以免去追偿，但作为对其责任的追究，该过失杀人者应当依照“不应为”重律，杖责八十板。

“不应为”律在这种情形下的适用，实际是出于传统司法官员的公平正义观念。过失杀伤人，虽非出于恶意，但在客观上造成了他人受伤或死亡的损害结果，应当追责处罚，此外，应当赔付埋葬银或治疗费用。若造成被害人死亡，过失杀人者依律应当以斗殴杀人罪问罪处罚，外加赔付埋葬银两。若是确实没有偿付能力，据实申请，司法者应当豁免其赔偿。但是，这样的处置虽是出于客观情势的无奈之举，但是对于被害人、被害人家属以及其他过失杀人案件，是难

① 田涛等点校：《大清律例》，法律出版社 1999 年版，第 433 页。

以体现出公平的，并且可能会造成之后有人效仿，不做应有的赔偿，难以使公平秩序得到恢复。因此，过失致人死亡者须赔偿死者家属埋葬银，是"理"之所在，符合理义要求。反之，若过失致人死亡者不赔死者家属埋葬银，则属于"理不可为"，违背了理义的观念。因此，清律用"不应为"律承担了抵偿的功能，以对过失杀人者因过失致人死亡且无钱赔偿埋葬银的行为，进行法律上的评价，以满足被害者家属基于"应得"的公平感，彰显理义所在。

二、止恶扬善之义

《周易》有云："君子以遏恶扬善，顺天休命。"[①] 将遏恶扬善看作是对于天命的顺应。儒家则将善恶，归于人的本性，先后出现了"性善论"和"性恶论"。孟子强调人性之中的善，认为人性本善，并在此基础上提出了仁政论的思想。荀子则将人性中的恶抽象出来，认为好利、疾恶、好声色是人"生而有之"者；而"礼义法度"则是由圣人、君主创制，对性恶之人进行教育、引导、约束，基于道德的认知和行为皆是后天受到"礼义法度"教喻的结果。因此，人应当遏制人性中的恶，弘扬人性中的善。刑罚的作用是"诛恶以禁邪"，惩治恶人以禁止奸邪再作恶，才能在惩治之后防患于未然，惩前毖后是为了防止恶行再次滋长。只有在礼法的约束和道德的启发引导下，人们才能够自觉地实践善行，制止恶行。以《大清律例》"强占良家妻女"条为例。

> 律：凡豪强势力之人，强夺良家妻女，奸占为妻妾者，绞监候。妇女给亲，妇归夫，女归亲，配与子孙弟侄家人者，罪归所主亦如之所配，男女不坐，仍离异给亲。
>
> 例：强夺良家妻女奸占为从之犯，应照为首绞罪减一等，杖一百、流三千里；如被逼诱随行，止于帮同抬杠，照未成婚减绞罪五等，杖七十，徒一年半。其中途夺回及尚未奸污，为从者，实系助势济恶，减为首流罪一等，杖一百，徒三年；如被逼诱随行，止于帮同抬杠，各照不应重律，

---

① 《周易·大有》。

杖八十。[①]

本条对当时民间的豪强势力之人强夺良家妻女的恶行，处罚甚重。又考虑到此种罪行在实践中，并不都是只有一名首犯作恶。因此，将本条之罪刑详情规定如下：

表 3—3 《大清律例》“强占良家妻女”条罪刑详情表

犯罪状态	行为者	定罪科刑
犯罪已遂	首犯	绞监候
	从犯	照为首绞罪减一等，杖一百、流三千里
	被逼诱随行，止于帮同抬杠者	照未成婚减绞罪五等，杖七十，徒一年半
犯罪未遂	首犯	流罪
	从犯	减为首流罪一等，杖一百，徒三年
	被逼诱随行，止于帮同抬杠者	各照不应重律，杖八十

由上可知，将良家妻女奸占为自己妻妾的罪犯，会被科以绞监候。尽力行善之人，应当得到更丰厚的恩赏。而反之，竭力作恶的人，就应该得罪更重，处罚更重。从犯依照首犯绞罪，减一等，杖一百、流三千里。被强夺的良家妇女，若已经婚配出嫁，则将其送还给原来的丈夫。若尚未出嫁或者已经归亲，则交还给其子孙弟侄家人。在豪强势力之人强夺良家妻女的过程中，若有帮助之人，在主观上并非出于自愿助其实施犯罪，而是被逼迫、引诱而随同；在客观上，只实施了帮同抬、扛良家妻女的行为。那么，这样的行为人并不属于从犯，依照未成婚减绞罪五等来处罚，杖责七十，并处以一年半的徒刑。此外，如果良家妻女被中途夺回或者被找到时尚未被奸污，首犯科以流罪，从犯减首犯流罪一等，杖责一百，并处以三年的徒刑。被逼迫、引诱而随同，只实施了帮同抬、扛良家妻女的行为的人，依照不应重律处罚，杖八十。

强夺良家妻女极大地违背了理义道德，儒家宣扬仁、义、礼、智、信，而其中理义之核心则要求行善止恶。善心仁爱之举，被认为是君子之道，理义之准则。南宋陆九渊曾云：“古人未尝不言宽。宽也者，君子之德也。古之贤圣未

---

① 田涛等点校：《大清律例》，法律出版社 1999 年版，第 211 页。

有无是心、无是德者也。然好善而恶不善，好仁而恶不仁，乃人心之用也。遏恶扬善，举直错枉，乃宽德之行也。君子固欲人之善，而天下不能无不善者以害吾之善；固欲人之仁，而天下不能无不仁者以害吾之仁。有不仁、不善为吾之害，而不有以禁之、治之、去之，则善者不可以伸，仁者不可以遂。是其去不仁乃所以为仁，去不善乃所以为善也。"[①] 以善心善行为行为之标准，止恶扬善，是理义所涵摄对人的要求。按照儒家理想的"应然"状态来看，若世间所有人都能按照仁、善的理义标准来行为，所为皆是善举，那么整个社会运行会达到理想的秩序状态。然后，儒家也明白，世间之人，除了守仁君子之外，还有很多不善之人。善行之外，仍然有恶行存在。理想的状态是所有人都能追求仁、善而要求自己行善，但天下间却经常发生阻挠、危害自己趋仁的恶行。不能禁止、克治、去除"不仁、不善为吾之害"，则会使善行不可以弘扬，仁爱之举不可以完成。因此，仁民爱物之外，人们应当对恶行保持警惕，疾恶如仇，与恶行相抗争。与"不仁"的恶行相抗争，使其消亡，是成就"仁"。与"不善"的恶行相抗争，使其减少，是成就"善"。这便是"去不仁乃所以为仁，去不善乃所以为善也"的道理。"近时之言宽仁者则异于是，盖不究夫宽仁之实，而徒欲为容奸、度慝之地，殆所谓以不禁奸邪为宽大，纵释有罪为不苟者也……于其所不可失而失之，于其所不可宥而宥之，则为伤善，为长恶，为悖理，为不顺天，殆非先王之政也。"[②] 因此，强占良人妻女一罪的从犯、被逼迫、引诱而随同者，理应对强占良人妻女的恶行进行举发或者洁身自好、不助纣为虐。坚持理义之标准，扶助妇孺弱小，而不应该迁就、纵容强占良人妻女的恶行。朱熹说："人未说为善，先须疾恶。能疾恶，然后能为善。"对于强占良人妻女的恶行，本应该疾恶如仇，主动与之对抗，纠正恶行，才不算违背天理道义。而只实施了帮同抬、扛良家妻女的行为的被逼迫、引诱而随同者，也是做了"理不可为"之举，即便在主观恶意上不是主动为恶，但却是纵容了强占良人妻女的恶行，客观上还做出了与之相助的行为。因此，也须将其以"不应为"重律加以惩罚，以扬善止恶。

再以《大清律例》"徒流人逃"条为例。

> 律：凡徒、流、迁徙、充军囚人，已到配所，于所役限内而逃者，一

---

① （宋）陆九渊：《陆九渊集》，中华书局 1980 年版，第 73 页。

② （宋）陆九渊：《陆九渊集》，中华书局 1980 年版，第 71 页。

日笞五十，每三日加一等，罪止杖一百，仍发配所。其徒囚照依原犯该徒年分从新拘役，役过月日，并不准理。若官司起发已经断决徒、流、迁徙、充军囚徒，未到配所，中途在逃者，其计日论罪亦如配所限内而逃者论之。配所主守及途中押解人不觉失囚者，一名杖六十，每一名加一等，罪止杖一百，皆听一百日内追捕。配所提调官及途中长押官，减主守及押解人罪三等。限内能自捕得，或他人捕得，若囚已死及自首，皆免罪。故纵者，不分官役，各与囚之徒、流、迁徙、充军同罪。受财者，计所受赃，以枉法从重论。赃罪重，以枉法科之。纵罪重，仍以故纵科之。

例：凡在京问拟徒罪人犯……倘有私自出境，依不应重律，杖八十，加枷号一个月。其管束不严之原籍地方官，交部议处。仍令五城大宛二县，并巡捕营，严行查拿。倘有前项人犯，容留京城潜住发觉者，将地方官交部议处。总甲人役，并知情容留之房主，各依不应重律，杖八十。

在京问拟枷责杖笞，递回原籍人犯，取具地方官收管……若但经复逃来京，不论次数，各按其原犯之罪，如由枷责递回者，即照违制律杖一百，由笞杖递回者，照不应重律，杖八十。其原犯并无罪名者，照不应轻律，笞四十。各加枷号一个月，满日仍递回原籍，折责发落，严加管束。

逃回原籍之军流人犯……容留之亲属，除祖父子孙夫妻奴仆外，俱照不应重律，杖八十。不得援亲属得相容隐之条，若逃徒别处，其知情容留及知而不首之人，罪亦如之。率混详报之地方官及逃往别处不行查出之地方官，一并交部分别议处。

凡遣军流徒各犯，仅止脱逃者……其容留之亲属，除祖父子孙夫妻奴仆外，其余亲属人等，系容留徒罪人犯，照不应轻律，笞四十。容留遣军流犯，俱照不应重律，杖八十。

由京递籍人犯，脱逃来京……其容留之亲属，除祖父子孙夫妻奴仆外其余亲属人等，照不应轻律，笞四十。[1]

依照清律规定，在京城受审问罪的徒罪人犯，如果原籍为顺天府的民人，以及原籍为各省且没有应该追回的银两、不需要递回原籍追银的民人，仍然交

① 田涛等点校：《大清律例》，法律出版社1999年版，第546页。

由顺天府发配。其他的罪犯，则需要递回原籍，命原籍之督抚追回涉案的银两。在涉案银两被督抚追回之后，再根据罪犯原籍判处应当发配之地，发配充徒，直到被判发配期限完结，再将其交由原籍地方官加以管束。如果该罪犯所犯为强盗、窃盗、光棍案之一，交回原籍之后，不允许其出境。私自出境者，依照"不应为"重律，处以杖八十，并且加一个月枷号。原籍地方官如果管束不严，导致罪犯私自出境，交部议处。命令五城大宛二县和巡捕营，将私自出境之罪犯查拿追回。如果该犯进入京城潜住，最后被发现，原籍地方官交部议处。总甲人役和知情容留该犯的房主都以"不应为"重律问罪，处以杖八十。如果有旗人容留居住，处罚知情容留之房主时，还要加上别的责任人，鞭八十。如果是另户，即脱离本主而自立户籍主人，将族长一并处罚。若是一家人，则加上家主及八旗领催一并处罚。其佐领、骁骑校，交部议处。这一条例中适用的"不应为"律，对于总甲而言，是基于其查访之职务。而对于知情容留的房主，则是基于其未能止恶。强盗、窃盗、光棍案之罪，是清律严惩之犯罪。因此，对于这三类罪犯，处罚和防范都要更为谨慎。因此，在将其发配服役完之后，将其遣返回原籍，禁止其私自逃出原籍之地，由原籍地方官监管其生活，以防再做出违反律法、破坏社会秩序的恶行。清律认为，如果这类罪犯回到原籍之后，私自逃脱地方官的监管，并进入京城，房主明知此人之前所犯罪行，属于不允许私逃离开原籍的罪犯，应当向总甲或衙门举发才是止恶扬善之义。若收留其居住于自己家中，包庇恶行，不能明辨是非，给京城的社会安定造成风险，则系行"理不可为"者。于是依照"不应为"重律科罪处罚。

而在京城被问拟枷责杖笞刑罚的罪犯，递回原籍之后，也要交由地方官管束。由原籍地方官将这些罪犯身份信息统计编册，每个月都要对照名册清点查访，以监督其行为。不允许这些罪犯私自离开原籍。如果私自逃离原籍进入京城，则监管罪犯的原籍地方官应当立刻申报上司及原犯事地方，查清之后抓获。疏于职守导致其逃脱并入京的地方官，照例议处其罪。如果原籍地方官隐瞒了罪犯逃脱情况，不向上申报，则将该地方官查明之后，咨部议处。抓获该逃犯之后，立即审问，如果发现逃脱期间有为匪不法的行为，应当从重处罚。如果逃离期间没有违法行为，那么多次逃离原籍来京者，不论其逃离次数，都根据其原来所犯之罪来决定具体的罪刑处罚。其原来所犯之罪，刑罚为枷责递回者，依照违制律，杖一百，加枷号一个月。其原来所犯之罪，刑罚为由笞杖递回者，依照"不应为"重律，杖八十，加枷号一个月。其原来所犯之罪并无罪名者，照"不应为”轻律，笞四十，加枷号一个月。枷号满日，再递回原籍，由地方官折责发落，严加管束。此条例中“不应为”律之“理不可为”，是指在京城被问拟杖笞轻罪的罪犯，本应当依照原判在原籍生活，接受地方官的监管，但却违律逃脱原籍并进入京城。抓获之后，因其原犯罪轻，便依照轻罪“不应为”律予以处罚。

与此类似，“徒流人逃”条下所附条例中还有一些规定适用了“不应为”律。若是军流人犯逃回原籍，咨缉文书送达原籍地方官手上之后，该地方官应当马上传该军流人犯的亲属、邻保等前来，向其询问关于逃犯的情况、逃脱的原因及可能的下落。如果逃犯此时还未逃回原籍，应当将亲属、邻保提供的情况经其确认后制成供结文书，将查问详请咨送至刑部及配所省份存档。同时，命令邻保在当地要常常注意侦缉逃犯行踪，一旦发现逃犯回到原籍，立即前来首报。如果在逃犯回到原籍后，容留其居住，隐瞒情况不向官府举首，而被他人发觉，则将房主、邻保依照知情藏匿罪人减罪人一等律，处以杖一百，徒三年。如果知道逃犯逃回原籍，仅止隐瞒情况，没有容留逃犯，属于明知不首，应当各杖一百。容留逃犯居住的亲属，除祖父、子孙、夫妻、奴仆可以因亲属得相容隐之条豁免之外，其余人等皆依照“不应为”重律，杖八十。不得援引亲属得相容隐之条。如果逃犯没有逃回原籍，逃至他处，那么知情并容留之人与知而不首之人，依照原籍知情并容留之人与知而不首之人之罪处罚。率混详报情况的原籍地方官、逃犯所逃他处没有将其查出的地方官，都交由刑部分别议处。

另有一条规定遣、军、流、徒人犯逃脱的条例中，也适用了“不应为”律。如果只是脱逃，主守之乡保、容留军流逃犯之房主、邻保，应当依照各本例治罪。如果遣、军、流犯逃脱后有违法犯罪行为，主守之乡保处以杖一百。每多一名遣、军、流犯逃脱后滋事，主守之乡保就罪加一等，罪止杖一百，徒三年。知情容留遣、军、流犯的房主、邻保，依照知情藏匿罪人，减罪人一等律，再加一等治罪。明知其下落却隐瞒不向官府举报者，处以杖一百。如果徒犯逃脱后有违法犯罪行为，失察之乡保处以杖八十。每多一名徒犯逃脱后滋事，失察之乡保就罪加一等，罪止杖八十，徒二年。知情容留徒犯的房主、邻保，依照知情藏若罪人律，减本犯罪一等治罪。如果，遣、军、流、徒人犯逃脱后并未滋事，容留逃犯者依照容留滋事逃徒例，再减一等处罚。明知其下落却隐瞒不向官府举报者，处以杖八十。收受逃犯财物为其隐瞒者，根据收受数额以枉法从重论罪处罚。如果亲属容留逃脱的遣、军、流、徒犯，除祖父、子孙、夫妻、奴仆可以豁免以外，其余亲属，若是容留徒罪人犯，依照“不应为”轻律，笞四十。若是容留遣、军、流犯，依照"不应为"重律，杖八十。

此外，还有一条关于由京递籍人犯脱逃来京的条例，也适用了"不应为"律。由京城递回原籍的人犯，如果脱逃原籍监管来到京城，主守之乡保处以笞四十。递籍逃犯逃脱原籍后有违法犯罪之举者，乡保处以杖六十，每多一名滋事递籍逃犯，乡保罪加一等，罪止杖一百。知情容留逃犯的房主、邻保，依照知情藏匿罪人律，减本犯一等治罪。如果递籍逃犯并未滋事，知情容留逃犯的房主、邻保，依照容留滋事递籍逃犯例，再减一等。知情却隐瞒不报者，比前者再递减一等。收受递籍逃犯财物者，依据其收受金额以枉法从重论罪。容留递籍逃犯的、不在容隐豁免范围内的亲属，依照"不应为"轻律，笞四十。

这三则条例中的"不应为"律所指向的"理"，即是不能因亲属得相容隐之条豁免之外的亲属，本应对逃犯的犯罪行为进行举告，协助官府将其抓获归案。明知逃犯脱逃是违法之举，但却不加以劝导、制止违法之举。反而帮助其隐瞒、容留其居住。知情并容留与知而不首皆是"理不可为"的。这也是从止恶扬善之义生发的对非近亲属的义务。作为亲属，不在容隐范围，便应该对亲族逃犯加以规劝，令其自首，或是规劝不得应当依律向官府举首，此为"大义"。若助其隐瞒罪行，则就违背了理义要求，甚至对其脱离管束后再行违法犯罪的行为，应当承担一定责任。因此，这样的行为自然是清律认为的"理不可为"，需要借助"不应为"律加以惩戒。

三、修身以德之义

古人认为，君子修身应当以德主才，德行是立身之本，而认为无德之才是助纣为虐。《荀子·修身》："见善，修然必以自存也；见不善，愀然必以自省也。善在身，介然必以自好也；不善在身，菑然必以自恶也。"是以，应当修身以德，并且要时时自省，"君子检身，常若有过"。"不应为"律的之"理"，也将这一则准则纳入了行为判断的标准。以《唐律疏议》"长吏辄立碑"条为例：

> 诸在官长吏，实无政迹，辄立碑者，徒一年。若遣人妄称己善，申请于上者，杖一百；有赃重者，坐赃论。受遣者，各减一等。虽有政绩，而自遣这，亦同。

疏议曰：“在官长吏”，谓内外百司长官以下，临统所部者。未能导德齐礼，移风易俗，实无政迹，妄述己功，崇饰虚辞，讽谕所部，辄立碑颂者，徒一年。所部为其立碑颂者，为从坐。若遣人妄称己善，申请于上者，杖一百。若虚状上表者，从“上书诈不实”，徒二年。“有赃重者，坐赃论”，谓计赃重于本罪者，从赃而断。“受遣者，各减一等”，各，谓立碑者徒一年上减，申请于上者杖一百上减。若官人不遣立碑，百姓自立及妄申请者，从“不应为重”，科杖八十，其碑除毁。①

历代都有为清正廉洁、政绩显著能造福一方的官吏树碑称颂的做法，立碑撰文、树碑颂德，这一类石碑被称为政德碑、颂德碑、遗爱碑。唐代为官员立碑称颂的记载并不罕见。不过，虽然为官员立碑比建生祠要容易许多，但是官府对此也是有严格要求的。“在官有异政，考秩已终，吏人立碑颂德者，皆须审详事实，州司以状闻奏，恩敕听许，然后得建之，故谓之颂德碑，亦曰遗爱碑。”②为官员立颂德碑，需要满足这几个条件：一是在任时有卓著的政绩，即政绩可称；二是需待该官员去任之后才可以立碑。三是为官员立碑需要申请。唐代有请立德政碑的记载：“十四年十一月十二日，考功奏，所在长史，请立德政碑，并须去任后申请，仍须有灼然事迹，乃许奏成。若无故在任申请者，刺史县令，委本道观察使勘问。”③

“在官长吏”指的是官职较高的官员，“内外百司长官以下，临统所部者”④。这些在任的且官职较高的官员，不能导德齐礼，也没有施政的成就，却令人为自己树碑称颂的，科以一年徒刑；如果暗中派人称颂自己的德行、宣扬自己的政绩，随后借此称颂向上级申请立德政碑的，科以杖刑一百；如果将捏造的政绩、妄称的德行向皇帝尚书者，按照“上书诈不实”条科罪，处以徒二年；如果在“辄立碑”过程中，官员了收受数额较大的财物，则按照坐赃一罪论处；受官员指使听从调遣而妄自称颂虚假的德行政绩者，依照前款各自减等处罚；如果该官员确实有政绩，而暗中派人称颂德行、宣扬政绩以达到获立德政碑机会者，处罚相同。在将“长吏辄立碑”中可能出现的不同犯罪主体进行了轻重不同的规

①④ 刘俊文点校：《唐律疏议》，法律出版社 1999 年版，第 237 页。

②（唐）封演撰，赵贞信校注：《封氏闻见记校注》，中华书局 2005 年版，第 40 页。

③《唐会要》卷六十九。

定之后，还考虑到，存在该官员没有暗中遣人称颂德行及政绩，而是民众谄谀，为其立了德政碑，以及有自发为其妄作申请者的情形，这种罪责较为轻微的行为，依照“不应为”重律科罪，杖责八十，并要把所树立的德政碑销毁除去。

德政碑实质上是对于该官员德行的评价。而儒家认为，评价一个人的德行，无论是评价他人还是评价自己，都要出自于“义”的本心。《荀子》曰：“崇人之德，扬人之美，非谄谀也；正义直指，举人之过，非毁疵也；言己之光美，拟于舜、禹，参于天地，非夸诞也；与时屈伸，柔从若蒲苇，非慑怯也；刚强猛毅，靡所不信，非骄暴也。以义变应，知当曲直故也。”[①] 荀子认为无论是崇尚、宣扬他人的德善，还是处于正义直言他人之过错，都要实事求是，不可阿谀谄媚、故意诋毁。而评价自己的德行之时，应当基于客观事实，参照圣贤天地之标准，公正地予以评价，不可夸大。顺应时事可作屈伸，但绝非出自于恐惧怯懦。刚强勇毅，正直不屈，也绝非出自于骄傲和横暴。这是以“义”应对时变，知道能屈能伸的缘由。以“义”推之于外在的人、事、物，才是君子评价德行之道。因此，在任的且官职较高的官员，若是没有导德齐礼，缺乏施政的成绩，从德行上来看并不符合树碑称颂的标准。但却私下令人为自己树碑称颂的，显然是违背了理义的标准。如果暗中派人称颂自己的德行、宣扬自己的政绩，随后借此称颂向上级申请立德政碑的，或者如果将捏造的政绩、妄称的德行向皇帝尚书者，实际上并未以“义”来审查自己的德行，并且，贪图虚名而弄虚作假，大悖“义”的要求。受官员指使，而听从调遣，称颂该官员虚假的德行政绩之人，也没有做到以“义”的准则客观评价他人。听从官员指使伪造虚假的舆论，自然也要受到处罚。

如果该官员确实有施政成就，民众自然会予以称颂，上司也会依“义”评价。若该官员未得到民众自发的称颂，而暗中派人称颂德行、宣扬政绩以达到获立德政碑机会者，也是违背“义”的准则。“谦真是吉，然谦不中礼，所损益多。在上者为非礼之谦，则乱名分，紊纪纲，久之法令不行；在下者为非礼之谦，则取贱辱，丧气节，久之廉耻扫地。气忌盛，心忌满，才忌露。”[②] 儒家认为君子应当谦逊有度，恪行谦逊之德，并且这种谦逊之德应当符合礼法制度，否则会损害秩序名分和人伦纲常。君子立身处世，切记不可盛气凌人，也不可洋洋自得、

① 《荀子·不苟》。

② （明）吕坤：《呻吟语》，三秦出版社 2006 年版，第 130 页。

恃才傲物。因此，暗中派人称颂其德行、宣扬其政绩的在位长吏，也不是真正的贤德，不配得到德政碑的褒奖。在将“长吏辄立碑”中可能出现的不同犯罪主体进行了轻重不同的规定之后，律疏还考虑到，现实中可能存在该官员没有暗中遣人称颂德行及政绩，而是民众出于谄谀上官而为其立了德政碑，或者有自发为其妄作申请者的情形。所谓“故非我而当者，吾师也；是我而当者，吾友也；谄谀我者，吾贼也”[①]，因此，这样的谄谀之举不可姑纵，民众谄谀妄作宣扬称颂，以及向上申请的行为不可鼓励，因此将之科以“不应为”律，以作处罚。

《礼记》有云：“义者，天下之制也。”[②]《新书》中说：“天理则同，人事无别。”在中国传统文化中，理义是一种具有普遍性的价值尺度。对自己审视，不同的人之间，一个国家由上至下，都以理义为准则构建出价值评判体系。因此，“不应为”律的“理不可为”一点，自然包含了理义的标准“义，宜也；制，谓裁断。既使物各得其宜，是能裁断于事也。”[③]理义是关乎每一个人的价值尺度，传统社会中的个体所必须遵循的价值标准和行为规则，它不仅仅是个体的心理意识，具有超越个体、超越族群的可通行于全国的共识性标准。在对人之行为、天下事物的是非曲直进行评价时，义是最具普适性的评价标准。

第三节　事理、人情之理

事理之理指的是客观事物所蕴含之客观状态、客观规则，是实然之状态；包含自然事物、现象的常理，以及社会常识；是王船山以至清代一般儒者所重之理。虽然都是对客观事物的理解，但是需要注意的是，传统中国探究事理之理，与今日有所不同。事理之理“必就事物剖析至微，而后理得”[④]。详细的分析事物

---

①《荀子·修身》。

②《礼记·表记》。

③《新书·等齐》。

④（清）戴震：《戴震全书》，黄山书社 1997 年版，第 405 页。

的现象，剖析其机理，才能获得对事理之理的正确认识。人情之理侧重于"情"。《礼记》曰："何谓人情？喜怒哀惧爱恶欲。七者不学而能。"但是，有学者认为，中国古代并不对该事物背后的深层自然原理加以现代科学的分析，而是将之视为"常识合理"。"所谓常识合理精神有两重含义：第一，不去追问自然现象常识背后的原因；第二，视感情方面的常识为天然合理，即把人人都具有的自然感情（或人之常情）当作合理性终极来源。"[①]"理不可为"之中所体现的事理之理，反映在理的判断标准之中，常识合理以及人的常情被认为是天然合理的，违背这样的准则，则属于"理不可为"。先以《大清律例》"常赦所不原"条为例：

凡犯十恶、杀人、盗系官财物及强盗、窃盗、放火、发冢、受枉法不枉法赃、诈伪、犯奸、略人、略卖和诱人口。若奸党，及谗言左使杀人，故出人人罪；若知情故纵听行、藏匿、引送，说事过钱之类，一应实犯，虽会赦并不原宥。[②]

嘉庆十七年在"常赦所不原"条下增加了一条关于宗室觉罗及旗人、民人的例文，道光二十三年对此条再次加以改定。

条例：凡宗室觉罗及旗人、民人触犯祖父母、父母呈送发遣圈禁之犯，除恭逢恩赦，仍遵定例查询办理外，若遇有犯亲病，故许令亲属呈报各该旗籍，咨明宗人府，并行知配所督抚、将军查核原案。祇系一时偶有触犯，尚无怙终屡犯重情，并察看本犯果有闻丧哀痛迫切情状，如系宗室觉罗，由宗人府奏请释放。如系旗人、民人，由各督抚、将军咨报刑部核明，奏请释放。如在逃被获，讯明实因思亲起见，又有闻丧哀痛情状者，即免其逃罪，仍发原配安置，不准释回。其逃回后自行投首及亲属代首者，遇有犯亲病故，准其察看情形，如实系闻丧哀痛，免其发回原配，仍照不应重律，杖八十。若本系桀骜性成，屡次触忤干犯，致被呈送发遣，情节较重之犯，俱不准释回。[③]

① 金观涛等：《中国现代思想的起源：超稳定结构与中国政治文化的演变》，法律出版社 2011 年版，第 93 页。
② 《大清律例》卷四"常赦所不原"，清文渊阁四库全书本。
③ （清）薛允升：《读例存疑》卷二，清光绪刊本。

此条是“名例律”中的总则性规定，北周、隋及唐代前期称“常赦所不免”，唐代后期始称“常赦所不原”。“常赦所不原”指的是对某些性质特别严重的犯罪，包括犯下十恶、杀人、盗系官财物及强盗、窃盗、放火、发冢、受枉法不枉法赃、诈伪犯奸、略人、略卖和诱人口。若奸党及谗言左使杀人，故出入人罪，若知情故纵听行、藏匿、引送，说事过钱之类的一应实犯，即便遇到皇帝颁布大赦，仍不得被赦免。

清代律例规定，军犯脱逃之后遇到赦免，可以免除逃罪。宗室觉罗以及旗人、一般民人，如果因为不孝触犯了祖父母、父母，被官司递送发遣圈禁，除非遇到皇帝颁行恩赦遵循定例查询办理事宜之外，如果该犯人之亲属出现病故，许令准许其亲属将情况呈报至各自所属的旗籍，向宗人府咨报清楚详情，再行告知犯人配所之督抚、将军，查证核实原来的案情。如果只是一时冲动犯罪，偶有触犯，不存在怙终以及累犯的严重情节，载观察该本犯的举动，如果确实在听到亲属死讯后，有真切哀悼、痛苦的表现，可以允许释放。如果该犯人是宗室觉罗，由宗人府向上奏请，获准之后释放。如果是旗人或者一般民人，由各督抚、将军上报给刑部核查清楚，核实之后再奏请释放。如果在逃跑途中被抓获，审讯清楚之后，该逃犯确实是因为思念亲人起见，又表露出真切的哀悼与痛苦，则只免除其逃跑的罪责，仍然发回原配之地安置，不允许释放。如果罪犯已经逃脱回家之后，自行到官府自首其罪，或者其亲属代为自首其罪，遇到该罪犯之亲属病故，允许由官司察看事情详情，如果确实在听到亲属死讯后，有真切哀悼、痛苦的表现，免其发回原配，只依照不应重律，杖八十。如果该犯人性情本就桀骜不驯，已经多次违反律例规定，触忤干犯祖父母、父母，以至于被呈送官司发遣服刑者，则属于情节较重之犯，不允许释回。

听闻至亲死讯而哀痛，挂念其亲而逃跑，虽然行为违反了律例，但是对于至亲的情感，是人之常情。“常赦所不原”条之下所附条例中的特别“不应为”律，即是基于这样的人之常情所触发的考量。犯人在服刑期间，从发遣之地逃脱回家，既然已经逃回，又有自首或者亲属代为自首的情节，就不应当再按照免其逃跑之罪发回原配役之地之例办理。而是用“不应为”律处罚其在恩赦之时，不经申报配役之地官吏，不经咨告核实变自行逃跑的行为。既对逃跑的行为做出了违法的评价，也使其受到杖八十的刑罚处罚，此外便不再将其发遣至原先配役之地服刑了。这样的规定使得情与法之间获得了平衡。

再以《大清律例》“保辜限期”条为例：

保辜限期：（保，养也；辜，罪也。保辜，谓殴伤人未至死，当官立限以保之。保人之伤，正所以保己之罪也。）凡保辜者，（先验伤之重轻，或手足，或他物，或金刃，各明白立限。）责令犯人（保辜）医治，辜限内皆须因（原殴之）伤死者，（如打人头伤，风从头疮而入，因风致死之类。）以斗殴杀人论。（绞。）其在辜限外，及虽在辜限内，（原殴之）伤已平复，官司文案明白，（被殴之人）别因他故死者，（谓打人头伤，不因头疮得风，别因他病而死者，是为他故。）各从本殴伤法。（不在抵命之律。）若折伤以上，辜内医治平复者，各减二等。（下手理直，减殴伤二等。如辜限内平复，又得减二等。此所谓犯罪得累减也。）辜内虽平复，而成残废笃疾，及辜限满日不平复（而死）者，各依律全科。（全科所殴伤残废笃疾之罪，虽死亦同伤论。手足及以他物殴伤人者，其伤轻。）限二十日。（平复。）以刃及汤火伤人者，限三十日。折跌肢体，及破骨、堕胎者，无论手足他物，皆限五十日。

条例：一、凡京城内外及各省州县，遇有斗殴伤重不能动履之人，或具控到官，或经拿获，及巡役地保人等指报，该管官即行带领仵作亲往验看，讯取确供，定限保辜，不许扛抬赴验，如有违例抬验者，将违例抬验之亲属，与不行阻止之地保，各照违令律，笞五十。因抬验而致伤生者，各照不应重律，杖八十。倘内外该管衙门，遇有伤重不能动履之人，仍令扛抬听候验看者，各该上司察实指参交部议处。[①]

《大清律例》规定，保辜者需要先验伤；需要查验清楚的内容包括伤情的具体程度、位置，伤人者所用的凶器为何物；再根据受害者身体健康被损害的严重程度，责令犯人保辜医治，决定保辜期限；以期限完结之时的伤情状态，来对伤人者定罪量刑。如果受害者在这段时间之内死亡，司法者会将殴伤行为认定为被害人死亡的直接原因，若被害人在保辜限期外死亡，则认为殴伤与死亡没有直接因果关系，前者科以殴人致死律，后者以殴人致伤律问罪。手足及以他物殴伤人者，保辜期限为二十日平复。以刃及汤火伤人者，保辜期限为三十日。折跌肢体及破骨堕胎者，无论是以手足还是以他物伤人，保辜期限都为五十日。而不同的情形，也规定了不同的处罚。该条罪刑详情如下表：

① 田涛等点校：《大清律例》，法律出版社 1999 年版，第 446 ～ 447 页。

表 3—4 《大清律例》“保辜期限”条罪刑详情表

伤情医治结果	时间	情形	定罪量刑
被殴之人死亡	保辜限内	因原殴之伤死者	以斗殴杀人论，绞
		原殴之伤已平复，官司文案明白，被殴之人别因他故死者	各从本殴伤法
	保辜限外	原殴之伤已平复，官司文案明白，被殴之人别因他故死者	各从本殴伤法
医治平复者	保辜限内	折伤以上	各减二等
		折伤以上且下手理直	减殴伤二等，再减二等
		成残废笃疾	各依律全科

不论是在京城内外，还是在各省州县，如果百姓遇到有因为斗殴而导致重伤，无法行走之人，应当将情况报告给衙门，或将伤人者先行控制，由巡役、地保等人，激情情况汇报给衙门，该管官应当立即带领仵作，亲自前往查验核实，审讯取到供述之后再定限保辜。不允许民人扛抬伤者前去官司赴验，如果有违例扛抬伤者前去官司赴验者，将违例抬验的亲属，与不阻止其违例抬验行为的地保，都按照违令律，笞五十。因扛抬伤者前去官司赴验而导致该伤者受伤加重的，各照“不应为”重律，杖八十。倘若内外该管衙门，遇有伤重不能走动的伤者，仍然下令扛抬伤者听候验看的，由上一级官员察实后交部议处。

从以上规定可以看出，该条特别“不应为”律之中的“理不可为”，具体是指，伤情查验关乎处理伤人者以及确定保辜期限，对案件审断而言，十分重要。但在查验之时也应当考虑到客观事理。无论民众、巡查衙吏、地保、地方官员，发现斗殴伤人案件中的伤者伤情严重无法走动时，不可随意搬动伤者。这是基于重伤之伤者若被随意搬动扛抬，可能会加重伤情甚至死亡的客观常理出发的。首先，能够救助伤者，尽量避免其伤情因为缺乏常识的行为恶化。其次，有助于官员及仵作查验清楚，伤者被殴伤的具体程度，以客观伤情为基准，再做后续的处断。这种常理知识，出自社会生活的经验，是为人们所普遍认同的经验领域，在案件处理中，应当被各方遵守。司法也应当遵循常理、经验知识。

小　结

从唐代至清代，“不应为”律以“理不可为”的主脉提挈全篇，贯穿始终。因此，“理不可为”可说是“不应为”律最核心的规范要素，也是“不应为”律所规范行为的必备要件。“理不可为”之意涵是“应当如何行为”，这就使得“不应为”律成为一种暗含着价值评判的行为规范。而“理”成为行为被允许与被禁止的重要边界。探究了“不应为”律中的“理不可为”之后，可以发现，不可为之“理”主要是指礼治之理、理义之理、事理之理。《礼记·正义》说：“礼者，理也。”正是说明理也就是礼。唐律被称为“论者谓唐律一准乎礼，以为出入得古今之平”，唐律中的特别“不应为”律反映出了礼治的很多规则及要求。在中国古代，礼与道德并非是截然两分的不同部分。礼的本身就含有道德属性，礼的规则也包含着道德规范。体现为人与人之间，以人性恶和人性自私为原则的一种等效的相互制约。《礼记·丧服四制》郑玄注曰：“理者，义也。”理义之理自然也是“不应为”律的行为标准之一，违背理义的行为，如果达到处罚标准，也会被以“不应为”律科罪处罚。《礼记·中庸》有云：“义者，宜也。”朱子解：“宜者，分别事理，各有所宜也。”也就是事理的正当性。基于自然常识的事理之理及人之常情，也是“不应为”律“理不可为”的内涵所在。因此，我们应当注意到，“不应为”律虽然以外观形式具有极大模糊性、概括性的“理不可为”标准作为成立要件，但是，在后续立法中，仍然能够看出“理不可为”的具体内涵对传统文化的映射。

第四章

初衷与困局：立法原意与实践之弊

引 言

从“不应为”律的正条、疏议，及所附例的文字表述，我们得以对立法者的意图进行合理的推断。《唐律疏议》规定:“诸不应得为而为之者,笞四十;谓律、令无条,理不可为者。事理重者,杖八十。”此后,宋代至清代,律典正条基本沿袭。立法原意也应当从唐律开始探究。此外,还应当注意到唐以后律典中的“不应为”律,增加了轻重两分、各处以笞或杖的规定,情轻者问“不应笞罪”、“不应轻律”,处以笞四十之刑。事理重者（即情稍轻者）问“不应杖罪”、“不应重律”、“不应从重”，处以杖八十之刑；即“律无正条之事，情稍轻者，以不应杖罪论；情轻者，以笞罪论”[①]，以情轻情稍轻、违背事理的大致程度划分罪行轻重。这样在立法技术上虽然有了提高，但是“概括性禁律”的色彩仍然一以贯之，仍然没有摆脱概括性的特征。分析“不应为”律的立法原意，再于历史发展的实践中检视立法原意的实现程度，对于了解“不应为”律立法及司法的真实状况有着重要的意义。因此，回到历史情境之中，选取“立法原意”这一特殊视角来观察“不应为”律，考究其初衷，比之以实践发展，是为了能发现“不应为”律在宏大叙事之下被遗漏的各种细节。通过对立法原意和实践发展的客观事实的探究,希望能厘清“不应为”律所欲调整的社会关系,当时的立法者对“不应为”律条的认识,订立此条的目的之所在,通过此条所展现的价值判断,对理想化“应然”秩序的期望，以及该条在实践中真实的发展状况。

---

① 《明代律例汇编》卷三十《工律二》。

第一节　“庶补遗缺”的立法初衷

暂时排除特别“不应为”律的规定，仅从律典的正条规定来看，“概括性禁律”的描述确实十分贴切的。那么，概括性这一特征究竟因何而来？真的是古代立法者为陷人于罪而留下缺口，为罗织罪名划低了入罪的底线吗？在上文对“不应为”律的源流演变进行考察之后，我们可以发现，“不应为”的概括性特征其实与立法初衷有关。《唐律疏议》“不应为”律条下所附疏议中，直接写明了：“杂犯轻罪，触类弘多，金科玉条，包罗难尽。其有在律在令无有正条，若不轻重相明，无文可以比附。临时处断，量情为罪，庶补遗缺，故立此条。情轻者，笞四十，事理重者，杖八十。”[①] 宋律除了改去避讳先祖的文字之外，予以全文沿用。唐宋律典直言“庶补遗缺”，这便是“不应为”律入律所承载的立法初衷。通过分析“不应为”律的立法初衷，可以看出该条是以何种逻辑衍生而来。

首先，“不应为”律入律的客观前提，是法有“遗缺”的局限性。《说文》辵部：“遗，亡也。”段注：“《广韵》：‘失也，赠也，加也。’按：皆遗亡引申之义也。”《说文》缶部：“缺，器破也。”法有“遗缺”，即法存在遗漏缺失之处。这一点即便是现代法律也难以避免。“刑法对犯罪行为的规定天然地具有不周延性、不完整性。”[②] 中国古代早有学者意识到，律典立法存在不容忽视的局限性。法是治国理政、维护社会秩序的有效工具，拥有显而易见的优势，可是局限性同样明显。“法之设文有限，民之犯罪无穷，为法为文，不能网罗诸罪，民之所犯未必正与法同，自然有危疑之处，因此危文以生与上争罪之心，缘侥幸以成其巧伪，将有实罪而获免者也。”[③] 由于经济、社会发展是法律的基础，相对而言，法律只能对经济基础产生有限的能动反映。因此，法律滞后于社会发展的现象是难以避免的，

① 刘俊文点校：《唐律疏议》，法律出版社 1999 年版，第 561 页。
② 陈兴良：《刑法的明确性问题：以〈刑法〉第 225 条第 4 项为例的分析》，《中国法学》2011 年第 4 期，第 119 页。
③《春秋左传正义》卷四十三。

律法不可能囊括纷繁复杂的具体罪行，无法对所有危害统治、社会秩序的犯罪进行预先的防范。同时，法以语词为载体，而大部分语词的含义就具有非唯一性和不明确性。多重含义容易导致歧义的产生。另外，立法者的思想、对罪刑问题的认识，也会影响到律法的内容。因此，从这几个角度来看，传统法的局限性依然是难以避免法的“遗缺”。

其次，“庶补”本身就暗含了概括性之义。《说文》：“庶，屋下众也。”“补，完衣也。”毕竟法的缺漏疏失不可能仅有一条具体的漏洞，而是以复数形式存在的、难以做出具体预测的“遗缺”。可以看出，唐代立法者设置补救措施之时，在语词上表达出了对复数“遗缺”的涵盖性。因此《大明律集解附例》中此条律文之下附纂注也进一步表明了观点：“凡理之所不可为者，谓之不应为，从而为之是亦罪也。在律令虽无正条，事理各有轻重，或笞或杖，所以补诸律之未备也。”[①] 这些记载将“不应为”入律的初衷表露无遗，“庶补遗缺”也即“补诸律之未备”。“不应为”律是对可能会存在的遗漏缺失进行补救完善的措施，是对诸律之未备的补充。而“遗缺”、“诸律之未备”，是难以预先统计的。现实生活中，随着历史发展、朝代更迭，“遗缺”、“诸律之未备”并不会一成不变。社会可能产生新的法律需求，而法律可能被发现存在新的遗漏缺失。基于这样的理论考量，“不应为”律就不可能，也不应该以具有高度明确性的表达方式为载体。

再次，适用的现实前提是“在律在令无有正条”的“杂犯轻罪”。传统法典并非是将所有罪行都逐一编订罪名入律的法典，因此会出现律令中没有可供援引的正条。这也是法有“遗缺”的表现之一。正如莫里斯和布迪所言，“中国的法典编纂者们并不强求制定一部包罗万象的法典。他们打算通过比照适用以及援引概括性禁律的方式，消除法律上的盲点”[②]。设立“不应为”律的初衷，是“庶补遗缺”。并且，我们还需要注意到，自唐律开始，律文注明此律条只针对“杂犯轻罪”、“细小事理”，仅适用于笞杖轻罪。因此，更全面的说法是补充律令的疏漏缺失，防范法律未规定的轻微犯罪便是“不应为”律的立法原意。而这一初始功能也决定了“不应为”律必须是概括性的，以便能为无法囊括的纷繁现实留有余地。由上所述，“不应为”律的概括性，是在立法之初因其功能设定，就已经被决定了。其中，既有对法有“遗缺”、诸律有“未备”的客观事实的深

---

① 《大清律集解附例》卷二十七《刑律》。

② ［美］D. 布迪、C. 莫里斯：《中华帝国的法律》，朱勇译，江苏人民出版社 2010 年版，第 432 页。

刻认识，还有对以概括性应对今后发展变化的“遗缺”“未备”的主观考量。并且，立法者将“不应为”律适用的罪刑范围限制在杂犯轻罪、笞杖刑之中。其中反映出了唐代立法者对法的局限性的认识、立法设置的逻辑，体现出当时的立法技术水平。从立法初衷来看，作为“庶补遗缺”的律条，“不应为”律在形式要件上同现代刑法中的底线条款、空白刑法规范类似，其概括性是必然的。就历史发展而言，唐律中的“不应为”律较之前代，是立法技术的进步。但是，必须要承认，如果从法的稳定性、明确性角度来评价，概括性确实是“不应为”律的一大弊端。

对于这种天然的弊端，古代立法者并非没有认识和作为。从唐代开始，立法逐渐以律疏、例等形式丰富“不应为”律的具体规定，这些规定从实际功能来看，可以看作是对正条的概括性缺陷进行的限制和修正。例如，《唐律疏议》中共列出 31 条特别“不应为”律。包括：《名例》中的“犯罪未发自首”条[①]；《卫禁》中的“向宫殿射”条[②]、“冒名守卫”条[③]；《职制》中的“匿父母及夫丧”条[④]、“长吏辄立碑”条[⑤]、“贷所监临财物”条[⑥]；《户婚》中的“养杂户为子孙”条[⑦]、“放部曲奴婢还压”条[⑧]、“以妻为妾”条[⑨]、“居父母丧主婚”条[⑩]、“违律为婚离正”条[⑪]；《厩库》中的“犬伤杀畜产”条[⑫]；《擅兴》中的“擅发兵”条[⑬]、“镇所私放征防人还”条[⑭]、“私有禁兵器”条[⑮]、“私使丁夫杂匠”条[⑯]；《贼盗》中的“口陈欲反之言”

① 刘俊文点校：《唐律疏议》，法律出版社 1999 年版，第 113 页。
② 刘俊文点校：《唐律疏议》，法律出版社 1999 年版，第 177 ～ 178 页。
③ 刘俊文点校：《唐律疏议》，法律出版社 1999 年版，第 185 页。
④ 刘俊文点校：《唐律疏议》，法律出版社 1999 年版，第 222 ～ 224 页。
⑤ 刘俊文点校：《唐律疏议》，法律出版社 1999 年版，第 237 页。
⑥ 刘俊文点校：《唐律疏议》，法律出版社 1999 年版，第 243 ～ 244 页。
⑦ 刘俊文点校：《唐律疏议》，法律出版社 1999 年版，第 259 ～ 260 页。
⑧ 刘俊文点校：《唐律疏议》，法律出版社 1999 年版，第 261 ～ 262 页。
⑨ 刘俊文点校：《唐律疏议》，法律出版社 1999 年版，第 279 页。
⑩ 刘俊文点校：《唐律疏议》，法律出版社 1999 年版，第 281 ～ 282 页。
⑪ 刘俊文点校：《唐律疏议》，法律出版社 1999 年版，第 259 ～ 260 页。
⑫ 刘俊文点校：《唐律疏议》，法律出版社 1999 年版，第 310 页。
⑬ 刘俊文点校：《唐律疏议》，法律出版社 1999 年版，第 325 页。
⑭ 刘俊文点校：《唐律疏议》，法律出版社 1999 年版，第 336 页。
⑮ 刘俊文点校：《唐律疏议》，法律出版社 1999 年版，第 341 页。
⑯ 刘俊文点校：《唐律疏议》，法律出版社 1999 年版，第 346 页。

条[①]、“盗毁天尊佛像”条[②]、“知略和诱强窃盗受分”条[③];《斗讼》中的“教令人告事虚”条[④];《诈伪》中的“对制上书不以实”条[⑤]、“诈疾病及故伤残”条[⑥]、“父母死诈言余丧”条[⑦]、“诈陷人至死伤”条[⑧]、“证不言情及译人诈伪”条[⑨];《杂律》中的“错认良人为奴婢部曲”条[⑩]、《捕亡》中的“官户奴婢亡”条[⑪];《断狱》中的“拷囚限满不首”条[⑫]。可以看出，唐代以特别“不应为”律的形式对“不应为”律的具体规定进一步细化。宋代与明清两朝也增加了相关规定，尤其在《大清律例》中，共列出了69条特别“不应为”律。

由唐以降，通观历代增加的特别“不应为”律的具体规定，可分为以下三类：

第一，在《名例律》规定的原则中以“不应为”律进行补充规定。唐律、清律都有这样的记载。《唐律疏议》有“犯罪未发自首”条：“‘不枉法’与‘受所监临’，得罪虽别，赃已首尽，无财可科，唯有因事、不因事有殊，止从‘不应为重’，科杖八十。”[⑬]《大清律例》中有“亲属相为容隐”条：“父为母所杀，其子隐忍于破案后始行供明者，照不应重律，杖八十。”类似的规定，清律还有“常赦所不原”、“给没赃物”、“犯罪事发在逃”三条。

第二，增加其他罪名之下的“不应为”条款。这一类所占比例最大。

首先，对轻微情形进行补充规定。这些罪名一般所规定的罪行较严重、处罚亦重，若现实中出现较轻微的情节、结果，除非名例律规定了比照适用条款，否则严格说来是“无可援引”的。若法官因无律条指引而“附会臆断”，则会导致“轻则纵奸，重则伤和”的结果。于是，自唐代始，法律借“不应为”律来加以规范，以使情罪相当。比如，唐律《卫禁》中有“向宫殿射”条：“诸向宫殿内射，谓箭力所及者。宫垣，徒二年；殿垣，加一等。箭入者，各加一等。

---

① 刘俊文点校：《唐律疏议》，法律出版社1999年版，第346页。
② 刘俊文点校：《唐律疏议》，法律出版社1999年版，第383页。
③ 刘俊文点校：《唐律疏议》，法律出版社1999年版，第406页。
④ 刘俊文点校：《唐律疏议》，法律出版社1999年版，第481页。
⑤ 刘俊文点校：《唐律疏议》，法律出版社1999年版，第494页。
⑥ 刘俊文点校：《唐律疏议》，法律出版社1999年版，第507页。
⑦ 刘俊文点校：《唐律疏议》，法律出版社1999年版，第509页。
⑧ 刘俊文点校：《唐律疏议》，法律出版社1999年版，第510页。
⑨ 刘俊文点校：《唐律疏议》，法律出版社1999年版，第512页。
⑩ 刘俊文点校：《唐律疏议》，法律出版社1999年版，第524页。
⑪ 刘俊文点校：《唐律疏议》，法律出版社1999年版，第577页。
⑫ 刘俊文点校：《唐律疏议》，法律出版社1999年版，第595页。
⑬ 刘俊文点校：《唐律疏议》，法律出版社1999年版，第113页。

即箭入上阁者，绞；御在所者，斩。疏议曰：……若箭力应及宫、殿而射不到者，从‘不应为重’……据弹及投瓦石及宫殿方始得罪，如应及不到，亦从‘不应为重’上减一等。”[①] 这是典型的对轻微情形的补充规定。再如，《大明律》“冒支官粮”条，原条情重，罪责相应也重。弘治《问刑条例》补充了轻微情节的科罪处罚：“官员监生吏典旗军人等，关过俸粮及预支应得粮米，遇有事故调用等项，五斗以上，失于还官者，事发止问不应，追粮还官。”[②]

其次，对相关人员或其他情形进行补充规定。比如，《大清律例》“盗卖田宅”条，在对罪犯加以较重规定的同时，对有治安义务而失于查察的尊长、族长、祠长依不应重律科罪。又如，唐律“养杂户为子孙”条，“诸养杂户男为子孙者，徒一年半；养女，杖一百。官户，各加一等。与者，亦如之”“疏议曰：……杂户养官户，或官户养杂户……宜依‘不应为’之法：养男从重，养女从轻……若养客女及婢为女者，从‘不应为轻’法，笞四十，仍准养子法听从良”。[③] 杂户、官户作为官贱民，身份有别于良民，且没有比照规定，不能依原条治罪，所以用“不应为”律来补充。若百姓养客女或婢两种私贱民为女，情形较养官贱民轻微，也用“不应为”律来调整。通过这些补充，使律例体系及案件适用中的轻与重相平，情与罪相等。

第三，依社会变迁增加新的规定。比如，宋代之时雇佣女使必须订立契约、写明期限，其后出现了雇主为永久占有女使，而在订立契约时假意写作养女，但实则终身用作奴婢加以役使的情况。这种情况极为不公，但法律尚没有相应规定。于是，南宋时便增设法禁：“品官之家典雇女使，妄作养女立契，如有违犯，其雇主并引领牙保人并依律不应为，从杖八十科罪，钱不追，人还主，仍许被雇之家陈首。”[④] 明代时，逃亡者的妻子改嫁需要告知官府，若不告知，其前夫与后夫之间可能会起纠葛，而妨害当地治安。此前律令也没有对此加以规定。于是，《刑台法律》上栏《新增律项断法》里便规定，丈夫逃亡三年后，妻子改嫁若未预先告知官府，“三年之外既不在律又不在服，止问不应之罪，给付后夫，前夫不得与。”[⑤] 如此一来，便利用“不应为”律规范了这些须加以管制但却无可援引

---

① 刘俊文点校：《唐律疏议》，法律出版社 1999 年版，第 177 ～ 178 页。

②《明代律例汇编》卷七《户律四》。

③ 刘俊文点校：《唐律疏议》，法律出版社 1999 年版，第 259 ～ 260 页。

④《宋会要辑稿》刑法二之一五五。

⑤ 转引自童光政：《明代民事判牍研究》，广西师范大学出版社 1999 年版，第 179 页。

的新问题，明确其定罪，避免了因新的社会现实而不断增设烦冗罪名。

另外，律、疏、例之外的文献中也记载了一些出自私家的建议性适用规定。宋代《洗冤录》中有《针灸死》一篇，其中有“须勾医人验针灸处，是与不是穴道，虽无意致杀，亦须说显是针灸杀，亦可科医不应为罪”[①]的文字。宋代胡太初所著的官箴书《昼帘绪论》之听讼篇以“不应为”律来处理告讦之风的现象：“不应为有罪，不许因事告事，法令昭然。而今之为令者，喜闻人家隐微，于是告讦之风滋长；甚至收人白札子，见之施行，于是益无忌惮，妄行指摘，而民无宁居之日矣。此亦合预行榜谕，告讦者未问虚实，先坐不应为罪；若状词本诉之外因而告首其家隐微者，亦勿听理，并先坐罪。”[②]据笔者统计，总汇各家注释的《大明律集解附例》在《吏律》、《户律》、《礼律》、《兵律》、《刑律》中，共 34 条律条下，分别在律后所附的纂注或备考中，载明一至两项以“不应为”律科断的私家律注建议。从这些记载也可看出当时的官吏、律学者对“不应为”律具体适用的建议与讨论。

第二节 “轻重相明”的立法目的

此外，除了在杂犯轻罪领域对遗缺的补救，“不应为”律还有一层间接的立法目的。《唐律疏议》云：“其有在律在令无有正条，若不轻重相明，无文可以比附。”[③]清代的沈之奇所言更为透彻：“律干重大罪犯，莫不详备，而细小事理，不能穷尽人情，各立一法，恐因律无正条，而会臆断，轻则纵奸，重则伤和，致有大过不及，故补此一律。或笞或杖，随事酌定，不得妄为轻重，此律意也。”[④]

设立“不应为”律一条，直接目的是于轻罪领域“庶补遗缺”。更进一步的

① （宋）宋慈：《洗冤集录》，上海古籍出版社 2008 年版，第 129 页。
② （宋）胡太初：《昼帘绪论·听讼》，商务印务馆 1922 年版。
③ 刘俊文点校：《唐律疏议》，法律出版社 1999 年版，第 561～563 页。
④ （清）沈之奇撰，怀效峰等点校：《大清律辑注》，法律出版社 2000 年版，第 951 页。

间接目的则是“轻重相明”。自唐至清，律疏、条例中都有数目不少的特别“不应为”律规范。《唐律疏议》共有 31 条，《宋刑统》共有 32 条，明代律例共有 18 条，《大清律例》共有 69 条。而这些特别“不应为”律，几乎都可看作是对其所属律文正条的补充性规定。唐律创造性地将特别“不应为”律纳入律疏之中，来解决律令的遗缺。这种补充性规定的出现，为律令正条的缺漏疏失之处提供了有效的补救措施。由于《唐律疏议》立法成就的重大影响，从唐代至清代，虽然具体规定有所不同，但是以特别“不应为”律为律典正条其他罪刑规范提供补充性的规则一点，并没有发生变化。如此一来，“不应为”律展现出了“庶补遗缺”之外的另一个间接立法目的——解决“轻重失平”。正如薛允升所言：“乃有作奸犯科而律例无可援引，且或轻重失平者，则又有不应为一条，分别情节轻重拟以笞杖。”[①] 即疏议所说的“轻重相明”。而要厘清这些补充性的规则究竟是如何起到“轻重相明”的作用，则需要探究特别“不应为”律条款以作说明。以“不应为”律来平衡不同罪之间的轻重，实现情法之平，是唐代至清代，特别“不应为”律立法的主要目的之一。笔者梳理了唐代至清代的特别“不应为”律条款，发现特别“不应为”律是从以下几个方面来达成“轻重相明”的。

一、对特殊主体进行补充规范

从唐律开始，历代律例都将“不应为”律作为部分罪行律条正条未能囊括之特殊情形的补充规定。其中，部分律条之下，特别“不应为”律条款被用于规范做出相同行为的特殊主体。传统社会之中，人有身份之别。而传统法在规范人们行为之时，也以身份差等作为权利与义务的基石。因而对于不同身份的犯罪主体，职责或义务不同，即便行为相同，所触犯的罪名与刑罚也可能不会相同。但是律法无法将所有特殊身份犯罪主体的罪行都一一加以规定。这会导致具体而微的律条冗杂浩繁。而有限的立法活动也难以穷尽所有特殊的犯罪情节。因此，借助“不应为”律这一概括性规范，对部分需要加以规制的特殊主体情形进行立法补充，就成为唐律乃至清律的常见做法。以《唐律疏议》名律

① （清）薛允升：《读例存疑》卷十，清光绪刊本。

例“犯罪未发自首”条下所附条为例：

> 正条：诸犯罪未发而自首者，原其罪。
>
> ……
>
> 问曰：谋杀凡人，乃云是舅；或谋杀亲舅，复云凡人，姓名是同，舅与凡人状别。如此之类，若为科断？
>
> 答曰：谋杀凡人是轻，谋杀舅罪乃重，重罪既得首免，轻罪不可仍加。所首姓名既同，唯止舅与凡人有异，谋杀之罪首尽，舅与凡人状虚，坐是“不应得为从轻”，合笞四十。其谋杀亲舅，乃云凡人者，但谋杀凡人，唯极徒坐；谋杀亲舅，罪乃至流。谋杀虽已首陈，须科“不尽”之罪。三流之坐，准徒四年，谋杀凡人合徒三年，不言是舅，首陈不尽，处徒一年。[①]

此条正条规定了自首而得减轻刑罚的规则。成立的前提是在犯罪未发时，即官司未察觉其犯罪之前，能自首如实供述已犯罪行者。而在现实中，自首者的身份和供述的内容会造成审断上的疑难情形。因此在正条之下所附疏议中，注明了这样的特殊情形。如果自首的人供述谋杀对象之时，将谋杀对象是“凡人”还是亲舅错误讲述，需要按照“举轻明重”、“举重明轻”的比附原则来加以区别。唐律规定尊亲与凡不同，谋杀尊长罪重，而相较之下，谋杀无亲属关系的一般人，罪责较轻。谋杀亲舅，最高可被科流刑。谋杀“凡人”，最高科刑为徒刑。因此，若谋杀对象是一般人，但在自首之时却供述谋杀了自己舅舅的，其实供述的是更重的罪行。若供述重罪，其所犯实为轻罪，那么举重以明轻，“重罪既得首免，轻罪不可仍加”，轻罪可原。但是，虚假供述这一行为仍然应该被追究，便以“不应为”轻律科罪，处以笞四十以示惩戒。反之，如果谋杀对象是亲舅，为了逃脱重责而欺骗官司，供述谋杀了无亲属关系的一般人，除了谋杀罪之外，则须科不尽之罪，谋杀一般人科以徒刑三年，供述不尽，科以徒刑一年。借助“不应为”律对易混淆的罪行，做出了补充规定，以使科罪实现轻重之平。

此外，“犯罪未发自首”条下疏议中还有一条款：

---

① 刘俊文点校：《唐律疏议》，法律出版社1999年版，第113页。

又问：假有监临之官，受财不枉法，赃满三十匹，罪合加役流。其人首云“受所监临”，其赃并尽，合科何罪？

答曰：律云：“以不实不尽之罪罪之，至死听减一等。”但“不枉法”与“受所监临”，得罪虽别，赃已首尽，无财可科，唯有因事、不因事有殊，止从“不应为重”，科杖八十……[①]

按照该特别“不应为”律的规定，因公事而收受财物的官员，虽然没有做出枉法之举，但其在投案自首时，本应该如实供述罪行触犯“受财不枉法”条，却谎称并非因为公事而收受财物，触犯的是“受所监临”罪。这种行为属于自首不尽不实。按照唐律的规定，即自首“不实及不尽者，以不实不尽之罪罪之，至死者，听减一等。（自首赃数不尽者，止计不尽之数科之。）”[②]。在一般情况下，“以不实不尽之罪罪之”中的不实不尽之罪。不实即自首供述犯罪行为不真实，“谓强盗得赃，首云窃盗赃，虽首尽，仍以强盗不得财科罪之类”。不尽指的是自首供述时虽然承认了犯罪行为，但隐瞒了部分犯罪所得，“谓枉法取财十五匹，虽首十四匹，余一匹，是为不尽之罪”。然而，需要注意的是，在这种情况下，虽然所触犯的罪名供述不实，但是受财这一犯罪行为是如实供述的，受财不枉法与受所监临的受财方法、手段并无区别。而且收受的财物也已经全数交出，不仅在客观的犯罪行为上没有隐瞒，也没有“不尽”之财可以判罚。唯一的区别只在于隐瞒了犯罪动机这一主观因素，也就是收受财物的事由是因公事还是非因公事没有如实交代。因此如果按照自首不实不尽一条来科罪，会使罪责过重。于是唐律将供述了犯罪行为和全部的犯罪所得、只隐瞒了犯罪动机的监临官吏，只按照“不应为”重律来科罪，处以八十杖的刑罚。

二、对特殊犯罪形态的规范

律典正条所规范的罪行，大部分是针对既遂的犯罪，以既遂的犯罪形态为基点，设置罪名与刑罚。但是，考虑到实践之中，未遂的罪行同样存在，也同

①② 刘俊文点校：《唐律疏议》，法律出版社 1999 年版，第 113 页。

样需要予以惩戒。以《唐律疏议》“向宫殿射”条下所附两条为例：

> 诸向宫殿内射，（谓箭力所及者。）宫垣，徒二年；殿垣，加一等。箭入者，各加一等。即箭入上阁者，绞；御在所者，斩。
>
> 疏议曰：射向宫垣，得徒二年；殿垣，徒二年半。箭入者，宫内，徒二年半；殿内，徒三年。即箭入上阁内者，绞。“御在所者斩”，谓御在所宫殿。若非御在所，各减一等；无宫人处，又减一等。皆谓箭及宫、殿垣者。若箭力应及宫、殿而射不到者，从“不应为重”。不应及者，不坐。①

此条是对箭力足够达到宫殿内的、瞄准宫殿内的射箭行为的规定，这种行为严重危及皇帝的人身安全，因而必须要加以严惩。但是，考虑到危害结果的不同，不同罪行的获罪科刑也就有所不同。根据箭实际到达的距离来区分，箭射入皇帝所在的宫殿，射箭者将被处以斩刑；箭射入阁内者则处以绞刑；如若射到殿墙者须服徒刑两年半；射到宫墙者，须服徒刑两年；如若箭力本应能射入宫墙和殿墙，但因为别的原因而没有射到的，就以“不应为”重律科罪。就“向宫殿内射”的罪行而言，按照实际的损害结果，设置了由重至轻的罪刑规定。如果说，此条特别“不应为”律是针对同一种行为，对其较轻微的损害后果之补充规定，那么，下一条疏议则是对规范类似行为的补足。

> 疏议曰：放弹及投瓦石，比箭罪轻。放向宫垣，徒一年半；向殿垣，徒二年。入宫内，徒二年；殿内，徒二年半；入上阁内及御在所，流三千里。是为“各减一等”。“亦谓人力所及者”，据弹及投瓦石及宫殿方始得罪，如应及不到，亦从“不应为重”上减一等。②

对比向宫殿内射箭的行为来看，向宫殿内投射弹丸、投掷瓦石的行为，一般而言损害结果远远低于射箭。但是，这样的行为同样也是对帝王的不敬，因此，对于向宫殿内投射弹丸、投掷瓦石的行为，也同样按照损害结果依次科罪：投放弹丸、投掷瓦石进入阁内及帝王所在处者，科以流三千里；如若所投弹丸、

---

① 刘俊文点校：《唐律疏议》，法律出版社 1999 年版，第 177 页。

② 刘俊文点校：《唐律疏议》，法律出版社 1999 年版，第 178 页。

瓦石进入殿内者，科徒刑两年半；如若所投弹丸、瓦石进入宫内者，科徒刑两年；进入殿墙者，科徒刑两年；进入宫墙者，科徒刑一年半；如若投放弹丸、投掷瓦石本应能落入宫墙和殿墙，但实际上却没有到达的，就以“不应为”重律减一等科罪。

由以上分析可知，这两条特别“不应为”律条款，实际上是对向宫殿内射箭或向宫殿内投射弹丸、投掷瓦石行为的犯罪未遂状态的补充规定。对向宫殿内射箭或向宫殿内投射弹丸、投掷瓦石行为不仅是对皇权的极大轻视，也是对禁宫安全的威胁。皇权至尊无上，不容冒犯违逆。因此需要对这样的行为严加惩治，以示威慑。这一点从行为适用的刑罚可以清晰地看出。但是，由于犯罪形态和危害结果的不同，并不需要将所有向宫殿内射箭或投石的行为都以最严厉的刑罚进行处罚。因此，较为合理的做法是根据犯罪形态和危害结果分类处罚。箭射入皇帝所在的宫殿、射入阁内、射到殿墙、射到宫墙都算作既遂的犯罪，与此相对应，射箭者将被处以斩刑或绞刑或徒刑。投射弹丸、投掷瓦石的行为同理。而由于射箭、投石者意志以外的原因，导致本应能射入、投入宫墙和殿墙没有得逞的未遂犯罪，就以“不应为”重律科罪。由此可见，唐律将“不应为”律作为“向宫殿内射”未遂犯罪的补充规定来加以适用。由此实现立法逻辑上的周延，使情节、损害后果与罪刑之间获得平衡。

再以卫禁律“冒名守卫”条下所附条为例。

> 诸于宫城门外，若皇城门守卫，以非应守卫人冒名自代及代之者，各徒一年。
>
> ……
>
> 问曰：宿卫人以非应宿卫人冒名自代及代之者，入宫内，流三千里；殿内，绞。若未入宫、殿内事发，合得何罪？
>
> 答曰：以非应宿卫人自代，重于“阑入”之罪。若未至职掌之处，事发在宫、殿内，止依“阑入宫殿”而科。如未入宫门事发，律无正条，宜依“不应为重”，杖八十。其在宫外诸处冒代，未至职掌处，从“不应为轻”，笞四十。[①]

① 刘俊文点校：《唐律疏议》，法律出版社 1999 年版，第 184～185 页。

此律条正条规范的罪行是皇城门守卫于宫城门外，让他人冒名顶替自己或者顶替他人的行为。宿卫人员让非应宿卫人员冒名顶替自己或者自己顶替非应宿卫人员，如果进入了皇宫内，科流刑三千里；进入了殿内，科绞刑。如果还没有进入皇宫、殿内就被察觉抓获的，则科以“不应为”轻律，笞刑四十。可见，该特别“不应为”律也是出于对未遂状态犯罪的补充规定。这种情节轻微的情况下，由于罪行被及时发现，因此损害结果同样轻微。如果不以“不应为”律作为辅助，那么按照比附的原理，对未遂犯比附正条规定科罪处罚，则会造成轻罪重罚，有失公平。

由上可知，对于未遂犯罪而言，罪行虽然未遂，但是行为人的行为、犯罪意图与既遂的罪犯并无不同。未遂的结果，并非是行为人中断了犯罪意图，仅仅是因为客观情势导致行为未能既遂。这样的行为，仍然会对社会秩序、君主的安危造成威胁，同样违背礼的规则、违背道德，若不予以谴责，将会对秩序造成危害。考虑到未遂的犯罪行为较之既遂状态，所造成的危害结果较为轻微，因此，未遂犯罪不能直接比附正条规范处罚。否则，会使行为人承担过重的刑罚，有失公平之义。因此，立法者借助“不应为”律对严重罪名之下的未遂犯罪，做出特别规定，只以更轻的笞杖刑罚加以苛责。

此外，对一些特殊的犯罪形态也以“不应为”律来规范。以《大清律例》中的“白昼抢夺”条为例。

> 凡白昼抢夺人财物者，不计赃，杖一百，徒三年。计赃并赃论，重者加窃盗罪二等，罪止杖一百，流三千里。
>
> 例：凡问白昼抢夺，要先明事犯根由，然后揆情剖决。在白昼，为抢夺；在夜间，为窃盗。在途截抢者，虽昏夜，仍问抢夺，止去白昼二字。若抢夺不得财，及所夺之物，即还事主，俱问不应。如强割田禾，依抢夺科之。探知窃盗人财，而于中途抢去，准窃盗论。系强盗赃，止问不应。若见分而夺，问盗后分赃，其亲属无抢夺之文，比依恐吓科断。①

清律中，抢夺财物的行为包括白昼抢夺与强盗。所谓“人少而无凶器抢夺

① 田涛等点校：《大清律例》，法律出版社 1999 年版，第 368 页。

也，人多而有凶器强劫也”。清律规定，于白昼抢夺他人财物的行为，如果不计赃则要被科以徒刑并杖责。若计赃，于窃盗罪加二等，罪止杖一百，流三千里。如果在抢夺过程中伤害他人身体，首犯科以斩监候，从犯减首犯一等治罪，并且要在右小臂上刺上“抢夺”的字样。此外，对其他抢夺行为，也做了详细的分别规定。如果在白昼，发现有失火意外，或者路遇船只因风搁浅，乘人之危实施抢夺，或者拆毁船只者，依照白昼抢夺律科罪。如果在与人斗殴或者勾捕罪人之时，窃取对方财物，应当计赃之后准窃盗罪论罪。如果抢夺成功，加二等处罚，罪止杖一百，流三千里，免刺字。如果窃夺他人财物，并且杀伤他人，则应当根据案情，分别以故杀、斗杀论罪。如果被杀伤者不敢与抢夺者争斗，而被其杀伤，以故杀论罪。如果与抢夺者争斗而被其杀伤，以斗杀论罪。

律文正条部分虽然对多种情形做出了规定，但是由于实践中出现了新的犯罪形态，导致白昼抢夺罪与窃盗罪在适用时出现了疑难。按照清律规定，一般而言，抢夺行为如果发生在白昼，则为白昼抢夺。如果发生在夜间，则为窃盗。因此，清代在条例中增加了一条规定。夜间在途中截下路人抢夺财物者，以抢夺问罪，断罪时去掉“白昼”二字。此外，还规定，如果实施了抢夺行为，但是没有抢到财物，以“不应为”律问罪。正如薛允升所言，“抢夺未得财，即不成抢夺”。若果抢夺之后，将所夺财物，立即交还给被害人，这种行为与自首类似，对犯罪结果做出了积极的弥补行为。因此，不问白昼抢夺罪，只以“不应为”律问罪。如果查探后得知有人窃盗他人财物，而在中途将之抢去，准窃盗论罪。如果抢夺到的是强盗赃，只以“不应为”律问罪。由此可以看出，在出现特殊犯罪形态之时，依照正条或者比照其他罪名，都会造成科罪过严、处罚过重的情况，因此清代立法者运用“不应为”律来平衡特殊犯罪形态的罪刑规定，从而避免产生情轻罪重的结果。

三、对失职主体的补充规定

历代立法者还会运用“不应为”律，对严重犯罪案件中负有监察职责但却失职的主体，进行惩戒。先以《大清律例》名例律“犯罪事发在逃”条下所附条例为例。

人命、抢窃及拒捕、共殴等案，正犯已在逃未获，案内牵连余犯审系无干，即行省释，不准滥行监候待质。若现获之犯称逃者为首，如现获多于逸犯，供证确凿，以及逸犯虽多，而现获之犯系先后拿获，或虽同时并获，经隔别研讯，实系逃者为首，或事主、尸亲、旁人指证有据者，即依律先决从罪，毋庸监候待质。若案内人数众多，仅获一二名，无事主、尸亲证佐指认者，将现获之犯，按例拟罪监禁，俟逸犯就获后，质讯明确，定地起解。倘正犯日久无获，为从监候待质人犯，除强盗案件不应宽样外，其余人命等案，如原拟遣军、流罪已过十年，徒罪已过五年，杖罪已过三年者，该督抚陆续查明，咨部核覆。应遣军、流、徒者，照原拟罪名即行发配；应杖罪者，取具的保，释放在外，俟缉获正犯之日再行质审。倘杖罪人犯释放后私自逃匿，保人照不应轻律，笞四十。本犯获日，照原拟杖罪加枷号一个月发落。若监候年限内恭遇恩赦，如在逃本犯拿获时例得减免者，待质之犯准其即行查办省释。①

由此条可看出，对于人命、抢劫、拒捕、共殴这几类案件，如果出现正犯在事发之后逃跑的情况，被抓获的涉案余犯，根据事实的不同，条例做出了不同的规定。而“不应为”律被用于规范对涉案余犯有监督责任的保人。确实涉案的现获之犯，司法者对其科罪处置时，应当区分首从、区分刑种。如果能够证实逃犯确为首犯的，从犯不必监候以待首犯归案，直接按律科罪处罚。如果未能证实现获之犯为从犯的，或者只抓获了少数罪犯，则先按例拟罪监禁，等待逃犯抓获之后一并审理。如果正犯长期未能抓获，除强盗案件之外，其余人命案件根据刑种分别处罚。应当判处遣军、流、徒刑的，按照原拟罪名即行发配。应当判处杖罪的罪犯，由保人取具的保之后释放。待缉获正犯后一并审问。如果该罪犯释放之后私自逃匿，为其担保的保人，因未尽监督责任，依照“不应为”轻律，笞四十。

再以《大清律例》“放火故烧人房屋”条为例。

凡放火故烧自己房屋者，杖一百。若延烧官民房屋及积聚之物者，杖

① （清）薛允升：《读例存疑》卷五，清光绪刊本。

一百，徒三年。因而盗取财物者，斩；（监候。）杀伤人者，以故杀伤论。若放火故烧官民房屋，及公廨、仓库、系官积聚之物者，（不分首从。）皆斩。（监候。须于放火处捕获，有显迹证验明白者，乃坐。）其故烧人空闲房屋，及田场积聚之物者，各减一等。并计所烧之物减价，尽犯人财产折剉赔偿，还官给主。除烧残见在外，其已烧物，令犯人家产折为银数，系一主者，全偿。系众主者，计所故烧几处，将家产剉为几分而赔偿之，即官民亦品搭均偿。若家产罄尽者，免追；赤贫者，止科其罪。若奴婢雇工人犯者，以凡人论之。）

……凶恶棍徒，纠众商谋，计图得财，放火故烧官民房屋，及公廨、仓库，系官积聚之物，并街市镇店人居稠密之地，已经延烧毁抢夺财物者，均照强盗律，不分首从，拟斩立决；杀伤人者，枭示；有因焚压致死者，将为首之人枭示。仍照强盗例。将法所难宥情有可原者，于疏内声明……地方文武官弁遇布此等恶徒放火，不即赴援扑灭，协力擒拿，照例议处。地方保甲人等，照不应重律治罪。①

在清代，“放火故烧人房屋”是重罪。清律严禁故意放火烧毁房屋，即便是纵火烧毁自己的房屋也要受到处罚。律文正条对故意放火烧毁房屋的多种情形作了规定。在条例中，对纵火的凶恶棍徒，也分别根据情节轻重，加以严厉处罚。纵火烧毁官民房屋、公廨、仓库、官积聚之物，及街市镇店人居稠密之地，无论是以图财为目的还是为报私仇，其首犯、从犯、乘机抢掠财物的非同伙者皆严惩不贷。处置的力度从下表便可看出：

表 4—1　《大清律例》“放火故烧人房屋”条罪刑详情表

动机	行为结果	减轻或加重情节	身份	罪刑处罚
谋财	烧毁房屋	抢夺财物	首犯	照强盗律，斩立决
			从犯	
		杀伤人	首犯	枭示
			从犯	
		因焚压致人死亡	首犯	枭示
			从犯	照强盗律，斩立决

① 田涛等点校：《大清律例》，法律出版社 1999 年版，第 537 ～ 538 页。

续表

动机	行为结果	减轻或加重情节	身份	罪刑处罚
谋财	烧毁房屋	尚未抢掠财物，又未伤人	首犯	斩监候
			商谋、下手燃火的从犯	枷号两个月，发近边充军
			被诱胁同行者	杖一百，徒三年
		借名救火，乘机抢掠财物	非同伙者	照抢夺律，加一等，分别首从治罪
	尚未烧毁房屋	随即救息	首犯	绞监候
			商谋、下手燃火的从犯	杖一百，流三千里
			被诱胁同行者	枷号两个月，责四十板
挟仇	烧毁房屋	杀人及焚压人死者	首犯	斩立决
			商谋、下手燃火的从犯	绞监候
		未伤人及伤而不死者	首犯	斩监候
			商谋、下手燃火的从犯	发近边充军
			被诱胁同行者	杖一百，徒三年
	当被救息，尚未烧毁房屋	——	首犯	枷号两个月，发近边充军
			从犯	枷号两个月，杖一百，徒三年
图财、挟仇	烧毁空地闲房，及场园堆积柴草等物	——	首犯	枷号两个月，杖一百，流三千里
			从犯	减一等
	烧毁孤村旷野内的并不毗连民居闲房，及田场积聚之物	——	首犯	杖一百，徒三年
			从犯	减一等
	当被救息，尚未烧毁	——	首犯、从犯	各减一等

从清律规定中可以看出，凶恶棍徒放火故烧人房屋的案件，无论犯罪的动机如何，只要实施了故意纵火烧人房屋的行为，首犯、从犯、被诱胁同行者、乘人之危劫掠财物的人，都要被依律严惩。毁人房屋、财物，伤人性命，严重危害了他人的人身、财产安全，破坏了社会秩序。因此，根据损害结果的不同，清律规定了轻重不同的刑罚。如果房屋尚未烧毁、未伤到人，则可以减轻对罪犯的处罚。因此，对于恶徒故意放火，地方官员以及基层社会中的保甲等人，发现之后应当及时赶往援救灭火，并且协力缉拿罪犯。若没有及时援救灭火，

没有协力缉捕，则为失职，地方官员照例议处，保甲则依照“不应为”重律问罪。

这一类规定还有很多，例如“匿税”条等。都是借“不应为”律，对重罪案件中，失职主体的轻微罪行进行补充规范。

综上所述，法的局限性表现主要表现为客观存在的疏漏缺失。传统律典对诸如十恶、人命这样的重罪，规定较为详备。而对于轻微的罪行，律令不可能“各立一法”，无法穷尽人情、事理，罗织细密法网来一一作出详细的规定。这些疏漏缺失，有时会使司法适用陷入困境，导致一些需要进行合理规训的轻微罪行，被放纵或被苛责。传统法典中“断罪引律令”的规定要求官司断罪皆须具引律法原文。但是，如若恰逢法有遗缺，律、令、例之中没有正条可供援引，通常，司法者可以运用比附的方法断罪。但是，如果完全交由司法者自行斟酌裁量以作比附，则可能会出现因司法者臆断，而造成科罪过轻或过重，有失公平。并且，很多行为并不满足比附某罪正条的成立要件，导致无法比附。例如特殊主体的犯罪行为、特殊犯罪形态、失职行为，无法援引正条，也难以比附。因此，立法者认为需要设立“不应为”律以“轻重相明”来指导审断，并且告诫司法者“不得妄为轻重”。从客观角度评价，“不应为”律的产生，是出于中国古代立法者对法的局限性的认识，于是，唐代立法者创造性地运用概括性规范，对法典中的遗漏缺失提供补救措施，并且也是出于防止任意比附的目的，对科罪审断进行指导。立法原意并非是为了罗织罪名、陷人入狱、给予司法者擅断的权力。正好相反，是为了完善法律漏洞，防范比附过轻或过重而造成擅断而设置。虽然从现代刑法角度来看，“不应为”律这样的概括性规范存在弊端。但是，我们也无法否认，“不应为”律的存在，完善了法律漏洞，在传统法典罪刑体系中的重罪与轻罪之间起到了平衡作用，也在一定程度上对比附可能造成的科罪过重或过轻之风险，起到了矫正作用。

第三节　概括性禁律的实践之弊

基于法有遗缺的客观局限，“不应为”律被立法者用于填补律法的遗漏缺失之处，指导无条可引、无文比附时的审断，进而使整个罪刑规范体系能够得到平衡。立法原意是出于“庶补遗缺”和“轻重相明”。但是，任何事物在理论层面的设计，放置到实践之中，都可能会出现意料之外的消极影响。不得不说，“不应为”律在展现“庶补遗缺”的概括性之时，也不可避免地滋生了弊端。

一、法律解释的扩大化

“不应为”律因缺乏明确性的成立要件，产生了法律解释扩大化的风险。由于“理不可为”的范围极为广阔，因而行为被入罪的可能性也大大增加。从理论上来说，概括性的规定确实带来了一种极易构陷人入罪的可能性，换言之即擅断滥刑的风险。从唐代至清代，皆以特别“不应为”律的形式，将对“不应为”律正条的数十条法律解释附在疏议与条例之中，再加上“不应为”律的概括性特征，引发了对于法网严密、罗织入罪的担忧。

中国自古就有反对罗织严密法网的观点。老子认为：“天下多忌讳，而民弥贫；民多利器，国家滋昏；人多伎巧，奇物滋起；法令滋彰。盗贼多有。”[①] 北魏太武帝曾诏曰“刑网大密，犯者更重”[②]，孝文帝诏曰“治因政宽，弊由纲密”[③]。黄宗羲曾言：“法愈密而天下之乱即生于法之中，所谓非法之法也。”[④] 可见，今人痛陈的弊端，古人并非没有警惕。汉代已有官员就该风险而示警，历代也不乏反对之声。《汉书》中便有大臣对“首匿、见知纵、所不当得为之属”的罪名“或颇言其法可蠲除”[⑤]。唐代官员赵冬曦亦曾上书呼吁：“不应得为而为之类，皆勿用之。”[⑥] 明清时也曾有精于律学者为此示警。

此外，历代司法者、律学家以及从事司法相关职业者，都有可能提出基于自身见解的适用建议。宋代曾有相关记载。宋慈在《洗冤录》中曾提出过建议，认为若有人针灸致死，可以“不应为”律问罪医者：“须勾医人验针灸处，是与

---

① 《道德经》五十七章。
②③ 《魏书·刑法志》。
④ （明）黄宗羲：《明夷待访录》，中华书局 2011 年版，第 23 ～ 24 页。
⑤ 程树德：《九朝律考》，商务印书馆 2010 年版，第 133 页。
⑥ 《唐会要》卷三十九。

不是穴道，虽无意致杀，亦须说显是针灸杀，亦可科医不应为罪。”[①] 前文提及的南宋官员胡太初针对当时民间兴起的告讦之风，可以借“不应为”律来惩戒、警示。明代虽然删掉了近半数的唐宋律中的特别“不应为”律，但是却有不少律学者对“不应为”律的司法适用，提出了很多建议。《大明律集解附例》之中，在纂注和备考中，共有 31 条适用“不应为”律的律注。

表 4—2　《大明律集解附例》中“不应为”律的适用律注

律文正条	“不应为”行为	罪刑处罚
漏泄军情大事	漏泄机密大事，及军情重事未至，敌人传至者，与其间展转传递之人	俱问不应杖罪
典买田宅	一田不过割而典卖主通同，及凡典限未满而业主强赎者	俱坐不应
居丧嫁娶	愿守志之妇，夫家亲强嫁之者	问不应事重
尊卑为婚	按父祖妾、伯叔母、兄弟妻，或谓先曾被出及已改嫁而娶之者	宜坐不应事重
娶乐人为妻妾	桨人知情嫁与者	问不应笞罪，财礼入官
揽纳税粮	将钱粮包与他人者	问不应杖罪
失仪	若奉旨推问者	不应从重
冲突仪仗	军民之家，纵放牲畜冲突仪仗者	并以不应事重论
牧养畜产不如法	按此条专言群头、群副，而牧养人户律文无载设	有犯者系马牛驼，问不应事重；系骡驴羊，问不应笞罪；并验死损失之数着落赔偿
私役铺兵	铺兵虽是雇工名色终是买求，合追入官	问不应笞罪
强盗	强盗谋不行，又不分赃者	坐不应事重
白昼抢夺	若抢夺而未得财者，及抢夺财就事主者，依自首	问不应事重
恐吓取财	恐吓不得财者	问不应重罪
诈欺官私取财	凡诈欺取财及冒认等项而未得财者	止坐不应笞罪
发冢	凡于他人及尊长坟冢内熏狐狸未烧棺椁者	并以不应事重论
斗殴及故杀人	凡余人既不与谋，又不助力，临时不行观阻者	问不应
杀子孙及奴婢图赖人	若夫将妻尸图赖人者	依不应从重

① （宋）宋慈：《洗冤集录》，上海古籍出版社 2008 年版，第 69 页。

续表

律文正条	"不应为"行为	罪刑处罚
威逼人致死	尊长因事威逼期亲以下卑幼致死者	依不应从重
斗殴	若为从而不曾下手或下手而伤轻	亦俱以不应事重论
威力制缚人	其余人随从而不下手者	止以不应从重论
妻妾骂夫期亲尊长	律无妻夫之条者，以闺门敌体之义恕之也，若犯者	拟不应笞罪可也
受赃	律不言出钱、过钱人之罪	问不应从重可也
有事以财请求	今与财不枉法论，律无明文，似不可用，但随事之轻重	以不应科断可也
在官求索借贷人财物	按有事而馈送，律不言与者之罪，然受者，既曰不枉法	则与当依不应事重科断
官吏听许财物	当以故出入人罪论，则从重者论之，轻则从听许论也，许送人	合问不应从重
犯奸	若和而未成奸者	当坐不应从重
徒流人犯	运炭等项未完在逃者	问不应照旧纳赎
知情藏匿罪人	非官司追捕而藏匿者	问不应
主守教囚反异	律不着外人入狱中之罪	以不应事重论
老幼不拷讯	违律拷讯而事不枉断者	以不应科
吏典代写招草	吏典改写、代写，情无增减、罪无出入者	止问不应

虽然这些律注没有被纳入官修条例，不具备直接的法律约束力，在司法实践中的效力也不稳定，但是《大明律集解附例》对于《大清律例》的编修影响很大，很多纂注和备考中的律注，被《大清律例》直接沿用。

不过，法律解释扩大化的风险，在不同的时期有不同的情况。唐代首次以特别"不应为"律作为律典补充，其后宋律沿袭，在适应社会变化的基础上，仅增加了一条，并未大肆将"不应为"律扩大化解释。明代更为克制，较之唐宋律，官修条例中特别"不应为"律减少了近一半。克制的例外出现在清代，《大清律例》不仅将明代条例中的特别"不应为"律几乎皆予以承袭，还将《大明律集解附例》中很多纂注、备考中的私家律注意见予以采纳，在数量上达到顶峰。可以看出，由于"不应为"律自身的局限性，会导致法律解释扩大化的风险。这种风险的控制，有赖于立法者的警觉与克制。

二、适用疑难

“不应为”律的正条采用了概括性的语词表述。行为的成立要件缺乏明确性。从理论上来说，凡不应为而为之者，皆可成为此律的规范对象。判断行为的标准是内涵宽泛的“理”。判断罪行轻重程度的标准是“事理重者”（“情稍轻者”）和“情轻者”。在实践中，这样的概括性规定，最为典型的适用疑难问题便是轻重难分。《大明律集解附例》中“不应为”律正条之下，附有一条纂注，写出了明代律学家对司法实践中“不应为”律的适用疑难问题的思考。

> 凡理之所不可为者，谓之不应为。从而为之，是亦罪也。在律、令虽无正条，事理各有轻重，或笞或杖，所以补诸律之未备也。不应无首从，若同犯一事，则为首者，杖八十，为从者，笞四十。若为从之人，各有所犯，而同为不应者，难分轻重。①

“不应为”律虽然以“补诸律之未备”为立法初衷，但是概括性的成立要件，导致此罪重没有首犯、从犯的明确区分。纂注指出，如果多人因同样的事理触犯“不应为”律，还可以将首犯科以“不应为”重律，从犯科以“不应为”轻律。毕竟，同犯一事，首犯违背的事理更重，从犯情轻，因此，为首者处罚更重。但若是，从犯为多人，违背的事理各不相同。虽然都属于“理不可为”的行为，都触犯了“不应为”律。但是，在同一案件中，首犯已经被认定为违背事理的程度更重，以“不应为”重律问罪。从犯们就只能以“不应为”轻律问罪。而从犯违背的事理并不相同，因此，在从犯之中，自然也有违背事理程度的轻重之分。如此一来，统一以“不应为”轻律问罪于从犯，难以区分其违反事理的程度，就体现不出情罪相符之义。这是“不应为”律的概括性特征给司法适用留下的窘境。

---

①《大明律集解附例》卷二十六。

三、适用混乱

“不应为”律作为“庶补遗缺”的工具，也是审断中寻找法律依据时“轻重相明”的参照标准，由于该律正条的构成要件具有概括性，因此在司法适用中需要司法者“临时处断，量情为罪”。这便给司法者留下了自由裁量的空间。所造成的风险之一，即司法者可能会任意援引律例正条，将“不应为”律混乱地适用，导致判决情轻法重或情重法轻。适用中的混乱包括以下几种情况：

第一，抑轻从重。本有其他轻罪律条可依却适用“不应为”律。明代曾有记载，本应减轻处罚，司法者将“不应为”重律混用，都察院御史陈祚因而上书皇帝，指责法司变乱成法，建议下旨防范。

英宗以后，仁宣之政衰。正统初，三杨当国，犹恪守祖法，禁内外诸司锻炼刑狱。刑部尚书魏源以灾旱上疑狱，请命各巡抚审录。从之。无巡抚者命巡按。清军御史、行在都察院亦以疑狱上，通审录之。

> 御史陈祚言：“法司论狱，多违定律，专务刻深。如户部侍郎吴玺举淫行主事吴軏，宜坐贡举非其人罪，乃加以奏事有规避律斩。及軏自径死，狱官卒之罪，明有递减科，乃援不应为事理重者，概杖之。夫原情以定律，祖宗防范至周，而法司乃抑轻从重至此，非所以广圣朝之仁厚也。今后有妄援重律者，请以变乱成法罪之。”帝是其言，为申警戒。①

陈祚所说的吴軏案中，吴軏在狱中死亡，看管吴軏的狱官、狱卒因为疏于防范，依律应当被问罪处罚。但是，依照《大明律》规定，狱官、狱卒可以递减处罚。而法司法者却援引“不应为”重律，将所有狱官、狱卒一并处罚。陈祚认为，律法规则乃是原情以定，为防范擅断滥刑，包括“不应为”律在内的所有律法条文，都根据事理情节规定了各自的适用范围。祖宗律法防范混用律法规定到如此周全的地步，法司却仍然忽视应当适用的轻罪律条，转而适用刑罚更重的“不应为”重律，违背仁厚之义。因此特上书建议，今后如果法司妄自援引刑罚更重的律条，实属变乱成法，应当被问罪处罚。皇帝大为认可，并

①《明史》志第七十《刑法二》。

将此章示法司，推行实施。

此外，明代官员也曾提出，关于“官吏宿娼”和“不应为”律的司法适用建议。认为官吏若只是挟妓饮酒，虽然不符合该条规定的行为要件，但是依照“官吏宿娼”条，处罚为杖六十，若依照“不应为”重律，处罚为杖八十。因此不应该适用“不应为”重律，即“律无明文，有犯亦依此条科断，或云问不应事重，则反重于宿娼矣”[①]。

第二，通拟不应及一概从重。明代曾出现，律例本有正条，但是法司却不依律加以援引，而是为了审断方便，滥用轻罪条款“不应为”律，对本有其他罪名的罪行，都以“不应为”律科罪。隆庆三年（1569），都察院等衙门左都御史等将“不应为”律被混用奏议：“自朝廷颁降者方称制书，自臣下奏请者谓之条例。若有犯该违例者，委与违制者不同。今后凡系故违见行事例，不得概拟违制。其领操官军到迟，宿卫军士不到及赌博等项，俱应各从本条律科断。有例者仍照例发落。其不应得为而为之律，原为该载不尽者而设。缘律文有限，事犯无穷，罪在原情，见难偏执。若情罪相等者，止照本律，不得概拟不应从重。如有所犯情重者，方应酌议引用。”而在适用“不应为”律的案件中，由于“不应为”律以事理为轻重之分，重律与轻律的界限较为模糊，法司难分事理轻重，索性一概从重。明代万历年间，有官员不得不请示万历皇帝，期望朱批示下终止乱局：“万历十五年十二月二十日题奉钦依：以后问拟一应罪犯，律有正条者，依律科断。毋得通拟不应。律无正条，该载不尽者，照依不应为条，分别事理轻重，论拟笞杖。亦毋得一概从重，致淆律意。”[②]最终获皇帝准许，将这一意见纳入条例之中。

第三，与比附混同。即将比附和“不应为”律混用。明代文献记载中出现了两种情况。

其一，利用比附替代“不应为”律。明代官员认为，对于罪行较重，且没有正条可供援引的案件，法司应当依照律例，比附定罪。根据具体的案情，减轻或者加重处罚，再将拟定罪的罪名上报刑部定拟奏闻。如果只是轻微的“理不可为”的罪行，则禁止法司以更重的罪名来比附定罪，必须依律只科以“不应为”律。“如果情犯深重，律无正条，照律比附，应加应减，定拟罪名，转达

① 《大明律集解附例》卷二十五。

② 《明代律例汇编》卷二十《刑律三》。

刑部定拟奏闻。若寻常不应情犯，只依不应律条坐之，不必全依会定律条比附”。[①]

其二，利用“不应为”律取代比附。万历年间，法司审断案件时，如需比附定罪，则必须向皇帝奏请。尤其是死罪案件，必须经过奏报覆核。而有的官员认为，奏请的程序太过于麻烦，遂对徒罪以下需要比附定罪的案件大多依照“不应为”律来科断，以免去“比附奏请之烦”。这样一来，导致很多应当受到更重处罚的罪行，被法司借“不应为”律轻纵。因此，当时曾有批评：“今问刑者，于死罪比附，类皆奏请。徒流以下比附，鲜有奏者。安得罪无出入也哉？虽无出入，犹当以事应奏不奏论，其亦不思也夫！凡律无罪名，而令有禁制者，犯者，以违令大明令论。律无正条之事，情稍轻者，以不应杖罪论；情轻者，以笞罪论。今有司于律有正条者，亦问不应；于情轻者，亦问杖罪；于无力者亦审稍有力。即无力的决者，除法该拷讯不论外，其问时决打之数，应通折算而不折算，皆当以故入人罪论者也。”[②]

总而言之，“不应为”律因其概括性的规定，不可避免地带有两大弊端，一是适用中的种种问题，二是擅断滥刑的风险。历代虽不乏废除或“勿用”此条的观点，但由于“不应为”律的存在有其必要性，因而一直予以保留不过，将这一罪条认定为陷人于罪、“轻易打开擅断滥刑的大门”，却是理论推断成分居多。后文将会结合“不应为”律在律、疏议、例等传统法中的历史演变和以清代命案、词讼为研究对象的具体分析，来考察这一可能性是否等同于现实性。

小　结

“不应为”律是处罚“律、令无条，理不可为者”，概括性色彩一以贯之。细细考究之后可发现，其概括性特征是由“庶补遗缺”、“轻重相明”的立法原意决定的。若仅从法律的明确性角度来评价，只关注到“不应为”律缺乏明确

①②《明代律例汇编》卷三十《工律二》。

性的缺点，那么就会脱离当时立法的时空背景，导致批评陷入真空化。在割裂历史前提的情况下，是无法进行全面的理解，最终导致认识无法深入。

我们应当注意到，“不应为”律入律之时，是出于补救法律的遗漏缺失、平衡罪刑体系的目的。最终的结果可以证明，“不应为”律也确实起到了“庶补遗缺”、“轻重相明”的功能。但是，其概括性的表述也确实带来了种种弊端，因而在司法实践中陷入了一些困局，不可否认其确实存在擅断滥刑的风险。

这些弊端和风险，古人并非没有意识到。首先，就立法原意而言，由于“不应为”律在“无可援引”之意上，增加了“轻重失平”的认识，说明平允被作为更高的追求隐含其中，在客观上对擅断滥刑风险起到了一定的限制作用。其次，历代关于“不应为”律的反思、修正、完善适用的建议，也并不罕见。再次，从唐律开始，历代法典将特别“不应为”律纳入律典或条例之中，扩大了“不应为”律的适用范围。尤其是清代编修条例，使特别“不应为”律的数量达到顶峰。但是，从积极的意义来看，特别“不应为”律在客观上为司法裁量确立了一定的参照标准。毕竟，较之该律正条表述的极度概括性，特别“不应为”律在一定程度上，收束了“理不可为”的内涵。在客观上，缩小了概括性表述在理论层面所指向的广阔范围。而正是因为增加了可预见性的内容以及细致的规则，规范了审断裁判，从而避免将一切“理不可为”的行为都置于刑罚之下，在客观上降低了擅断滥刑的风险。再加上，“不应为”律被限定在了轻罪领域，在一定程度上也限制了擅断风险的危害。从明清律例的历史发展来看，擅断风险受制于立法者的态度。因此，理论上的擅断滥刑风险，历代司法实践中都曾有过不同程度的警惕和防范。例如明代削减特别“不应为”律的数量，禁止审断时抑轻从重、通拟不应及一概从重的记载。就连布迪与莫里斯也在其文中指出：“概括性禁律的运用未必导致刑事审判方面的专断。”①

而且，“不应为”律并非只用来约束百姓行为，更多的时候，是被用来责惩官吏。从第二章论述可以看出，历代律典、疏议、例中有很多特别“不应为”律是针对官吏的。清代《福建省例》中，记载的三条适用“不应为”律的地方性法规，也全为规制官员胥吏行为而定。包括：一、对内地台属巡检官员“擅自验放”商船的行为以“不应重律”议处；二、“拦阻租谷”的“地棍”，“该管

① [美] D. 布迪、C. 莫里斯：《中华帝国的法律》，朱勇译，江苏人民出版社 2010 年版，第 423 页。

兵役”知而不拿的，以“不应重律”议处；三、“告官得实者，承审官回护同僚”，以“不应为”律议处。[①] 笔者对《大清历朝实录》进行了统计，除了顺治、康熙、宣统朝没有记载之外，其余数朝都有关于“不应为”律的记载。其中雍正朝有 5 例，乾隆朝有 36 例，嘉庆朝有 4 例，道光朝有 9 例，咸丰朝有 1 例，同治朝有 35 例，光绪朝有 4 例。而雍正、乾隆、嘉庆朝的实录中都记载了一些适用“不应为”律的一般性意见。其中，有大约一半的规定是针对官员、胥吏、乡保的。这些都说明了“不应为”律作为规范工具，并非只为控制、压迫民间社会。

① （清）孔昭明编：《福建省例》，台北大通书局 1987 年版，第 781 页。

第五章

平衡与秩序：“不应为”律的命案司法适用

引　言

基于“庶补遗缺”的立法初衷，“不应为”律的适用范围被限定在难以逐一预先规定的“杂犯轻罪”。在司法实践中，笔者却发现，“不应为”律作为轻罪条款，并非只适用于细故案件之中。清代命案的审断中，也有很多“不应为”律的司法适用记载。命案作为传统司法中的重罪案件，也是清代司法中典型的重情之案。“不应为”律作为轻罪规范，却在重罪案件留下为数不少的适用记载，实在引人探究。前文对“不应为”的源流演变、立法中的特别“不应为”律、立法原意与实践困局进行了梳理，但是如果欠缺司法实践的比照，也难以透彻地了解和分析“不应为”律。因此，笔者先以命案司法为观察视角，尝试探析清代命案审断中“不应为”律的司法适用。

由于命案中所包含的行为除去杀人者的重罪行为之外，还有涉案人员所为的其他不法行为。这些行为也会触犯刑律中的其他规范，例如“余人律”、“以私债强夺人产业律”等。其中，一部分的不法行为被法官以“不应为”律进行规范。于是，“不应为”律虽为轻罪规范，但在命案这样的重情之案中也被予以援引适用。《清嘉庆朝刑科题本社会史料辑刊》（以下简称《刑科题本》）收录的嘉庆朝命案，其中有相当比例的案件适用了“不应为”律。因此，笔者以《刑科题本》为视角，尝试探究“不应为”律的命案司法适用。

清代司法审判之中，“徒刑以上（含徒刑）案件在州县初审后，详报上一审级复核，每一级都将不属自己权限的案件，主动上报，层层审转，直至有权作出判决的审级批准后才终审。这样，徒刑至督抚，流刑至刑部，死刑最后直至皇帝，所以可以叫作‘逐级审转复核制’”[①]。“一般发生在地方的命盗案件，由州县开始初审，勘验尸伤现场，而后按管辖级别，逐级审转复核，经州县、府、

---

① 郑秦：《清代司法审判制度研究》，湖南教育出版社 1988 年版，第 153 页。

按察司，直到督抚。地方审理死刑案件，重要的是'拟律'，即提出定罪量刑的意见，而后由督抚向皇帝具题"[①]。具体而言，清代命案经州县官初审之后，向上逐级转报，经知府、监司、督抚、中央通政司报至内阁、刑部，若是京师地区的死刑案件则由刑部报往内阁。然后经三法司核拟，最后呈报皇帝裁决后，由内阁转刑科给事中抄出再下达施行。[②]在这一过程中，形成了案发至结案都载之甚详的审断记录——题本。嘉庆朝刑科题本之中有大量案件适用了不应为律。有学者统计，《刑案汇览三编》记载的 7600 余件案件中，有 152 件适用了"不应为律"。[③]而收录大量命案的清嘉庆朝刑科题本中，据笔者统计，全部 1664 件案件中，明确适用"不应为"律的有 303 件。[④]其中，适用"不应为"重律的案件有 266 件，适用"不应为"轻律的案件有 23 件，一案中同时适用了轻律和重律的有 14 件。

清代刑狱审理，以公正平允为理想目的。行为与罪责、刑罚之间应当尽量平衡，不可轻重失平，更不可恣意滥刑、令无辜者入罪。康熙曾在癸未科殿试策问中如是而言："至于刑狱者、万民之命。所以禁暴止奸、安全良善者也。若乃饰辞周内。轻重失平、又或恣意滥刑、无辜罹罪、朕甚痛之。"王式丹在卷中言："而听狱之有司，或饰词周内，轻重失平，又或恣意滥刑，无辜罹罪。诚有如皇上所洞悉者……《易》曰'明慎用刑'，明则能详，慎则能酌，诚体皇上详酌再三之心，而治狱必得其情，无饰词以定罪；用刑必审其当，无恣意以行私。"[⑤]王式丹遂因此卷而大魁天下。其文中见解也赢得"天下人服"之誉。分析清代命案审理实现平允，防止轻重失平、恣意滥刑的机制，必须从命案的法律适用出发。而探讨"不应为"律的适用是不可忽略的一部分。

---

① 郑秦：《清代司法审判制度研究》，湖南教育出版社 1988 年版，第 150 页。

② 杜家骥编：《清嘉庆朝刑科题本社会史料辑刊》，天津古籍出版社 2008 年版，序言第 1 页。

③ 管伟：《试论清代不应得为律的适用——以规则分析和案例实证为中心》，《政法论坛》2008 年第 4 期，第 75 页。

④ 除此之外，《刑科题本》中还有四件案例没有明确记载罪名，但从案件记录来看应该也是科以"不应为"罪的。第一册"河南登封县张锁殴伤无服族叔张海全身死案"中失察赌博的地保张权被"照例发落"，后"系公罪免其革役"；"广东龙门县谢、刘两家族争田械斗殴毙人命案"对"谢谭氏、谢王氏、刘亚田依律笞四十"；"贵州普安厅民鄢石贵将继父希四殴伤身死案"中"黄阿力借谷不还致酿人命，应照律笞四十，折责十五板"。第三册"湖北汉阳县客民陈学灿因被帮工欺辱勒其身死案"中"张谷奇年仅十四，于事后听从移尸，律应拟杖八十，年未及岁，照律收赎"。还有一件明确写出了罪名但最后没有适用此律的案件，第一册"湖南溆浦县民唐典亮殴伤缌麻服叔致死案"中的行为人"应照不应重律，杖八十"，但是因其年过八十，"照例勿论"，最后没有适用此律。

⑤ 邓洪波等编：《中国状元殿试卷大全·下》，上海教育出版社 2006 年版，第 1460 页。

第一节　命案中的“不应为”行为

一、命案所涉的特别“不应为”律

《大清律例》中，在其他罪名下所附条例之中，共有七条与命案审理直接相关的特别“不应为”律。

第一，“亲属相为容隐”条下所附例。

父为母所杀，其子隐忍于破案后，始行供明者，照不应重律，杖八十。如经官审讯，犹复隐忍不言者，照违制律，杖一百。若母为父所杀，其子仍听依律容隐，免科。

第二，“杀死奸夫”条下所附例。

本夫于奸所登时杀死奸夫者，照律勿论。其有奸夫已离奸所，本夫登时逐至门外杀之者，照不应重律，杖八十。若于奸所获奸非，登时而杀，并依夜无故入人家，已就拘执而擅杀律，杖一百，徒三年。如捉奸已离奸所，非登时杀死，不拒捕奸夫者，照罪人不拒捕及已就拘执擅杀律，拟绞监候。若虽系捕获奸夫或因他故致毙者，仍以谋故论，至于已经犯奸有据，又复逞凶拒捕，虽非登时，俱依罪人拒捕科断。

第三，“造畜蛊毒杀人”条下所附例。

诸色铺户人等，货卖砒霜信石，审系知情故卖者，仍照律与犯同罪外，若不究明夹历，但贪利混卖致成人命者，虽不知情，亦将货卖之人，照不应重律，杖八十。

第四,“斗殴及故杀人”条下所附例。

凡斗殴之案,除追殴致被追之人失跌身死,并先殴伤人,致被殴之人回扑失跌身死,及虽未殴伤人,因被揪扭挣脱,致令跌毙者,均仍照律拟绞外,如殴伤人后跑走,被殴之人追赶,自行失跌身死,及彼此揪扭于发放之后,复自行向人扑殴,因凶犯闪避失跌身死者,均于斗杀绞监候律上,减一等,杖一百、流三千里。若仅止口角骂詈,并无揪扭情事,因向人赶殴,自行失跌身死,及被死者扑殴闪避,致令自行失跌身死者,均照不应重律,拟杖八十。

第五,“戏杀误杀失杀伤人”条下所附例。

凡过失杀人,应追埋葬银两之犯,如有力不能交,咨请豁免者,免其着追,将该犯,照不应重律,杖责发落。

疯病之人,其亲属邻佑人等容隐不报,不行看守,以致疯病之人自杀者,照不应重律,杖八十。致死他人者,照知人谋害他人不即阻当首报律,杖一百。如亲属邻佑人等,已经报明,而该管官不严饬看守,以致自杀及致杀他人者,俱交部议处。

第六,“杀子孙及奴婢图赖人”条下所附例。

妻将夫尸图赖人,比依卑幼将期亲尊长图赖人律,若夫将妻尸图赖人者,依不应重律,其告官司诈财抢夺者,依本律科断。

无赖凶棍,遇有自尽之案,冒认尸亲,混行吵闹殴打,或将棺材拦阻,打坏台去,尸首勒措行诈者,均杖一百,枷号两个月。若该管地方兵役,知而不拿者,各照不应重律治罪。

第七,“诬告”条下所附例。

控告人命,如有诬告情弊,即照诬告人死罪未决律治罪。不得听其自行拦息,其间或有误听人言,情急妄告,于未经验尸之先尽吐实情,自愿认罪递词求息者，讯明该犯果无贿和等情，照不应重律治罪完结。[按，此层于执法之中仍属原情之意也。] 如有教唆情弊，将教唆之人仍照律治罪。该地方官如有徇私贿纵者，指名题参，照例分别议处。[按，此层轻恕尸属，而重治教唆之人，以此等事大半出于教唆者为多也。]

二、命案司法中的“不应为”行为

再看命案审断记载，可依“不应为”律处断的行为，在《刑科题本》中常被评价为“殊属不合”“究属不合”，指行为不合于理、理不可为。《刑科题本》适用“不应为”律的行为可以分为以下六类。

（一）间接导致命案的行为

在清代命案审断中，官员必须“叙明致死情节”，并且载明其身死一案“缘某人与某人”[①]。因此，命案审断不仅要考察被害人致死的直接原因，还要考察案件发生的间接原因。引发命案争端、间接导致命案发生的行为，在《刑科题本》中会被判定为“致肇衅端”、“肇衅酿命”、“致启事端”、“致酿人命”。具体而言，引发命案而被处罚的“不应为”行为包括以下几类。

第一，“致肇衅端”的行为。即该行为引发了争衅，挑起了事端。“衅端”，即是引发命案的最初冲突、争端，是审断记录中着墨最多的部分。清朝重情案件的审断记录文书是有一定范式的。刚毅在所撰的《牧令须知》中，曾道尽此类文书的运笔布局之法：“情节要明。情者、两造起衅之由。节者、此事前后之序。此事因何而起，中闲如何转折，后来如何而止，当日意欲何为，人之情也。彼此交会景象，事之形也。以一事之情节，参各人之情形，从头至尾，挨顺而来。毫无颠倒，亦无遗漏繁冗。此即起承转合也。”[②] 总之，要“来踪去迹，声叙明白”。其中，“情者、两造起衅之由”、“此事因何而起”是不可遗漏的案件记载。由此可以看出，在法官看来，“致肇衅端”的行为对于案件的发生、发展，有着不可推卸的责任。查明命案中的争衅情由，是清代司法者的共识。而且从《刑

---

①② 《牧令须知》卷六《论叙供》。

科题本》记载来看，通常情况下，命案本非因凶嫌与被害人的直接矛盾所引发，而是因他人的轻微纠纷所引发。衅端一起，若是没有劝阻、中止，最终常会导致命案出现。法官认为，若是这些轻微的纠纷没有发生，或是在发生之后被平息下来，就不会产生更为严重的命案纠纷。而这些轻微纠纷，较之于命案纠纷，平息更为容易。若是不处罚肇衅者，只惩罚凶手，则可能导致案件审断轻重失平。引发命案的行为，对命案的损害结果有着间接的责任，因此也应当予以苛责。先以"四川安岳县民李胡氏为护婆婆砍死丈夫堂弟案"为例。

> 嘉庆七年七月十六日，据李成科报称：本月十二日身子李枝魁与身侄李枝广因砍柏树争闹，李枝广之母邱氏拢劝，李枝魁复与邱氏扭殴，被邱氏之媳胡氏救护，用木槌将李枝魁打伤，延至今早身死，报乞验究。等情。并据约邻宋子禄等报同前由，随带刑仵前诣相验。
>
> ……
>
> 该臣等会同都察院、大理寺，会看得安岳县审解民人李胡氏救姑情切，殴伤李枝魁身死一案……该督既称：李枝广因李枝魁在伊地界砍伐树木，并不善言理阻，辄用拳殴伤李枝魁左右胳膊，致酿人命，应照不应重律，杖八十，折责三十板，李成柄等劝阻不及，应毋庸议。砍伐柏树二株给李枝广具领，令照界管业。尸棺饬属领埋，无干省释。等语。均应如该督所题完结……李胡氏着从宽免死，照例减等收赎。余依议。[1]

斗殴杀伤人的案件中，《大清律例》所载规定为"若仅止口角骂詈，并无揪扭情事，因向人赶殴，自行失跌身死，及被死者扑殴，闪避致令自行失跌身死者，堌照不应重律，拟杖八十"，针对的还是被害人与致其死亡的行为人之间的纠纷，处罚过失致死行为。但是，该案中被科以"不应为"律的，是引发命案争端的第三人。此案例中，命案的核心纠纷是李胡氏殴伤李枝魁致其身死。但是，从命案的发生、发展来看，命案的起因并不是凶手与死者之间的直接矛盾。而是被害人砍伐他人所有土地之上的柏树，该地属于凶手丈夫之弟李枝广，因而被害人与李枝广发生了矛盾，进而争殴。凶手的婆婆邱氏见其子与被害人斗殴，

---

① 杜家骥编：《清嘉庆朝刑科题本社会史料辑刊》，天津古籍出版社 2008 年版，第 33 页。

出言责备了被害人，而被其殴打，凶手为帮护婆母才参与进争殴之中。结果导致被害人被打伤之后不治而亡。法官认为，致酿人命的行为是因为凶手夫弟李枝广，见到被害人在自己的田地内砍伐树木，但却没有好言相劝、理性地阻拦，反而出手殴伤李枝魁，遂引发了后面的命案。这种行为“理不可为”，因此被司法者以“不应为”律加以处罚。

再以“江西德兴县民王赏因争夺山地殴毙族兄王有发案”为例。

嘉庆二十三年九月初五日，据地保傅有光报，据王秋梅投称：伊家有祖遗土名西坞斜坞正坞山场，本月初三日，有另支族人王赏同王烈等赴山砍柴，伊侄王有发同王秋郎等往阻争闹。伊侄被王赏等殴伤左额角等处，至夜身死。王秋郎等均被殴伤，有黄三养见证。等语。往看属实，合报验究。等情。并据尸叔王秋梅报同前由。据此，即带领刑仵前诣相验。

……

据王赏供：……嘉庆十六年间，王秋梅们近房王沅端把正坞山地七分五厘说是祖业，在册为凭，卖与小的同王泳任为公业，价银二两二钱，契载粮在世茂户名推除。后查无此户钱粮，因王沅端外出，致未问明推收。二十三年九月初三日，小的邀同王烈、王新发、王盛潮并王泳任工人李亮，分带木担到正坞山内割草。王秋郎同王有发、王春发、王长新、王泳畛、王庚郎走来斥阻。小的们把续买山业缘由告知。王秋郎们不信，致相争闹。王有发向王烈扑打，王烈闪侧，用木担连殴王有发发际、项颈，弃担跑走。王有发拾担向赶，小的上前拦阻。王有发用木担打伤小的额颅、左臂，小的闪侧，用柴棍吓打，适伤他脑后倒地，各散。不料王有发伤重，当夜死了。小的畏罪逃避，后被拿获的，凶器木棒业已丢弃。是实。（删）

该臣看得德兴县民王赏致伤无服族兄王有发身死一案。（删）王赏合依同姓服尽亲属向殴至死以凡论、共殴人致死下手致命伤重者绞律，拟绞监候，秋后处决。李亮、王用畛各用木担殴人成伤，均合依他物殴人成伤律，笞四十。王沅端盗卖公山不及一亩，第肇衅酿命，应照不应重律，杖八十。事犯到官均在嘉庆二十四年正月初一日恩诏以前，李亮等应得笞杖各罪均予援免。王泳任并非知情盗买，邀免置议。逸犯王烈等饬缉获日另结。该处山场仍听王秋梅等照旧完粮管业，卖契涂销。王沅端所得山价已据缴县还给，应毋庸议。[1]

由其中案情记载可知，王沅端因不耐贫苦，擅自欺瞒族人，将族中公山正坞山地（七分五厘）以自己祖业之名骗卖给另支族人王赏和王泳任。盗卖公山之后，王沅端立即外出躲避。而后王赏等人到正坞山地割草，与赶来阻止的王沅端同族人王有发等人发生争斗，争斗之中王有发被王赏殴伤，当夜伤重而死。因争斗双方彼此都被瞒骗而不知情，于是开启衅端、对争衅负有不可推脱责任的人，自然是盗卖了公山的王沅端。于是，法官对其科以"不应为"重律。此案中，"肇衅"的行为——盗卖公山是明显不合于情理的。这一类行为还有索欠案件中较为常见的欠钱不还、另一些案件里的见利敲诈等。

再以"河南内黄县民张黑风因割麦纠纷殴毙无服族侄张五喜案"为例。

嘉庆十六年四月初十日，据地保高太禀，据张廉禄投称：四月初十日，伊弟张五喜与张黑风因割麦争骂，被张黑风殴伤身死。往查属实，理合禀报。等情。理合申请代验。等情。据此，随带领刑仵亲诣相验。

……

据凶犯张黑风供：内黄县人，年四十四岁。父亲张第三，年七十八岁，母亲已故，兄弟张三秃，年三十六岁。小的并没妻子，合无服族侄张五喜同村居住，素没仇隙。嘉庆十四年六月间，小的族侄张喜儿病故无子，遗下屋地是他胞叔张养存承管。十六年二月内，小的向张养存典得张喜儿遗地一亩四分，价钱七千八百五十文，立有契约。后来，张养存如何把张喜儿遗产交给张玉魁管业，小的先不知道。四月初十日，小的携带铁斧赴地砍取荆科，见张五喜在小的地内割麦。小的拦阻，张五喜说这地已给张玉魁管业，张玉魁叫他来收割的。小的把用钱向张养存契典那地亩的话向他告知，张五喜不信，彼此争骂。张五喜用斧背打伤小的右眉，小的也用斧背打伤他右讫肘，是张禄劝散。小的先走，张五喜携带捆麦麻绳随后走来，要去告知张玉魁和小的理论。到了小的家门首，张五喜口内混骂不止，小的生气，夺过张五喜手内麻绳，适兄弟张三秃出来，就叫他把张五喜两手

[1] 杜家骥编：《清嘉庆朝刑科题本社会史料辑刊》，天津古籍出版社 2008 年版，第 377 ～ 378 页。

背缚，拉投地保禀官。张五喜越发辱骂，小的顺取门旁铁锄打他脊膂二下、右后胁一下，倒地，住手。不料，张五喜伤重，不一会死了。并没有心要致死他，至他右膝、右臁肕是倒地时擦伤的。是实。

该臣等会同都察院、大理寺，会看得内黄县民张黑风殴伤张五喜身死一案。（删）据此，应如该抚所题，张黑风合依同姓服尽亲属相殴至死以凡论、威力制缚人拷打致死者绞监候律，拟绞监候，秋后处决。该抚既称：张三秃帮同捆缚，合依余人律，杖一百。张养存并不将出典地亩情由向张玉魁告知，致肇衅端，应照不应重律，杖八十。张三秃、张养存事犯到官在嘉庆十六年四月二十一日清刑恩旨以前，所得杖罪，应予援免。张黑风伤已平复。无干省释。尸棺饬埋。等语。均应如该抚所题完结……张黑风依拟应绞，著监候，秋后处决。余依议。[①]

从案情记载可以看出，张养存幼时过继给同姓不宗的人家做义子，后来得到本宗胞侄的遗产，包括一屋及六亩地。他将其中一亩四分地典给了张黑风为业。典地之后，因族人说别宗义子不能接受本宗遗产，于是他只能将屋地遗产交给本宗堂弟张玉魁管业，结果忘记将典卖一事向其说明。而后在出典地内，被张玉魁叫来收割麦子的张五喜同张黑风发生冲突，导致张五喜被打死。法官以“不将出典地亩情由向张玉魁告知，致肇衅端”为由，以“不应为”重律处罚张养存。

通观《刑科题本》，牵涉到案中的人员通常并非一人，而且纠纷情形纷繁复杂。但是，大多数情况下“致肇衅端”的行为是较容易分辨的，做出这些行为的人即是“始作俑者”。他们的行为对命案的发生有着间接的影响。如果能在轻微纠纷之初，恪守本分依理而行，命案纠纷便不会发生。因此，在依律处罚完正犯及余犯之后，法官通常会在题本近尾之处写明，将这些滋生事端的行为人科以“不应为”律。

第二，“致酿人命”的行为。指行为间接导致命案的发生，但不明确是否是其引起事端。通常，“致酿人命”是指非引发事端的远因行为。以“江苏荆溪县任和大踹伤佃户俞方名落河溺死案”为例。

---

① 杜家骥编：《清嘉庆朝刑科题本社会史料辑刊》，天津古籍出版社 2008 年版，第 198 ～ 199 页。

嘉庆十四年九月初四日，据地保尹受庚报，据民妇俞汤氏投称：伊子俞方名租种任文楷拨给余文大田亩。余文大将田卖给任济。经任文楷控蒙断赎缴价，任文楷并不交还田价。九月初六日，伊子同俞坤大等到田割稻。任济邀同陶连溪等将稻搬运船内，伊子赶上扳住船边，被任济之子任和大用钉鞋踹伤脑后，落水溺死。俞坤大等已将任济等获住。等语。往查属实，报候验究等情到县。前县孙履元据即带领吏仵前诣该处，勘明已割田稻计二亩余，河面约宽三丈余，近滩水深三尺余，河心水深六七尺不等，船内装有禾稻。勘毕，饬令将尸抬放平明地面，如法相验。

……

该臣看得荆溪县民任和大踹伤俞方名落河溺死一案。任和大合依斗殴杀人者，不问手足、他物、金刃，并绞律，拟绞监候，秋后处决。任济即因任文楷田价未归，亦应禀县催追，辄即纠人搬运稻谷以致酿成人命，应与听纠同往之陶连溪、陶五、张义方，应照不应重律，各杖八十。任济再加枷号一个月，满日折责发落。船户王裕丰、王顺受雇同往，亦有不合，应照不应轻律，笞四十，折责发［落］。任文楷既经当官认还田价，复欲立票迁延，致启事端，亦属不合，应照不应重律，杖八十，系监生，照例纳赎。余文大盗卖田亩，前已议结，无庸再议。任文楷应缴田价钱文，业已缴清给领，田亩仍给余文大管业收租。载稻船只及所割田稻分别给领。任济洺口许船钱，尚未付给，应免着追。逸犯张野猫等饬缉另结。无干省释。尸棺饬属领埋，钉鞋销毁。臣谨具题，伏乞皇上睿鉴，敕下三法司核复施行。[1]

此案例中的死者俞方名是佃户，租佃余文大的田地。命案争端发生之前，余文大将田卖给任济洺，后来其主人任文楷查知此田是祖上拨给余文大收租养赡的，立了字据不许变卖，于是"控案断赎"，情愿认还田价和利钱，将田收回仍归余文大收租、俞方名佃种。在收回田地之后，任文楷却又不肯交田价给任济洺，只肯写立期票拖延，这才引发了后来的纠纷。任济在不甘之下，与儿子任大和邀约了一干亲戚友人并雇了两个船户，到田里强行搬走俞方名收割下来的稻谷，争夺中俞方名被任大和踹伤落水而亡。此案中共有七人被科以"不应为"

[1] 杜家骥编：《清嘉庆朝刑科题本社会史料辑刊》，天津古籍出版社 2008 年版，第 1274～1275 页。

罪。首先，争端的直接原因是，任文楷欠任济田价未还，任济本应该禀告知县追讨，却自行纠结一干人前去搬运稻谷，以致其子杀死被害人，酿成命案。因此，引发命案的任济，与一起前去的陶连溪、陶五、张义方，依照“不应为”重律，各杖八十。而受雇前去的船户王裕丰、王顺受，由于是知情而一同前去的，因此理有不合，科以“不应为”轻律，笞四十，折责发落。其次，法官认为，这起命案纠纷是因为田产纠纷而起。最初的争端是田产纠纷，而不是任济取谷之争。因此，“致启事端”的人是任文楷。任文楷被判赔付田价给任济，却拖延不给，这才导致任济纠结其他人前去取谷，引发争端最终导致命案。因此，依照“不应为”重律，杖八十，因其身份为监生，所以照例纳赎。可见，此案中任济“致酿人命”的行为与任文楷“致启事端”的行为，虽然并不相同，但都间接导致了命案发生，因此都需要处罚。

有时，“致酿人命”与“致肇衅端”也会出现重合，“致酿人命”的行为有时也包含者开启衅端的情形。以“湖南新田县李乂古戳伤姑表侄李运学身死案”和“广东县民罗双贱因债务纠纷致伤无服族弟罗正坤身死案”为例。

> 嘉庆十六年五月二十日，据县民郭玉成报称，蚁雇嘉禾县人李运学在家帮工，孤子一身。伊姑表叔李又古借蚁空地搭棚养鸭。昨十九日，有廖贵垅向李又古索讨鸭价，钱文无偿，争闹，李运学村斥李又古之非，李又古用刀戳伤李运学左胁倒地，至二十日身死，有骆雄证。报恳验究。等情。随带吏仵前诣相验……廖贵垅索欠相争，肇衅酿命，应照不应重律，杖八十，折责三十板。李又古所欠廖贵垅钱文，饬追给领。骆雄救阻不及，应毋庸议。凶刀发贮汇报。等语。均应如该抚所题完结。①

> 嘉庆十九年闰二月十一日，据地保巫月朗禀，据罗仪庭、罗遂武投称：伊等族兄罗双贱故父在日借欠族众公项银七钱。十九年二月初十日，伊等与胞弟罗正坤、堂兄罗献庭、罗绳上同罗双贱并罗双贱之兄罗蓝有、罗甲婢俱在祠祭祖。罗献庭向罗蓝有索讨故父前欠，争闹。罗双贱携刀趋护，伊弟罗正坤拦劝，被罗双贱用刀戳伤左后胁，倒地身死。罗献庭、罗绳上

① 杜家骥编：《清嘉庆朝刑科题本社会史料辑刊》，天津古籍出版社 2008 年版，第 452 ～ 453 页。

帮护，亦被罗双贱、罗蓝有等致伤。等语。往看属实，理合禀验……罗献庭索欠争殴酿命亦属不合，应照不应重律，杖八十，折责三十。杖笞各犯先行分别折责发落。罗仪庭等救阻不及，应毋庸议。①

前一案，法官认为其"索欠相争，肇衅酿命"。后一案，法官认为其"索欠争殴酿命"，但是两案中处以"不应为"重律的行为是几乎一致的：索讨欠款不得，而发生斗殴。后一案没有明确说明其行为"肇衅"。按照之前对"肇衅"的分析，后一案的行为同样可以认为是"肇衅"的。

由以上记载可以看出，在清代司法中，导致命案发生的情由，无论与命案之间的因果多么间接，都有可能被以"不应为"律处罚。只要间接引发了命案，就会受到处罚。

（二）帮助行为

命案之中，如果参与进命案纠纷之中，帮助命案当事人，从而引发争端或者激化事态，法官会认为这一类行为，也属"理不可为"。因此行为人也会被依照"不应为"律处罚。命案中具有帮助性质的行为，主要分为听从他人要求而帮助及出于自愿的帮助行为。前者包括听从同往的行为和其他的听从行为，有"助势"之义。后者则是出于自愿的帮助行为。这些行为在《刑科题本》记载的命案之中也很常见。

第一，听从亲友请求而与之一同前往的行为。听从亲戚、朋友的请求，而与之一同前往的行为，被依照"不应为"律问罪的情况比较常见。通观《刑科题本》，所载案件中的争衅常常有多人参与其中。其中较多的是听从亲戚、熟人的邀约，与之一同前往事发地，而后命案发生。清代法官认为这种听从行为，是一种"助势"之举，对与争端的生发、事态的激化是存有一定责任的。因此对这一类行为评断为"不合"，然后"问以不应"。这种行为通常是听从旁人的要求而同往，但没有直接参与斗殴。或者听从旁人的要求，参与斗殴，但没有致人受伤。

首先，听从同往但未帮殴的行为人，虽然没有参与斗殴，但是常常会帮助要求他同去之人，实施一些别的侵权行为。在索欠不成的案件中，债权人常常

① 杜家骥编：《清嘉庆朝刑科题本社会史料辑刊》，天津古籍出版社 2008 年版，第 259 ～ 260 页。

邀约一些人与其一同前往债务人家中或田地，强行取走财物（牵牛、取稻谷、剥衣等），以抵偿欠款。或者为挟制对方，邀约旁人前去实施一些侵权行为。先以“直隶朝阳县民蒙古四喇嘛因被索欠打死郑六案”为例。

> 嘉庆八年三月十三日，据乡约张幅禀称：三月初八日有郑仁向身告称：闰二月二十一日，伊弟郑六同简富有往向蒙古太宾郎弟兄讨欠，无偿，致相争吵。次日伊弟郑六邀同简富有、金贵、王三、聂二等至太宾郎家不依，伊弟与简富有将太宾郎之妻羊只玛，并太宾郎之弟四喇嘛殴伤。伊弟亦被太宾郎、四喇嘛弟兄二人共殴致伤，延至三月初七日因伤身死。嘱身禀报，等语。身往看属实，兹将四喇嘛、太宾郎等拴住带案，理合禀请验讯。同日又据尸兄郑仁报同前由，据此，随带吏仵亲诣相验。
>
> ……
>
> 该臣等会同都察院、大理寺，会看得朝阳县蒙古四喇嘛等殴伤郑六身死一案。据此应如该督所题，四喇嘛合依共殴人伤皆致命，当时未死，过后身死者，当究明何伤致死，以伤重者坐罪例，拟绞监候，秋后处决。该督既称太宾郎见郑六向伊弟扑殴，并不理劝，辄用木叉殴伤郑六右额角等处，核与同行助势无异。太宾郎应照余人杖一百律上加一等，杖六十，徒一年，系蒙古，折枷鞭责发落。金贵听从郑六同往寻衅，亦属不合，应照不应轻律，笞四十，折责十五板。[①]

从此案可以看出，行为人即是听从被害人的要求，与其一同前往寻衅，最终导致命案发生，被害人死亡。法官认为这种一同前往寻衅的行为，也是“理不可为”的，因此将行为人以“不应为”轻律科罪。

再以“广西上林县民黄经绳因帮护侄子接妻回家被卢玉表殴伤身死案”为例。

> 据黄特禀供：……二十年三月，父亲因原媒韦有章已故，恐妻父卢玉表所许田塘口说无凭，曾邀韦有章的儿子韦光祖向卢玉表商允，将那田塘作价钱四十千文，虚立当契给父收执。二十二年正月，父亲病故，小的回

① 杜家骥编：《清嘉庆朝刑科题本社会史料辑刊》，天津古籍出版社 2008 年版，第 1523 ～ 1524 页。

家守制，住有一个多月。卢玉表村斥小的不应在家久住，致误工作。小的回告叔子黄经绳、黄经芳并哥子黄光耀们，都怀不平，要将小的夫妇接回居住。先邀韦光祖往接，卢玉表不肯送女回归。七月十五日，三叔黄经绳又叫小的去接妻子回家祀祖，卢玉表仍不应允三叔就与四叔黄经芳带同小的并哥子黄光耀、堂兄黄光三前往理论。走到卢玉表门首，适妻弟卢特送放牛出外牧草。三叔黄经绳起意牵牛挟制，就叫小的与四叔黄经芳们牵回大小牛九只，要妻父送女还牛。十七日早，卢玉表带同卢玉章、卢佳香们来家夺牛，三叔黄经绳与堂兄黄光山出阻，被卢玉表用牛栏木栅殴伤三叔黄经绳额颅偏左倒地，黄光山也被卢玉章、卢佳香殴伤。小的连忙赶救不及。不料三叔伤重，医治不效，到八月初八日夜身死。是实。

该臣等会同都察院、大理寺等，会看得上林县民卢玉表殴伤黄经绳身死一案。卢玉表合依斗殴杀人者，不问手足、他物、金刃，并绞监候律，拟绞监候，秋后处决。该抚既称：卢玉章、卢佳香各用柴棍殴伤黄光山平复，均合依他物殴人成伤律，笞四十。黄经芳、黄光耀、黄光山、黄特禀听从牵牛挟制，均属不合，应照不应重律，杖八十，各折责发落。所牵牛只业经给还。黄特禀之妻黄卢氏据氏父卢玉表愿令归家，其所许田塘原系虚立当契，令黄特禀同居帮工，伊子卢特送成丁始行给与。黄特禀夫妇已令回归，其田塘仍归卢玉表之子卢特送自行耕管，契纸涂销附卷。等语。均应照该抚所题完结……卢玉表依拟应绞，著监候，秋后处决。余依议。[①]

本案中，在卢特打算外出放牛牧草之际，黄经绳忽然决定拉住卢特之牛以作挟制，并叫亲属将卢特的牛牵回九只。被处以"不应为"之罪的行为人，是因其实施了"听从牵牛挟制"的行为。在另一起"湖南宁乡县阳名彰殴伤小功服弟阳魁武身死私和匿报案"中，为挟制对方买田，行为人"听从同往掘塍"，而被问"不应为"重律。

其次，听从同往帮殴，但没有致人受伤或者致人轻微受伤的行为。如果与引发命案有关，也会被问以"不应为"之罪。以"山东单县刘玉柱听从刘宗周共殴致伤刘泳召身死案"为例。

① 杜家骥编：《清嘉庆朝刑科题本社会史料辑刊》，天津古籍出版社2008年版，第1102页。

嘉庆十四年九月初七日，据县属韩刘庄保正傅刚禀，据庄民刘泳祥投称：九月初五日，伊家佃人张文路向刘宗周索讨卖地中钱，口角，将刘宗周掩殴。初六日早，张文路因刘宗周约同刘玉柱等寻殴，央伊兄刘泳召并侄刘年抵拒，伊兄刘泳召被刘玉柱施放鸟枪致伤身死。刘年、张文路亦均受伤。等语。往查属实，理合报验。等情。同日，又据尸弟刘泳祥禀同前由。据此，随带领吏仵亲诣相验。

……

据张文路供：……刘宗周邀人报复，在街嚷骂。小的叫兄弟张文祥帮护，又央刘泳召、刘年相帮，自己拿了柴刀先到街上。见刘宗周、刘雨拿枪，刘玉柱拿鸟枪，刘牛空手嚷骂迎来。小的用刀向砍，刘举拦劝，小的只道他是刘宗周纠殴的人，把他额颅砍伤。刘举逃跑。刘牛上前把刀夺取，倒划伤他额颅。兄弟张文祥拿枪赶到，小的接枪过手划伤刘牛左腮颊，刘牛夺住枪柄，刘宗周用枪扎伤小的左腿、左胐脥。那时，刘泳召、刘年赶护，听得鸟枪声响，不料刘泳召受伤倒地。大家走散，晌午时候，刘泳召因伤死了。是实。

该臣等会同吏部、都察院、大理寺，会看得单县民刘玉柱听从刘宗周共殴施放鸟枪致伤刘泳召身死一案……据此，应如该抚所题，刘玉柱合依因争斗擅将鸟枪施放杀人者，以故杀论，故杀者斩律，拟斩监候，秋后处决。该抚既称：刘玉柱虽据供亲老丁单，毋庸查办。刘宗周纠殴张文路泄忿，致刘玉柱将刘泳召伤毙，虽非其所谋杀之人，按例罪止拟徒，惟该犯枪扎张文路致伤，应从重问拟。刘宗周应与用枪扎伤刘年之刘雨，及用枪划伤刘牛之张文路，均合依凶徒因事忿争执持铁枪凶器伤人者，发近边充军例，发近边充军，到配各折责安置。刘宗周据供继母王氏年已七旬，家无次丁，是否属实，饬县查明，另行办理。刘牛、刘年听纠共殴，虽未伤人，究属不合，均应照不应重律，杖八十。刘年之父刘泳召已死非命，从宽免议。刘牛折责发落。张文祥持枪助势，并未伤人，合依执持凶器而未伤人者，杖一百例，应杖一百，折责发落。曹之继讯非劝阻不力，应毋庸议。张文路、刘牛、刘年、刘举各伤均已平复，亦毋庸议。刘宗周应给张文路中钱并非借欠，毋庸议追。[①]

① 杜家骥编：《清嘉庆朝刑科题本社会史料辑刊》，天津古籍出版社 2008 年版，第 1277 ～ 1278 页。

此案中被科以"不应为"重律的刘牛、刘年，就是分别听从亲友的请求，参与斗殴，虽然其行为并未导致他人受伤，但是也被法官认为终究是不合于理的。如果只处罚了凶手、殴伤他人的行为人，放纵了参与命案斗殴的两人，不利于案件的平允审断。因此，将此二人依照"不应为"重律处罚。

第二，接受雇佣与雇主一同前往的行为。这一类行为，并非出于听从亲友请求，而是为了钱财听从雇佣。并且，受雇者对于雇主的雇佣目的是知情的，即对于接受雇佣陪同前往，可能会引发争端这一点，其主观心理是放任。以前述提及的"江苏荆溪县任和大踹伤佃户俞方名落河溺死案"为例。

据凶犯任和大供：……嘉庆十二年十二月间，父亲买得任文楷家仆人余文大田三亩三分，议价一百十二千文，内除划过佃户押租钱文并写给期票外，交过见钱二十四千七百文，已经拨户完粮，仍是原佃俞方名租种。十三年七月，任文楷查知，说这田是他祖上拨给余文大养赡，立据不许变卖，控案断赎，任文楷情愿认还原价，外加利钱三千文，田归余文大收租，仍是俞方名租种。后因任文楷不交田价，只肯写立期票。父亲不依，因此耽延。父亲因价业两空，心里不甘。十四年九月初三日，去向俞方名过租。俞方名不依，与父亲争闹，回家。初六日，父亲知道俞方名在田割稻，邀了母舅陶连溪并陶五隆、张义方、张野猫、王老三同去讨租，如俞方名不肯，就搬他稻谷上船载回。陶连溪们应允。父亲就雇了王裕丰、王顺的船。告知情由，许给船钱三百五十文。小的父子与陶连溪们七人上船，摇到田边，已是傍晚时候。王裕丰同他儿子王顺在船看守，小的们上岸走到田头，见俞方名同俞坤大们正在收割。父亲向俞方名要租，俞方名不允，两个争论许久，俞方名坚执不肯。时已昏暗，父亲叫小的同陶连溪们把割下稻谷搬运上船，俞方名们赶夺。小的父子与陶五涤、张义方上船，父亲叫王裕丰们开船。陶连溪、张野猫、王老三不及上船，在岸跑走。俞方名赶到河滩，因船已撑开，他就涉水赶上两手扳住船边。那时，船已撑到河心。小的站在船边，俞方名喊说拼命，要爬上船来，船身被扳歪侧。小的脚穿钉鞋恐被滑跌落水，一时情急，举脚踹他一下，不料暗中踹伤他脑后。俞方名负痛松手落水，小的同父亲们连忙捞救上岸，已经溺死了。①

① 杜家骥编：《清嘉庆朝刑科题本社会史料辑刊》，天津古籍出版社 2008 年版，第 1274 ～ 1275 页。

根据凶手供述可知，两个船户因"受雇同往"也被问以不应轻罪。因为案发前雇主向其"告知情由"，因此两人对雇主为了欠款要去抢夺债务人的稻谷一事，是知情的。说明其对于雇主强行抢夺他人稻谷，可能会造成争斗冲突这一点，是有事前认识的。而船户却不加以劝阻或者拒绝，反而收下钱财，听从雇佣。最终，该雇主因索欠抢夺债务人的稻谷，引发了命案纠纷，造成了被害人死亡的结果。因此，船户的行为不合于理，被法官依照"不应为"律问罪处罚。

除了上文所述的两类听从行为之外，命案中还有一些别的听从请求的行为。其他听从行为是指，并非在事前听从邀约而一同前往事发地，而是在事中听从他人要求帮助其做出一些行为。常常具有对违理行为甚至犯罪行为知情不报，反而听从请求并帮助其完成的性质，这种行为在法官看来也是于理不合的。例如，"湖南宁乡县民孟诗沅等私造假银并酿人命案"①。被以不应重律科罪的五个人里，其中三个正是因为听从了私造假银者的请求，为其与欲告发者以钱私和一事做了担保。法官认为此三人"听从耽保贿银"不合于理，于是问"不应"之罪。还有一案中，被问"不应为"重律的三个人也是因其听从死者母亲请求帮忙收殓埋葬了死者。②

第三，自愿帮助的行为。行为人并不是听从他人指示、请求，而是出于自愿而帮忙，且情节并不严重的行为。例如，"浙江奉化县民张角弓等因口角共殴邻居舒董氏身死案"。

> 该臣看得奉化县民人张角弓等共殴舒董氏致伤身死一案……张角弓生气又用床柱殴伤舒董氏脑后左，并将木柱横掠致伤舒董氏左耳根相连左耳窍、耳轮、耳垂，侧跌倒地，擦伤右额角。邻人张名余赶劝无及，张显品将舒董氏扶出门外坐于阶石，张董氏见屋内什物搬完，将门扃锁而散。其时舒正佑在附近张显原家佣工，于黄昏后牧牛回归，闻母被伤，赶往探视。舒董氏告知被殴情由，并令往唤舒有法回归，舒正佑随走向后泽村而去。时近半夜，有邻人张名荣往日乘潮车水路经该处，见舒董氏卧地垂危，通知张阿团转告伊父张显高及张显品、张角弓偕来查看，舒董氏气息已微均，各畏惧。张角弓以殴伤舒董氏时，伊子舒有法等均未在场，起意将舒董氏

① 杜家骥编：《清嘉庆朝刑科题本社会史料辑刊》，天津古籍出版社2008年版，第1828～1829页。
② 杜家骥编：《清嘉庆朝刑科题本社会史料辑刊》，天津古籍出版社2008年版，第210～211页。

移往后泽舒姓本村，即或身死离此路远亦可推赖，张显高等允从。张角弓当将舒董氏背负前行，张显品等扛脚护送，行至咀部漕地方，值舒有法同弟舒正佑持灯而来。张角弓等望见即将舒董氏放在路上，跑回避匿。舒有法等行至该处，惊见伊母倒卧，守至五更后，舒董氏因伤殒命，报县验证。获犯讯供通详，屡审供认不讳……张显品讯未助殴。惟张角弓等背负舒董氏到后泽村时，帮同护送，亦属不合，应照不应轻律，笞四十。张显高等事犯到官，在嘉庆四年十一月二十七日钦奉恩诏以前，所得杖笞各罪均予援免，张董氏并免收赎。①

被处罚的张显品就是因为在张角弓害怕人死在此处被人发现己方行凶，而将殴伤后奄奄一息的舒董氏背往后泽村，以掩盖罪行之时，自愿帮同护送，被问以不应轻罪。"江苏金山县赵炳咸等因乞丐盛二强讨将其致死弃尸案"里，行为人被处"不应为"重律的原因是在凶手殴死乞丐后去弃尸时，帮忙"扶尸上肩"。②

（三）没有尽到劝阻义务的行为

《刑科题本》记载的命案中，没有尽到劝阻义务的行为，指的是在场之人，有劝阻能力却不劝阻，以及劝阻不力，未能阻止命案发生。法官认为，本有能力劝阻却未阻止，或没有尽力劝阻，对阻止命案发生负有一定的责任。此类行为，明代律例里就已有处罚规定。《明代律例汇编》中记载了弘治十七年（1504）刑部等衙门议奏后获得皇帝批准："其有同行之人，原无同谋情由，止是不行劝阻，仍问不应罪名。"清代《牧令书》谈及命案也有言："若同行之人既不与谋又不助力，乃是不行劝阻，只问不应。"③ 因此，在命案司法中将没有尽到劝阻义务的行为，依照"不应为"律科罪，是为定例。以"吉林柏都讷民王富林因不能还欠打死同屯人张万良案"为例。

据王富林供：……三月二十二日，我认识的民人范文、孙文学到我铺内坐着说闲话，雇工刘端做饽饽，李良在灶前烧火。傍晚时张万良到我铺

① 杜家骥编：《清嘉庆朝刑科题本社会史料辑刊》，天津古籍出版社 2008 年版，第 1037 ～ 1038 页。
② 杜家骥编：《清嘉庆朝刑科题本社会史料辑刊》，天津古籍出版社 2008 年版，第 1756 ～ 1757 页。
③《牧令书》卷十九《刑名下》。

内要钱，我说现在没钱，俟有钱时再还。张万良生气说我借钱使用多年不还，今日一定要钱，向我村辱詈骂，我生气回骂，张万良向我扑来，孙文学将张万良劝出屋去，张万良在道东站立詈骂，叫我出去。我气忿出屋，向他扑去，张万良向我扑来殴打，我气忿向张万良头上一连打了两拳，张万良益发气忿，向我胸坎殴打，我情急向张万良踢了一脚，致踢伤他肾囊倒地，孙文学、范文跑来劝止，他们问张万良话，不能言语，躺在地下哼哼。

……

据此应如该将军所咨，王富林合依斗殴杀人者，不问手足、他物、金刃，并绞律，拟绞监候，秋后处决。该将军咨称，范文、孙文学、刘端、李良等，于王富林等斗殴时在场，并未力阻，致酿人命，范文等均依不应重律，杖八十，恭遇本年四月十四日恩旨，杖罪均应援免，余审无干均毋庸议。王富林所欠张万良钱九百文，在王富林名下追出，连已死张万良尸棺，俱交与尸父张宽收领。等语。均应如该将军所咨完结……王富林依拟应绞，着监候，秋后处决。余依议。[①]

此案中，命案纠纷因索要欠款而产生。而争斗发生之时，范文、孙文学、刘端、李良皆在场。范文、孙文学也曾尝试劝阻，但未能成功。刘端、李良则只是旁观，没有进行劝阻。而法官认为，范文、孙文学、刘端、李良四名在场人员，在凶手与被害人发生争斗时，没有尽力劝阻斗殴，因而获罪。范文、孙文学虽然未能阻止命案的发生，但是都对争殴进行了劝阻。尤其孙文学，曾将被害人拉劝离开。刘端、李良则是没有实施劝阻行为。但是，四人皆被认为“并未力阻”，被科以“不应为”重律。由此可见，劝阻行为是否尽力，是法官判定法律责任能否免除的标准。

再以“四川天全州祝俸荣因买卖事被荥经县吴成贵戳伤身死案”为例。

据凶犯吴成贵供：……嘉庆十六年六月十六日，周中和叫小的同熊登富到汤家沟里铜硝子。午后转回，路过祝俸荣门首，见祝俸荣在屋内做木桶，小的进屋向祝俸荣赊买木桶。祝俸荣不肯，说要拿现钱来买。小的说

① 杜家骥编：《清嘉庆朝刑科题本社会史料辑刊》，天津古籍出版社 2008 年版，第 503 ～ 504 页。

我在铜厂里帮工的，明日把钱送来。祝俸荣就说帮工的人欠了钱没得还的，不肯赊给。小的说他不该把人轻薄，祝俸荣口里混骂，小的回骂。熊登富把小的扯走出门，祝俸荣手拿斧子随后赶来向小的乱砍，小的顺拔身带尖刀抵格，把祝俸荣斧子格落。祝俸荣转身拾斧，小的乘势戳了他左臂一下。祝俸荣扑拢夺刀，小的用刀吓戳，伤着祝俸荣右胁倒地。那时熊登富先已跑了，小的赶上向熊登富告知，央他不要声张。熊登富应允，一路跑走。

……

该臣看得天全州审解民人吴成贵戳伤祝俸荣身死一案。吴成贵合依斗殴杀人者，不问手足、他物、金刃，并绞律，应拟绞监候，秋后处决。熊登富救阻不力，事后又不首告，应照不应重律，杖八十，折责三十板。尸棺饬属领埋。无干省释。凶刀验发，案结饬毁。臣谨具题，伏祈皇上睿鉴，敕下法司核复施行。①

此案中，法官认为，熊登富虽然曾将凶手拉出门外，想要阻止争斗。但是在被害人赶上来与凶手持刀相斗之后，熊登富就没有劝阻，而是自行跑走。没有尽力阻止命案纠纷。并且，在凶手刺伤被害人之后，熊登富应允凶手请求，没有告发其罪行，而是与其一起离开。"救阻不力，事后又不首告"，这种行为于理不合，因此被问以"不应为"重律。②

此外，类似的案件还有"浙江平阳县客民江学庸因争割稻谷肇衅致使颜如武等落水身死案"，两个行为人在场而不劝阻，被问"不应为"重律。还有一案中，行为人进行了拉劝，但是实在劝不开，于是就跑出喊叫。但是法官认为他"不即救阻，先行跑出，究有不合"，对其科以"不应为"重律。③

由上可知，清代斗殴杀伤人的命案之中，不劝阻以及劝阻不力，都是"理不可为"的，依照律例规定会以"不应为"律科罪。尽力劝阻被法官认为是命案中在场的其他人之义务。还需附言的一点是，有时没有劝阻争斗，会被法官认为这种行为"致酿人命"而被处罚。④

---

① 杜家骥编：《清嘉庆朝刑科题本社会史料辑刊》，天津古籍出版社 2008 年版，第 915 页。

② 杜家骥编：《清嘉庆朝刑科题本社会史料辑刊》，天津古籍出版社 2008 年版，第 914 ～ 915 页。

③ 杜家骥编：《清嘉庆朝刑科题本社会史料辑刊》，天津古籍出版社 2008 年版，第 1637 页。

④ 杜家骥编：《清嘉庆朝刑科题本社会史料辑刊》，天津古籍出版社 2008 年版，第 773 ～ 774 页。

（四）失职行为

命案之中，除去引发命案争端，参与命案争斗，以及没有尽力阻止命案发生的行为外，特殊主体的失职行为也会被科以“不应为”律。特殊主体，一是州县官治理地方的辅助者，维护当地治安秩序负有职责，包括乡约、地保、保正等；二是衙门胥吏等辅助州县官行政的主体，包括差役、刑书、仵作等。这些特殊主体履行职责不力，存在失职行为，也会被科以“不应为”之罪。

1. 乡约、地保、保正的失职行为

清代基层社会之中，设置了一系列维护秩序、帮助州县官管理民间事务的特殊主体，包括乡约、地保、保正等。这些特殊主体，对当地治安的维护负有责任。

第一，因失职引发命案。如果乡约、地保、保正因失职行为引发命案，则会被依律问责。先以“山东青城县民胡雨子因同庄人杨有年代地保催银事将其致死案”为例。

> 嘉庆十年四月十二日，据地保杨本清禀报：伊因奉催钱粮紧急，一人催办不及，烦族叔杨有年帮同查催。四月十一日，杨有年往向胡雨子催完，致相争吵，被胡雨子将杨有年踢伤身死报验到县。同日，又据尸母杨李氏告同前由。卑职随带领吏仵亲诣相验。
>
> ……
>
> 该臣等会同都察院、大理寺会，看得青城县民胡雨子踢伤杨有年身死一案……据此，应如该抚所题，胡雨子合依斗殴杀人者，不问手足、他物、金刃，并绞监候律，拟绞监候，秋后处决。此案事结在嘉庆十一年正月初四日恩旨以前，被揪回殴伤系手足，死者并非催征官役，秋审应入缓决。胡雨子应减为杖一百，流二千里，到配折责安置，仍追埋葬银二十两给付死者之家收领。该抚既称：胡可立讯系劝阻不及，应毋庸议。张希元未交胡雨子钱文，饬令照数清交等语。查地保杨本清转杨有年帮催钱粮，致酿人命，未便置之不论。杨本清应照不应重律，杖八十，革役。事犯到官在恩旨以前，所得杖罪应予宽免，仍革役。①

① 杜家骥编：《清嘉庆朝刑科题本社会史料辑刊》，天津古籍出版社 2008 年版，第 578 ～ 579 页。

此案中，地保因时间紧急，来不及催办钱粮，于是请死者帮忙催办。谁知死者催办钱粮时与人冲突而被打死。地保对命案纠纷的发生，并无主观过错，也难以预见。但是法官认为，命案的发生是因为地保请人帮催钱粮，这才致酿人命，"未便置之不论"，因此处以"不应为"重律并革役。

第二，失于查报。对于其管辖地域内的命案，乡约、地保、保正、头人应当及时地查知，或是在接到民众投报案件之后，及时向州县官报告。没有及时查知命案，或者没有及时上报命案，都属于失职。因此，乡约、地保、保正、头人对于已经发生的命案，最重要的职责就是查知和上报。他们被依律处罚的"理不可为"行为，主要是失于查、报的行为。对于这类行为还要依律区分公罪和私罪，并依据案中情节决定是否处以革役。如果没有受贿，仅仅是查报有失，那么以下三种情况下，行为人会被问以"不应为"罪。

其一，没有及时查知命案。法官认为，乡约、地保、保正、头人等，日常应当多多访闻，及时查知所辖之地的命案。如果没有及时查知命案，虽非贪赃枉法，但是其怠于履行应有职责，失于查察，导致州县衙门不能及时查知发生命案之事。因此，应当加以惩戒。以"山西归化城厅客民王万全伤妹夫武六仔身死案"为例。

> 据山西按察使讷福呈，准归绥道嵩孚咨，据署归化城同知同庆详称：嘉庆十九年十一月二十二日，卑署厅访有本城住民武六仔被王万全摔跌磕伤，后抽风身死，私埋匿报情事。应拘王万全到案究讯，属实。随传尸亲人等押犯亲诣武六仔埋棺处所，揭起棺盖，查验尸身尚未腐烂，谕令将尸身放平明地面相验。
>
> ……
>
> 该臣审看得归化城厅客民王万全摔跌武六仔磕伤，后抽风身死，私埋匿报一案。查武六仔系王万全妹夫，应以凡论。王万全应如所拟合依斗殴之案，如原殴并非致命之处，又非极重之伤，越五日因风身死者，将殴打之人免其抵偿，杖一百流三千里例，应杖一百流三千里。该犯据称有父王添才见年七十一岁，有弟王世全自幼出继与胞伯王添宝为嗣。王添宝并无另有可继之人是否属实，业经关查，该犯原籍右玉县，查讯复到再行核办。武王氏讯无受贿情事，惟伊夫武六仔被伊兄王万全摔跌磕伤，抽风身死，辄听王万全央恳私埋匿报，亦应按律问拟。武王氏合依夫为人所杀而妻私

和者，杖一百徒三年律，应杖一百徒三年。系妇人照律收赎，追取赎银人官册报。保长李伏海讯无贿隐，其失于查察，应照不应重律，杖八十，折责三十板，系公罪，免其革役。王世全未还王成功兑还王万全钱文，饬追给领。相应具题，伏祈皇上睿鉴，敕部核复施行。[1]

此案是一起伤人致死后的私埋匿报命案。此案争端本是因王万全与他人争斗而起。被害人在拉劝王万全时，被其用力摔脱，而摔跌磕伤，其后抽风身死，系被王万全失手所伤致死。被害人妻子本要报官，但在王万全的恳求之下，将命案隐匿下来，私下埋葬了受害人，没有报官。而保长也没能及时查知该起命案。直到被同知访闻发现。法官除了依法惩处凶手及私和人命的死者妻子之外，没有及时查知命案的保长被科以“不应为”重律，因是公罪，免除革役。

其二，查知命案却未上报。除了及时查知命案之外，如果乡约、地保、保正、头人等，查知命案之后，没有上报州县衙门，也属失职行为。以“江苏武进县民樊受海因找价事殴伤乡邻焦阿大身死案”为例。

据武进县详称：嘉庆十七年八月初四日，卑职访有县民樊受海殴伤焦阿大身死私和匿报情事，当即差拘樊受海，业已逃避，将尸母樊朱氏、见证樊利宾等查提到案。讯系于嘉庆十七年七月二十七日，焦阿大因向樊受海回赎田屋，未允，致相争吵。焦阿大拾取木棒槌殴打，被樊受海夺获回殴致伤囟门、右后肋身死。樊受海恳求樊朱氏免报，情愿给钱棺殓。樊朱氏应，允将尸收殓私埋，属实。查该尸殓埋未久，谅不致腐烂，随带领吏仵亲诣相验。

……

该臣等会同都察院、大理寺，会看得武进县民樊受海殴伤焦阿大身死私和匿报一案。查律载，斗殴杀人者，不问手足、他物、金刃，并绞监候等语。此案樊受海殴伤焦阿大身死，应如该抚所题，樊受海合依斗殴杀人者，不问手足、他物、金刃，并绞监候律，拟绞监候，秋后处决。该抚既称：樊朱氏系焦阿大亲母，虽系改嫁，仍应照父母受贿私和例问拟。樊朱氏合依

① 杜家骥编：《清嘉庆朝刑科题本社会史料辑刊》，天津古籍出版社 2008 年版，第 464 ～ 465 页。

子被杀，父母受贿私和，无论赃数多寡杖一百例，杖一百，系妇人照律收赎。地保柳忝玉、邻佑樊胜德、樊阿二讯无受贿串和情事，惟查知焦阿大被樊受海殴毙，辄因畏累任听私和匿报，殊属不合。柳忝玉、樊胜德、樊阿二均照不应重律，杖八十，各折责发落。柳忝玉仍革役。樊利宾劝阻不及，应毋庸议。樊朱氏所得钱文已为伊子置买衣棺费用，免其追缴。焦会沅卖给樊受海家田房原契，载明杜绝，不准回赎，各契据给还犯属收领等语，均应如该抚所题完结。[①]

此案中，地保、邻佑查知命案后，害怕遭到牵累，于是放任私和之事而没有禀报。法官认为他们"辄因畏累任听私和匿报"的行为，严重失职，于理不合，因此科以"不应为"重律，并将地保革役。由此可推之，地保、邻佑对于所辖之地的命案，负有查知和上报的职责。若是失职，则会被科以"不应为"律。

其三，未及查清便妄报，上报案情失实。除去及时查知命案，并将查知的命案上报至州县之外，乡约、地保、保正、头人等，还负有查证清楚、如实上报的职责。以"直隶朝阳县客民高荣扎伤李丕敬身死案"为例。

准前县福勒栋安移交，嘉庆十六年七月初二日，据忙牛营子乡长姚晋玉禀称：六月三十日午后，身闻小房住民李丕敬在身村高自南家门首受伤躺卧，往向查词。据高自南告称：李丕敬在途遗失毛毯一条，被刘发升拾获。经李丕敬查知，用钱向赎，刘发升因钱少未允，致相争吵。伊与堂侄高荣劝令李丕敬添增钱文，李丕敬村斥伊等多管，彼此吵骂而散。嗣李丕敬邀同其叔各执器械赶至伊家门首嚷骂，伊出与理论，被李丕敬用铁尺殴伤左手腕。伊用扑枪抵扎，致伤李丕敬肚腹，伊侄高荣亦用棍将李斜殴伤等语。讵李丕敬伤重，延至七月初一日早，因伤身死。兹将高自南、高荣拴住，起获凶器扑枪、铁尺、木棍带案，禀请验讯等情到县。据此，时值前县福勒栋安办差公出，经代行典史申请前任建昌县知县芳，带领刑仵过境，亲诣尸所，谕令将尸移放平明地面，当众如法相验。

……

① 杜家骥编：《清嘉庆朝刑科题本社会史料辑刊》，天津古籍出版社 2008 年版，第 653 ～ 655 页。

该臣看得朝阳县住民高荣用枪扎伤李丕敬身死一案。高荣除顶认殴伤李斜轻罪不议外，合依斗殴杀人者，不问手足、他物、金刃，并绞律，拟绞监候，秋后处决。高自南因念伊侄高荣家有老父，虑恐高荣问抵无人奉侍，是以代为顶认，并无受贿情事，且于未成招时，即据实首明，自应酌量问拟。高自南应照不应重律，杖八十，折责三十板，业已在押病故，应毋庸议。刘发升拾获毛毯，当李丕敬查知向索并许给谢礼并不给还，致酿人命，亦属不合，应照不应重律，杖八十，折责三十板。乡长姚晋玉并不查明实情，混行妄报，亦有不合，应照不应轻律，笞四十，折责十五板，系公罪免其革役。查该犯等事犯到官在嘉庆十九年二月三十日钦奉恩旨以前，除高荣罪应拟绞不准援减外，刘发升、姚晋玉所得杖笞各罪，均请援免。李丕敬用铁尺殴伤高自南左手腕本干律拟，业已被扎身死，应毋庸议。至高自南在押身死之处，既据该县验讯明确，委系因病所致，看役人等并无凌虐情弊，亦毋庸议。刘发升所拾毛毯追出，同尸棺饬县传属领埋，高世吉饬缉获日另结。[①]

此案中，命案发生之后，有两人被科以“不应为”罪。一是拾获毛毯的刘发升，在李丕敬前来索要并许给谢礼之后，仍然不将毛毯还给李丕敬，引发命案纠纷。二是没有查证清楚案情就上报的乡长。此案中，凶手是侄子，但是叔叔为给侄子顶罪而给出虚假的供述。乡长没有查清楚凶手究竟是谁，就往上禀报。在案情被审理清楚之后，乡长疏于查证案件真相，错报凶手的行为，法官认为是失职之举。但是较之于没有及时查知命案及瞒报命案的行为，违背事理较轻，因此依照“不应为”轻律处罚。因其属于公罪，免去革役。

2. 衙门胥吏等的失职行为

刑书、差役、仵作这样的衙门胥吏，在命案审理的过程中，也负有不可推卸的职责。刑书人员应当准确地记录案情，依照律例规定制作文书。差役应当听命执行传讯、抓捕、看守等任务。仵作应当仔细查验尸体情况，将尸检结果如实上报。以“直隶房山县客民煤窑工王五因索欠踢死县民田玉达案”为例。

该臣看得房山县验报民人王五等殴踢田玉达身死，并尸兄田荣赴府尹

① 杜家骥编：《清嘉庆朝刑科题本社会史料辑刊》，天津古籍出版社 2008 年版，第 922 ～ 923 页。

衙门控告一案……王五合依共人因而致死以致命伤为重，下手致命伤重者绞律，拟绞监候，秋后处决。陈九龄子、王七、陈三、王士得均依余人律，杖一百，各折责四十板。王利儿持刀与王利元寻衅，复向田玉达告知以致酿成人命，殊属不合，应与目睹王五等先后殴踢并不劝之与王均照不应重律，杖八十，各折责三十板。王三讯无劝救不力情事，应免置议。窑户陈秀讯无交通书役舞弊情事，应与并无帮殴之王利元即王论元同被控牵连之康家沟窑户张二欠钱之闫义均免置议。张二、闫义现均回籍并免到来。仵作白廷桂讯无含混喝报伤痕，应与讯无私放人犯之壮役弥玉成均请免置议。刑书王浩即黑王虽无妆点教供情事，惟于应报府尹公文漏未详报，殊属疏忽，应照直不应重律，杖八十，折责三十板，系公罪免其举役。[①]

此案中，除了引发命案的王利儿被依照"不应为"重律科罪之外，刑书王浩虽然没有"妆点教供情事"，但是在应该呈报府尹的公文中，没有详细载明情况，遗漏了案件事实，履行职务太过于疏忽。因此，法官认为刑书王浩应当依照"不应为"重律处罚，因属公罪免去举役。

再以"安徽霍邱县民张宣因口角被客民胡自清扎伤身死案"为例。

该臣等会同吏部都察院、大理寺，会看得霍邱县寄居民人胡自清扎伤张宣身死一案。据此，应如该抚所题，胡自清合依斗殴杀人者，不问手足、他物、金刃，并绞监候律，拟绞监候，秋后处决。该抚既称：陈陶欲俟胡自清搬移退屋再付清寄庄写礼钱文，尚无不合，但辄令工人割稻树，呈控胡自清伐割，殊属不应。姑念系控争田土细故，且究因胡自清先行控告，并未经退佃所致，应照不应重律，杖八十，系监生照例纳赎。差役侯山、约保安淋虽讯无索诈滋事，惟不自行亲传，辄令张宣先行往探，致酿人命，亦应照不应重律杖八十，各折责革役。陈陶应交寄庄写礼钱文，已据缴案结与犯属具领，庄房四亩听陈陶交割马迎春自行招佃。等语。均应如该抚所题完结。[②]

---

① 杜家骥编：《清嘉庆朝刑科题本社会史料辑刊》，天津古籍出版社 2008 年版，第 822 ～ 823 页。

② 杜家骥编：《清嘉庆朝刑科题本社会史料辑刊》，天津古籍出版社 2008 年版，第 944 ～ 945 页。

被问以“不应为”罪的行为人之中，差役侯山是因没有依职责履行好传讯的差事。虽然没有索取财物滋生事端，但是其本应亲自前往传讯，但却托付一位民人代为传讯，导致被传讯人因不信任代传之民人，引发争端，最终酿成命案。因此，法官依照“不应为”重律问罪差役，并将其革役。

再以“山西榆次县民段梅喜因索欠辱骂韩杜氏致自缢身死案”为例。

> 嘉庆六年九月二十六日，据乡约韩畛报称：本月二十五日夜，韩杜氏因被段梅喜辱骂气忿，自用磁碗片划伤，等情。随亲诣，验得韩杜氏囟门磁片划伤一道、额颅磁片划伤相连二道，俱皮破血出，开列伤单附卷。
>
> 该臣看得榆次县民段梅喜秽詈韩杜氏致氏自缢坠跌内伤身死一案。查韩杜氏因闻秽詈气忿，自缢绳断坠跌以致内损，不能下食身死，即与自尽无异。段梅喜应如该县、府、司所拟，合依因他事与妇女角口彼此詈骂，妇女一闻秽语气忿，轻生自尽者，杖一百流三千里例，应杖一百，流三千里，至配所折责四十板。仵作李碧讯无贿匿情事，惟验出内伤并不据实喝报，殊属不合，应照不应重律，杖八十，折责三十板，革役。渠甲王志裕等因韩宗未经出夫挑渠灌地亩，议钱以充渠费，并无不合，应免置议。段梅喜代垫钱文在韩宗名下追还，韩杜氏守节年久，因被段梅喜秽詈气忿自缢，致绳断坠跌内伤身死，洵属节烈，理合声明，附请旌表，以慰幽魂。相应具题。①

此案中，韩杜氏因被辱骂自缢，结果绳断跌伤因内伤而死。乡约闻知后向知县报验，仵作验伤之后开具了“伤单”。但是由于“伤单”中只写了外伤不写内伤，法官认为仵作明明验出了内伤，却没有据实禀报，属于失职，因此科以“不应为”重律并革役。

五、其他于理不合或者有过失的行为

除了以上四类行为，若在案件中有于理不合触犯律例的行为，法官也会依“不

① 杜家骥编：《清嘉庆朝刑科题本社会史料辑刊》，天津古籍出版社2008年版，第1039～1040页。

应为"律科断。以"河南禹州客民王六等因口角打死赵五头案"为例。

> 该臣等会同都察院、大理寺，会看得禹州民王六等殴扎赵五头身死一案。据此应如该抚所题：王六合依故杀者，斩监候律，拟斩监候，秋后处决。该抚既称席全贵应照余人律，杖一百，折责四十板。窑户郭维新私开煤窑，应照不应重律，杖八十，折责三十板，煤窑封禁。桑会劝阻不及，应与无干省释，尸棺饬埋。等语。均应如该抚所题完结。[①]

此案处罚的是将命案向地保投保的人。清代严禁匿报命案，知晓命案而不报的民人被查知后也会被依律处罚。此案中，窑户郭维新投报命案，也因此暴露了其私开煤窑之事，而私开煤窑这一行为被处以"不应为"重律。

再以"直隶钜鹿县民谷庭文因债务纠纷殴伤李全义身死案"为例。

> 该臣等会同都察院、大理寺，会看得钜鹿县民人谷庭文殴伤李全义身死一案。据此，应如该督所题，谷庭文合依共殴人因而致死，下手伤重者，绞监候律，拟绞监候，秋后处决。该督既称：谷子敬与李全义揪扭，合依余人律，杖一百。史魁身为乐户，辄娶良家子女为媳，殊属不合，但尚未成婚，即被告发断回，自应酌量问拟。史魁应照不应重律，杖八十。杨洛变听从说合，应减一等，杖七十。该犯等事犯到官，均在嘉庆十六年闰三月二十二日恩旨以前，所得杖罪应请援免。李全义起意卖良为贱，并殴伤谷子敬本干律拟，业已被殴身死，应毋庸议。谷闫氏讯系不知史魁系属乐户，应请免议。李全义所得史魁财礼大钱五十千文，照追入官册报。谷闫氏故夫谷子见所欠李全义钱文，仍令谷闫氏照数偿还。谷宝琴因与前夫路泥旦不睦被休，应听另行择配，路泥旦并免传讯。等语。均应如该督所题完结。[②]

此案中，有乐户将买良家女为儿媳，该行为虽然与命案无关，但是也违反了户律之中关于良贱不婚的特别"不应为"律。因此，乐户被科以"不应为"重律。

以及前文提及的"直隶朝阳县客民高荣扎伤李丕敬身死案"中，一行为人

---

① 杜家骥编：《清嘉庆朝刑科题本社会史料辑刊》，天津古籍出版社 2008 年版，第 834 页。

② 杜家骥编：《清嘉庆朝刑科题本社会史料辑刊》，天津古籍出版社 2008 年版，第 628 ～ 629 页。

因念及伤人致死的侄子被处决后无人照顾年老的哥哥，于是代为顶罪，后听从侄子劝告而供认，顶罪而后才将实情自首，这一行为被问以“不应为”重律。此外，还有未查证清楚就兴讼的行为[①]、没有查明煤田情况就混行合伙的行为[②]、媒人冒昧媒合[③]、不知山界误砍他人之树的行为[④]、行为拖累无辜[⑤]被问“不应为”之罪。

六、为使情法相平而被科以“不应为”律的行为

在处断案件时，由于具体案情各不相同，当法官认为案件中的行为人所犯情节严重，若依照律例正条科罪，会导致情重法轻，因而改以“不应为”重律科罪处罚，以平衡情节与罪责。这种情况一般出现于，案中人的行为按律应依照其他刑罚更轻的条款处罚，即断罪有正条，但是若依别罪处断，会导致情重法轻，因此法官将这些本就于理不合的行为，以“不应为”律来平衡。例如“广西永淳县李光敷等因分粟纠纷共殴陈谷良身死案”。

嘉庆十五年五月十四日，据保正李恒新报称：本月十四日，有陆经涵、李光敷、李恒和、李恒得、陆潮聘、陆潮像、陆建始等赴六利坪地内收割粟米，当有陈谷良、陈大鼎、陈亚九拦阻，互相争殴。陆经涵等将陈谷良、陈大鼎、陈亚九殴伤，陈谷良亦将陆经涵砍伤。理合报明。等情。并据陈大本、陆经涵等各报同前由。旋于五月二十五日据报陈谷良于二十四日因伤身死。随带刑仵前诣相验。

该臣等会同吏部、都察院、大理寺，会看得永淳县獞人李光敷等共殴致伤陈谷良身死一案。据此，应如该抚所题，李光敷合依共殴人伤皆致命，过后身死，以伤重者坐罪例，拟绞监候，秋后处决……陆潮聘、陆潮像、

① 杜家骥编：《清嘉庆朝刑科题本社会史料辑刊》，天津古籍出版社 2008 年版，第 1280 ～ 1281 页。
② 杜家骥编：《清嘉庆朝刑科题本社会史料辑刊》，天津古籍出版社 2008 年版，第 1208 ～ 1209 页。
③ 杜家骥编：《清嘉庆朝刑科题本社会史料辑刊》，天津古籍出版社 2008 年版，第 1833 ～ 1834 页。
④ 杜家骥编：《清嘉庆朝刑科题本社会史料辑刊》，天津古籍出版社 2008 年版，第 425 ～ 426 页。
⑤ 杜家骥编：《清嘉庆朝刑科题本社会史料辑刊》，天津古籍出版社 2008 年版，第 1857 ～ 1858 页。

陆建始听纠互殴陈大鼎等受伤，若照殴人成伤律拟笞，似觉轻纵，俱应照不应重律，各杖八十，折责三十板，以示惩儆。陈大鼎殴伤陆经涵左腿，系属回殴，且其叔已死非命，应免置议。陈谷良用刀砍伤陆经涵偏右，律应拟徒，业已被殴身死，应毋庸议。无干概行省释。陆经涵等承佃陈谷良等土名六利坪地亩，已经前任永淳县断明退佃，应照原断，任听地主自行耕种，或另行召佃，以杜后衅。陈谷良寮内竹铳，不知买自何处，应免查究。等语。均应如该抚所题完结。①

此案中，陆潮聘、陆潮像、陆建始三人听从了他人的要求，与其一同前往，并且参与斗殴，且导致他人受伤。本应当依照"殴人成伤律"处罚，但是法官认为如果依照"殴人成伤律"问罪，只处以笞刑，较之案中情节、损害结果，刑罚过轻，"似觉轻纵"，于是以"不应为"重律处罚，"以示惩儆"。

第二节　行为与罪责的轻重之平

从清代命案司法中"不应为"律的适用可以看出，法官在审断命案之时，不仅直除法命案纠纷的首犯、从犯，对于引发命案的行为、参与命案争端但未引发严重后果的行为、没有尽到劝阻义务的行为、特殊主体的失职行为、违反其他律例的"不应为"行为以及情重法轻的犯罪行为，都会因为与命案相关联，而被依照"不应为"律科罪。从这些被问罪的"不应为"行为，可以看出，命案审断之中，法官认为仅处理凶手与被害人核心争端，无法彰显平允。其他与命案的发生、发展以及公正审断有关的行为，也应当予以问责，以律法的否定性评价、刑罚的惩戒，来实现行为与罪责之间的平衡。先以上文提及的"四川安岳县民李胡氏为护婆婆砍死丈夫堂弟案"为例。

---

① 杜家骥编：《清嘉庆朝刑科题本社会史料辑刊》，天津古籍出版社 2008 年版，第 1557 ～ 1558 页。

该臣等会同都察院、大理寺，会看得安岳县审解民人李胡氏救姑情切，殴伤李枝魁身死一案。据此应如该督所题，李胡氏合依斗殴杀人者，不问手足、他物、金刃，并绞监候律，拟绞监候，秋后处决，查例载人命案内，如有祖父母、父母被人殴打，实系事在危急，其子孙救护情切，因而殴死人者，于疏内声明，援例两请，候旨定夺。等语。此案李胡氏因伊姑李邱氏被李枝魁推跌按地殴打喊救，该氏闻声趋救，被李枝魁殴伤，仍将伊姑按住向殴，该氏见姑年老被其按殴不放，一时情急顺拾木槌吓打，适伤致毙，核其情节实系事在危急，李胡氏系李邱氏之媳，即与子孙无异，既据该督照救亲情切之例声明，自应援例两请，候旨定夺。倘蒙圣恩准其减等，臣部行文该督，将李胡氏减为杖一百，流三千里，系妇人照律收赎，仍追埋葬银二十两，给付尸亲具领。该督既称：李枝广因李枝魁在伊地界砍伐树木，并不善言理阻，辄用拳殴伤李枝魁左右胳膊，致酿人命，应照不应重律，杖八十，折责三十板，李成柄等劝阻不及，应毋庸议。砍伐柏树二株给李枝广具领，令照界管业。尸棺饬属领埋，无干省释。等语。均应如该督所题完结……李胡氏著从宽免死，照例减等收赎。余依议。①

此案中，失手杀人的李胡氏，依照斗殴杀人律，并绞监候律，拟绞监候，秋后处决。又考虑到清代条例中，对于人命案件的当事人，如果因祖父母、父母被人殴打，情急之下前往救护，导致被害人死亡的，可以援例向皇帝请旨，候旨定夺。李胡氏为救护婆母，与条例中救护祖父母、父母之情相同，实属救亲情切。因此法官依照该条例，请求减轻对李胡氏的处罚。但是考虑到，引发命案的争端，是因为李枝魁到李枝广地界之内砍伐树木，与李胡氏无关。对于真正引发命案冲突且行为于理不合的李枝广，依照“不应为”重律问罪。客观上无法阻止争殴冲突，实在是劝阻不及的李成柄等人，不予问责。最后，将李枝魁盗伐木材，交还于李枝广。可见，法官认为，借助“不应为”律如此处断，平衡了不同的行为与应负罪责，才能彰显平允。

再以前文提及的“直隶房山县客民煤窑工王五因索欠踢死县民田玉达案”为例。

---

① 杜家骥编：《清嘉庆朝刑科题本社会史料辑刊》，天津古籍出版社2008年版，第33页。

因该县黎德符仅将王五一人羁禁，余犯管押，心怀不甘，抗不具结。随令伊侄田荣赴该厅并府尹衙门控词呈控，檄该厅提审，屡审供认不讳。复诘该委无预谋有心欲杀，书役人等亦无受贿舞弊情事。查陈九龄子、王七、陈二王士得殴伤田玉达右胳膊、右臂膊、右手腕、左手背脊、右连右后肋、左讫肘、右膝、右臁肕连右脚腕、左右臀、右胯、左右大腿、左右腿肚并未骨损，尚不至于戕生。惟王五所殴田玉达左臁肕伤至骨损，并踢损肾子系致命之区，其为死于王五殴踢之伤无疑，自应该犯当其重罪。王五合依共人因而致死以致命伤为重，下手致命伤重者绞律，拟绞监候，秋后处决。陈九龄子、王七、陈三、王士得均依余人律，杖一百，各折责四十板。王利儿持刀与王利元寻衅，复向田玉达告知以致酿成人命，殊属不合，应与目睹王五等先后殴踢并不劝之与王均照不应重律，杖八十，各折责三十板。王三讯无劝救不力情事，应免置议。窑户陈秀讯无交通书役舞弊情事，应与并无帮殴之王利元即王论元同被控牵连之康家沟窑户张二欠钱之闫义均免置议。张二、闫义现均回籍并免到来。仵作白廷桂讯无舍混喝报伤痕，应与讯无私放人犯之壮役弥玉成均请免置议。刑书王浩即黑王虽无妆点教供情事，惟于应报府尹公文漏未详报，殊属疏忽，应照直不应重律，杖八十，折责三十板，系公罪免其举役。①

此案中，因是共殴致人死亡，命案纠纷牵涉多人。知县最初仅将王五一人羁禁，其余罪犯管押。结果王五心怀不甘，因而坚决不作如实供述具结案件。此后，法官传唤其他证人详细查问，对所有参与命案纠纷的人，根据行为、情节，定罪处罚。查明被害人致死之伤乃是王五所谓，因此，依照共人因而致死以致命伤为重，下手致命伤重者绞律，拟绞监候，秋后处决。参与斗殴并且殴伤被害人的陈九龄子、王七、陈二王士，依照余人律处罚，杖一百，各折责四十板。持刀寻衅、又将事件告知他人以致酿成命案的王利儿，和在场却没有劝阻斗殴的王均，依照"不应为"重律处罚，杖八十，各折责三十板。刑书王浩出于疏忽，在上报公文中遗漏了案件事实，因此依照"不应为"重律处罚。曾尽力劝令死者回家的王三，没有串通书役舞弊的窑户陈秀，如实上报的仵作白廷桂，以及

① 杜家骥编：《清嘉庆朝刑科题本社会史料辑刊》，天津古籍出版社 2008 年版，第 822 ～ 823 页。

没有私放人犯得到壮役弥玉成，均无罪。由此可以看出，清代命案审断中，对于牵涉命案的一干人等，一一根据其行为区别法律责任，再处以对应的罪刑责罚，才能实现平允、公正的审理，令罪犯及其他人皆信服处理结果。“不应为”律在客观上，平衡了命案中重罪行为与轻罪行为的罪责分配，以达到情罪相符的结果。

第三节　罪责与刑罚的轻重之平

将命案中的诸多“不应为”行为，依照“不应为”律科断，表面上，似乎有罗织法网之嫌。但是需要注意到，《刑科题本》中“不应为”之罪，实际刑罚少有严惩，对“不合”的行为也多有宽免，在很大程度上体现了恤刑与宽宥。

一、实际责惩中的宽宥

笔者发现，在303件适用了“不应为”律的案件中，只有16件案件的行为人被严格地处以杖八十或笞四十。因情节严重，并罚“枷号一月”的案件，也屈指可数。其余所有适用“不应为”律的案件皆减免或允赎。

第一，折责处理。这样的案件极多，绝大部分被问以不应之罪的人，法官通常都会在“杖八十”后加上“折责三十板”，在“笞四十”后加上“折责十五板”，折责处理。这是因为清代笞杖刑的执行，实行四折除零之法。“笞十，折四板；二十，四折为八，以五为准，除去三，实为五板；三十，四折为十二，以十为准；除去二，实为十板；四十，四折为十六，以十五为准，除去一，实为十五板；五十，四折为二十，无零，实为二十板。杖刑以此类推算，如杖八十，四折为三十二，以三十为准，除去二，实为三十板。”[1] 并且，还确定了刑具形制：“凡

① 田涛等点校：《大清律例》，法律出版社1999年版，第62页。

笞、杖罪名折责，概用竹板，长五尺五寸。小竹板，大头阔一寸五分，小头阔一寸，重不过一斤半。大竹板，大头阔二寸，小头阔一寸五分，重不过二斤。"[①] 因此，"不应为"重律折责之后，实际处罚为三十板。"不应为"轻律折责之后，实际处罚为十五板。减轻了原定的刑罚。还有案例在折责后恰逢热审期间，又"照例减折发落"[②]。

以上文提及的案例为例。"四川安岳县民李胡氏为护婆婆砍死丈夫堂弟案"，李枝广因致酿人命，依照"不应为"重律，杖八十，折责三十板。[③]"江苏荆溪县任和大踹伤佃户俞方名落河溺死案"，两名船户接受雇佣雇一同前往，依照"不应为"轻律，笞四十，折责发落。[④]"直隶朝阳县民蒙古四喇嘛因被索欠打死郑六案"，金贵听从他人请求，与其前去寻衅滋事，依照"不应为"轻律，笞四十，折责十五板。[⑤]"广西上林县民黄经绳因帮护侄子接妻回家被卢玉表殴伤身死案"，黄经芳、黄光耀、黄光山、黄特禀四人听从他人要求牵牛挟制被害人，依照"不应为"重律，杖八十，各折责发落。[⑥]"四川天全州祝俸荣因买卖事被荥经县吴成贵戳伤身死案"，熊登富因为没有尽力救阻，在命案发生后，又答应罪犯请求为其隐瞒罪行，不向官府举报，依照"不应为"重律，杖八十，折责三十板。[⑦]"山西归化城厅客民王万全伤妹夫武六仔身死案"，保长李伏海没有及时查知命案，并非收受贿赂隐瞒命案，依照"不应为"重律，杖八十，折责三十板处罚，因是公罪，免除革役。[⑧]

第二，因恩旨而宽免。《刑科题本》中有很多案件，皆因案件发生、到官在皇帝颁下恩旨、恩诏之前，而被赦免笞杖刑罚。

例如，上文所述"江西德兴县民王赏因争夺山地殴毙族兄王有发案"，张养存因为致肇衅端引发了命案，被依照"不应为"重律科罪。由于其事犯到官在嘉庆十六年（1811）四月二十一日清刑恩旨之前，因此被赦免了所得杖罪。[⑨]"山

① 田涛等点校：《大清律例》，法律出版社 1999 年版，第 62 页。
② 杜家骥编：《清嘉庆朝刑科题本社会史料辑刊》，天津古籍出版社 2008 年版，第 1206 页。
③ 杜家骥编：《清嘉庆朝刑科题本社会史料辑刊》，天津古籍出版社 2008 年版，第 33 页。
④ 杜家骥编：《清嘉庆朝刑科题本社会史料辑刊》，天津古籍出版社 2008 年版，第 1274 ～ 1275 页。
⑤ 杜家骥编：《清嘉庆朝刑科题本社会史料辑刊》，天津古籍出版社 2008 年版，第 1523 ～ 1524 页。
⑥ 杜家骥编：《清嘉庆朝刑科题本社会史料辑刊》，天津古籍出版社 2008 年版，第 1102 页。
⑦ 杜家骥编：《清嘉庆朝刑科题本社会史料辑刊》，天津古籍出版社 2008 年版，第 914 ～ 915 页。
⑧ 杜家骥编：《清嘉庆朝刑科题本社会史料辑刊》，天津古籍出版社 2008 年版，第 464 ～ 465 页。
⑨ 杜家骥编：《清嘉庆朝刑科题本社会史料辑刊》，天津古籍出版社 2008 年版，第 377 ～ 378 页。

东青城县民胡雨子因同庄人杨有年代地保催银事将其致死案”，地保杨本清托人代为催缴钱粮，致酿人命，被依照“不应为”重律问罪，处以杖八十并且革役。由于案件发生、到官在嘉庆十一年(1806)正月初四日恩旨颁布之前，被免除杖罪，仅革役。[①]“直隶朝阳县客民高荣扎伤李丕敬身死案”，刘发升致酿人命，以“不应为”重律科罪，杖八十，折责三十板。乡长姚晋玉将没有查清除的案情上报州县，以“不应为”轻律科罪，笞四十，折责十五板，因是公罪而免除革役。由于案件发生、审理都在嘉庆十九年（1814）二月三十日钦奉恩旨之前，因此，两人被免除了笞杖处罚。[②]

若案件发生在恩旨、恩诏颁行之前，到官在之后的不予宽免。除非在上报审理的过程中，再遇新的恩旨、恩诏。例如“湖南衡山县民向呈化帮同割禾抵欠事欧毙罗克明案”，有三人被问以“不应为”罪。致酿人命者，与欠钱不还引发纠纷者，依照“不应为”重律，杖八十。帮助嫌犯割取禾稻者，依照“不应为”轻律，笞四十。虽然案件发生在嘉庆二十四年（1819）正月初一日恩诏以前，但是到官在恩旨办法后，因此初步的审断意见为笞杖刑不得援免，分别折责发落。其后，命案上报至刑部，此时正好在八月二十七日恩诏之后，三人的笞杖刑得以免除。[③]

而对于情节较重的笞杖刑犯罪，即使到官在恩旨、恩诏之前也可能不被赦免。譬如有一案中，地保收受贿赂将私和人命案隐瞒不报，受赃枉法，法官认为，作为地保，有觉察命案、如实上报的职责，反而收受贿赂私和命案。因此，所得杖罪应不准援免，折责发落并且革役。[④]

第三，按律纳赎。符合律例规定的人员，法官允许其依照律例规定纳赎。通常指律例规定的有特定身份的主体，主要包括生员、贡生、监生，以及妇女、年过七十的老人。此外还有一例因“过误致罪”而“照例纳赎”的案件。[⑤]

例如，“江苏荆溪县任和大踹伤佃户俞方名落河溺死案”，任文楷由于致启事端，依照“不应为”重律，杖八十，因为其有监生之身份，照例允许纳赎。[⑥]“江

① 杜家骥编：《清嘉庆朝刑科题本社会史料辑刊》，天津古籍出版社 2008 年版，第 578 ～ 579 页。
② 杜家骥编：《清嘉庆朝刑科题本社会史料辑刊》，天津古籍出版社 2008 年版，第 922 ～ 923 页。
③ 杜家骥编：《清嘉庆朝刑科题本社会史料辑刊》，天津古籍出版社 2008 年版，第 748 页。
④ 杜家骥编：《清嘉庆朝刑科题本社会史料辑刊》，天津古籍出版社 2008 年版，第 1845 页。
⑤ 杜家骥编：《清嘉庆朝刑科题本社会史料辑刊》，天津古籍出版社 2008 年版，第 1160 页。
⑥ 杜家骥编：《清嘉庆朝刑科题本社会史料辑刊》，天津古籍出版社 2008 年版，第 1274 ～ 1275 页。

西瑞金县民曾科为索欠致伤王清俫身死案"，贡生谢清庐肇衅酿命，科以"不应为"重律，杖八十，因其为贡生，允许照例纳赎。[①]"浙江余姚县民邵偕良因割公共学田稻谷被邵成秀殴毙案"，邵田氏因其明明交还了所分田价，却不向邵陈氏言明，自行雇佣工人到田中刈割，引发命案争端，本该依照"不应为"重律，判处杖八十刑罚。但由于其为妇人，因此照律收赎。[②]"陕西富平县民窦景顺因口角打死无服族弟案"，窦张氏引发了争端，最终导致命案发生。本应科以"不应为"重律，杖八十，但是考虑到窦张氏年过七十，因此允许其照律收赎。[③]

总之，清代嘉庆朝命案之中，绝大多数触犯"不应为"律之人，并未被严格地依律惩罚。皇帝、法官及律例往往给予这些人员在刑罚之上的宽免。尤其遇上恩旨、恩诏的话，所获罪刑全数免除。若说"不应为"律是政治权力、国家法律侵蚀民间秩序领域的表现，那么严厉惩处触犯"不应为"律的民众更能令"小民因笞杖而惊惧，因惊惧而平顺，因平顺而出现秩序，因秩序而产生'和谐'"[④]。可是依照《刑科题本》的记录，这一看法可能还有值得商榷的余地。

二、易于满足的免责条件

通观整套《刑科题本》，行为人有"不合"的行为，但却没有被问以不应之罪的情形也极为常见。未适用"不应为"律的千余件案件中，有大量"不合"行为被予以免责。免责的因素大致归纳如下：

第一，无知。包括妇女无知和乡愚无知两种记载。其一，妇女无知。案件记录中常常出现"姑念妇女无知，应毋庸议"这样的论断。除了极少数的涉案妇女（例如上文提到的私埋匿报案中的死者妻子），绝大多数涉案妇女做了上述六种行为，都会因为这一点而被法官免除议罪。其中，致肇衅端、致酿人命的妇女不在少数。《刑科题本》被科以"不应为"律的人，其中仅有八名妇女。并且，她们都依律被允许收赎而免去刑罚。其二，乡愚无知。例如"广东东莞县民张

---

① 杜家骥编：《清嘉庆朝刑科题本社会史料辑刊》，天津古籍出版社 2008 年版，第 688 页。

② 杜家骥编：《清嘉庆朝刑科题本社会史料辑刊》，天津古籍出版社 2008 年版，第 397 页。

③ 杜家骥编：《清嘉庆朝刑科题本社会史料辑刊》，天津古籍出版社 2008 年版，第 57 页。

④ 刘志勇：《清代"不应为"律及纠纷解决》，谢晖等主编：《民间法 2011》，济南出版社 2011 年版，第 208 页。

盛广因赎田之争欧毙孙博远案”，梁秀章的行为殊属不合，但经讯问后，法官认为乃是乡愚不知例限之故，且已在争殴中被打伤，因此免于问罪。[①]

第二，基于客观情势未能劝阻。包括三种具体情况：其一，劝阻不及，即事发突然来不及劝阻，免议其“不应之罪”。这样的情形在《刑科题本》里非常多。大量的在场旁观人员因此被免议罪。其二，没有劝阻能力，是指当行为人是女子（“女流力弱，不能拉阻”），[②] 或者年幼之人（“年幼不能劝阻”），[③] 或者年过七十的人（“年逾七十，力难劝阻”）时，[④] 不劝阻或者劝阻不力就不被追究“不应”的责任。其三，已尽劝阻的义务。这种情形仅出现过一例，劝阻者尽力劝阻之后以为劝阻成功便离去，离去之后发生命案。[⑤] 法官认为劝阻者无法预知后情，自然没有责任。

第三，已伤或已死。其一，已伤仅仅指在案中被殴伤。在命案争衅中被打伤的人一般也会被免责。例如某案中，行为人肇衅酿命，“本有不合”，但是“姑念被殴受伤”，被免于置议。[⑥] 其二，已死亡，即行为人死于命案争斗，或者审讯过程中病亡、自杀。这一点毋庸赘述。

第四，系属听令而为的行为。例如由家长主使的仆人，[⑦] 听从家翁之令的儿媳没有投报丈夫被杀之事。[⑧] 由于身份的原因，行为人处于从属地位，受制于尊长、家主的意志，并非共谋，也并非自愿帮助，因而情有可原。

第五，亲属涉案并且已获罪或死亡。其一，已罪坐其亲，即亲属也涉于案中，且已被科以不应为罪。常有某人做了前文所述的“不合”行为，但只要其亲属已经被定以不应之罪了，就不再就该人的“不合”行为处罚其不应之罪。通常是已罪坐其子（或父、夫、兄）。其二，亲属系案中死者。案件中其父、母、夫、妻、子、兄、弟，只要其中一人在案中死于非命，法官会姑念此情，免其议罪。例如“山东单县刘玉柱听从刘宗周共殴致伤刘泳召身死案”，刘牛、刘年听从他人纠结，参与斗殴但未伤人，依照“不应为”重律，杖八十。由于刘年父亲刘

① 杜家骥编：《清嘉庆朝刑科题本社会史料辑刊》，天津古籍出版社2008年版，第663页。
② 杜家骥编：《清嘉庆朝刑科题本社会史料辑刊》，天津古籍出版社2008年版，第57页。
③ 杜家骥编：《清嘉庆朝刑科题本社会史料辑刊》，天津古籍出版社2008年版，第1425页。
④ 杜家骥编：《清嘉庆朝刑科题本社会史料辑刊》，天津古籍出版社2008年版，第1685页。
⑤ 杜家骥编：《清嘉庆朝刑科题本社会史料辑刊》，天津古籍出版社2008年版，第308～309页。
⑥ 杜家骥编：《清嘉庆朝刑科题本社会史料辑刊》，天津古籍出版社2008年版，第526页。
⑦ 杜家骥编：《清嘉庆朝刑科题本社会史料辑刊》，天津古籍出版社2008年版，第1215页。
⑧ 杜家骥编：《清嘉庆朝刑科题本社会史料辑刊》，天津古籍出版社2008年版，第1743页。

泳召，已经在命案中死亡，因此，法官判处刘年从宽免议，而刘牛折责发落。[①]例如"姑念妇女无知，且已罪坐伊子"[②]，以及"姑念已被余茂超等殴伤，且伊父已死非命"[③]。可以看出，法官依照"不应为"律科罪之时，也将家庭作为整体来考量。虽然行为人做出了于理不合的"不应为"行为，但若是其亲属已经遭受不幸或亲属的"不合"行为已被刑律苛责，行为人就会获得法官在情理上的矜免。

第六，在法官个人看来可以免责的其他情形。《刑科题本》的记载中曾有一案因年老而不议。此案行为人虽然行为"殊有不合"，但法官念其年过七十而免议。[④]不过在其他数个案例中，年过七十的人被处以了不应之罪，法官只是按律例允许其收赎。[⑤]无独有偶，还曾有一案记载行为人的行为应该处以"不应为"重律，但因其年过八十，"照例勿论"。[⑥]而另有一案，行为人同样是年过八十，但只是"照律收赎"。[⑦]可见，有时是否免责系属法官依案情的个人决断。

若只看"不应为"律在律典中抽象的总括性规定，并注目于"理不可为"四字，法网严密这一观感倒是情理之中。但就《刑科题本》的记载来看，实际上这一罪条针对的行为同样附带了十分宽泛且易于满足的免责条件，因此大量的"不合"行为都未被定罪处罚。一般说来，《刑科题本》记载的命案，只要出现上述免责因素，行为人的"不应为"行为就会被免去问责。仅从行为来看，命案中"理不可为"者极多，但是，仅有一部分违反律例的或者与命案发生、发展、公正审理有关的"不应为"行为，才会被依照"不应为"律科罪。

综上所述，宽容的实际处罚以及大量免责的"不应为"，足以证明"不应为"律的适用也不一定产生擅断和滥刑。所谓擅断，究竟是司法者罔顾法律任意妄为，还是我们今日难以理解当时的司法逻辑，可能还需要再行斟酌。

由上可知，清代命案审断将正犯、余犯，以及命案之中的"不应为"者，依律科以重罪及轻罪，处以轻重不同的刑罚。体现出法官对行为与罪责的平衡，使整个案件审理最终实现轻重之平。而在这些被问罪的行为之中，绝大部分的

① 杜家骥编：《清嘉庆朝刑科题本社会史料辑刊》，天津古籍出版社 2008 年版，第 1277 ～ 1278 页。
② 杜家骥编：《清嘉庆朝刑科题本社会史料辑刊》，天津古籍出版社 2008 年版，第 201 页。
③ 杜家骥编：《清嘉庆朝刑科题本社会史料辑刊》，天津古籍出版社 2008 年版，第 391 页。
④ 杜家骥编：《清嘉庆朝刑科题本社会史料辑刊》，天津古籍出版社 2008 年版，第 388 页。
⑤ 杜家骥编：《清嘉庆朝刑科题本社会史料辑刊》，天津古籍出版社 2008 年版，第 204 页。
⑥ 杜家骥编：《清嘉庆朝刑科题本社会史料辑刊》，天津古籍出版社 2008 年版，第 234 页。
⑦ 杜家骥编：《清嘉庆朝刑科题本社会史料辑刊》，天津古籍出版社 2008 年版，第 1062 页。

笞杖刑罚均被减轻处罚。

小　结

从清代命案审断之中对“不应为”律的适用，还可以窥视到国家视角中的基层社会秩序，及“不应为”律背后的“理”。毕竟，“除了提供丰富的资料以外,法律史研究本身就是认识传统社会的重要途径之一”[①]。除去触犯其他特别“不应为”律的行为，清代命案审断之中，主要处罚的“不应为”行为有两类：对命案发生、发展负有责任的行为，以及影响命案公正审断行为。可以从题本记载中看出，前者被处罚的原因在于，法官认为被处罚的行为人，对命案的发生、发展负有责任，如果他们能约束自己的行为，积极阻止争斗，那么被害人死亡的结果也许就不会发生。而他们的行为却违反了这样的义务，最终导致命案纠纷产生。而后者，则是违反了职责，影响到命案的公正审断。

将对命案发生、发展负有责任的行为科以“不应为”罪，是出于传统社会结构之必然逻辑。由于命案会对社会秩序产生较大影响，因此法官需要进行妥当的处理。而妥当的处理必须以基层社会结构为基础，遵循清代民间的社会生活秩序。传统中国的亲属关系、地缘关系是“丢石头形成的同心圆波纹的性质”[②]。乡土社会的基层结构是一种“差序格局”[③]。从清代命案审断记载中,可清晰地看出，清代民间的社会结构是以囊括了个人的单一家庭为中心，推及亲族、友人、邻佑，再到生活在同一地域的不熟悉之人（例如船户），推及地保、邻佑、乡保等半官方性质的公职人员，最后归于州县地方官的管领之下。为了防止命案的发生以及及时、妥当地处理命案，家人、亲族、友人、邻佑、其他同地域生活者、地保、差役、地方官，这些差序格局中离中心由近至远的人，都被赋予了义务

① 张小也：《官、民与法：明清国家与基层社会》，中华书局 2007 年版，第 29 页。
② 费孝通：《乡土中国》，人民出版社 2012 年版，第 28 页。
③ 费孝通：《乡土中国》，人民出版社 2012 年版，第 35 页。

或职责。

简单地说，这是一个包含了家人、亲、友、邻、当地人，基层辅助管理者、地方官的差序社会结构。首先，家人、亲族通常是最接近命案纠纷的人。题本中很多命案的发生与恶化，都涉及家人、亲族的参与。同样的，家人、亲族也有着优先于其他人的，能阻止争端发生、发展的能力。其次，友人和邻佑通常也会卷入命案之中。题本记载中，友人出于私人情感，常常会做出帮助命案当事人的"不应为"行为，对争端的发生、发展负有责任。或是身处争端发生的现场，有机会阻止争端发生，避免出现死亡结果。而古人通常同井而居，生活在附近的非友则邻。邻佑之间能够相互帮助、相互护佑。因此，邻佑身处纠纷现场之时，或是被邀约前去帮助命案当事人之时，也有机会阻止纠纷产生，避免酿出人命。再次，生活在同一地域的人，也会被卷入命案纠纷之中。例如题本记载的被雇佣的船户、帮助命案当事人的村民。如果他们做出了"不应为"行为，明知会有纠纷发生却参与其中，也会被认为对命案的发生、发展存有责任。最后，管理者，包括基层辅助管理者以及地方官。比如地保、保甲、头人等，在州县所辖之地，有协助州县官征收钱粮、维护治安、查察命案的职责。如果履行职责不力，导致治安秩序被破坏，也会被问罪处罚。刑书、仵作、差役等听从地方官之命，有协助州县查清命案的职责。若有违背，自然也会被问罪处罚。清代命案的审理，清楚地展现出了"应然"社会秩序的样貌，以及社会生活实践中根据社会结构所设置的义务、职责体系。命案中被处罚的"不应为"行为，则是间接导致命案发生、参与命案纠纷、没有尽力阻止命案发生及因失职阻碍命案公正审理的行为。

命案中被处罚的"不应为"行为，反映出"不应为"律在命案之中，所规范的"理"。同时，清代命案中"不应为"律的适用，也反映出了国家视角下的基层社会秩序之"应然"状态。从《刑科题本》的记载来看，基层社会中的理想秩序应当包含如下几个方面：第一，民众在生活中应当依理行事，以理劝谕，以理服人，不应轻易开启事端、争闹滋事，以致酿成人命重案。第二，对于争殴，有关人等应当尽力劝阻争殴以免发生命案。家人、亲族、友人、邻佑、雇工等，应当以理劝阻，以理说和，而不应与其一同前往助势，参与纠纷，激化事态。第三，一旦发生命案，应当主动向地保或州县投报，不得匿报，更不许私和人命。第四，对当地治安负有职责的辅助管理者应当恪尽职守。地保、保甲、乡约、头人等，应当日常访闻，及时发现命案，并且在查明实情之后，如实上报州县。第五，协助州县管理的胥吏差役、仵作刑书，应当认真履行职责，协助完成命案的公正审理。

因此，一旦“应然”秩序在现实中被打破，法官审理命案之时，便会以差序社会结构为出发点，以修复秩序。审理时，自然会以命案当事人为中心，推及其他负有义务或职责的人，追究以轻重不同的责任，处罚纠纷发生过程中和案件审断过程中，违背所负义务或职责的人。《牧令须知》中“论叙供”一篇，写明了这样的审理逻辑：“其线索要清。先叙地保，次邻证，又次轻罪人犯，末则叙正犯之供。”清楚地体现出基于清代差序社会结构所设置的治安义务体系。虽然，命案审断依然以杀人偿命的朴素正义观为主要逻辑，处断凶犯仍然是审断的核心。但是，若只将杀人者依律正法，而不问其他负有义务或职责的人的“不应为”之罪，基于社会结构而产生的司法逻辑就会难以周延。罚与纵之间刑差太大，则会出现“轻重失平”之弊。因此，做出“不应为”行为之人被问以“不应为”之罪，是符合当时治理逻辑的必然结果，目的是实现命案审断的“轻重之平”，并非司法擅断。并且，这些被问以“不应为”之罪者，题本记载中大多都被予以宽免刑罚。因此，“不应为”律在命案司法中的适用，也没有导致任意滥刑。将间接导致命案发生、参与命案纠纷、没有尽力阻止命案发生、因失职阻碍命案公正审理之人，问以“不应为”之罪，更多的意义偏向于教喻和警戒。刑罚上的宽容以及大量的免责，是因为，适用“不应为”律来处罚“不应为”行为不是审断的主要目的，而是基于差序社会结构，以司法来平衡案件整体的罪责刑，实现审断的“轻重之平”，最终维护基层社会的差序秩序。恐怕，法官更多的是希望民众能引以为戒，明白何为当为，何为不当为。教喻民众在社会生活中，通过自己的行为，尽量避免命案的发生，维护社会生活秩序。通过“不应为”律的适用，告诫民众违背义务、职责之处，足以起到教化之意，再对刑罚予以大量宽免，来体现恤刑与宽宥的精神。

第六章

审断与教喻：“不应为”律的细故案件司法适用

引　言

“不应为”律以庶补遗缺、补充律令无条的轻罪规范为立法初衷，从适用刑罚为笞杖轻刑。而细故案件正是以“户婚田土及笞杖轻罪”为范围，若此律确以罗织严密法网为目的，那么在理论推断上，细故案件也应是此律大量适用的领域。但是，在“不必事事照例”、“庶不与律例十分相背”[①] 的清代州县自理词讼中，引证“不应为”律的记载远没有《刑科题本》那样频繁。以《历代判例判牍》中的细故案件为例，其中适用“不应为”律的案件并不占多数。例如，《樊山政书》仅有1例记载;《陆稼书判牍》中也只有1例;[②]《三邑治略》共记载29例“不应”以及数处“不合”，但未有一案明确援引。经里赞教授整理的晚清南部县档案中有明确判词的100件案件中，没有明确援引的记载。这印证了滋贺秀三的观点，即“绝不是所有或大多数案件中都引证国法”，“其引证频度是极低的”。[③] 由于细故案件没有牵涉到人命，州县官对待案中绝大多数的“不应为”行为比命案审断更为宽容。

第一节　细故案件中的“不应为”行为

清代细故案件中虽然没有大量援引“不应为”律直接审断，但是案中被州

---

① 《平平言》卷二。

② 晓明等编：《绝妙判牍·陆稼书判牍》，海南出版社1993年版，第19页。

③ ［日］滋贺秀三等：《明清时期的民事审判与民间契约》，王正新等编译，法律出版社1998年版，第25页。

县官认为"不应为"的行为，与"不应为"律所规范的行为有共通之义。分析细故案件中的"不应为"行为，能使我们更深入、全面地了解"不应为"律。与命案审断记录相同，清代细故理断的记载也常常出现判定行为"不合"一类的评价。在判牍、档案中，这类判语常见的有"本有不应"、"均有不应"、"殊属不合"、"殊属不法"、"大属非是"、"殊属不合理"、"情殊不合"等。这些州县自理词讼中的裁判语词，与监司、督抚、刑部官员在重情案件的审断记录中也频繁出现。嘉庆朝《刑科题本》记载的命案之中，同样的语词也被用来评价科以"不应为"之罪的行为。此外，某些行为属于"不合"之行为，也是当时一些州县官理讼记录中较为固定的评断部分。清代刚毅所撰的《牧令须知》一书中，对案件审断记录的惯用格式有如下记载："据差役供云云，各等供，据此卑职再三研讯实系该乡约误听谣传、挟嫌上控，该丁差等实无串同舞弊情事，伏查某某等误听谣传、告讦磕事，本属不合，理应按律坐诬。姑念乡愚无知，均各薄责示惩，以儆效尤。应请均免置议，无干省释。除取具各结存卷外，所有此案奉饬讯明缘由、是否允协，理合具文详请。"① 由此可见，"本属不合"的行为，在审断中是州县裁判的固定对象之一。从广义上来说，判牍里有关"不合"的评价语词，都是形容行为"理不可为"之意，指的都是"不应为"的行为。仅从行为表现来看，清代细故案件中的"不应为"行为与"不应为"律所规范的"不应为"行为并没有本质区别，甚至有一部分"不应为"行为与命案中"不应为"行为相似。以如下数例来说明。

第一，买卖两清之后的找价行为。通常而言，民间买卖依照契约而进行，双方谈妥价款，立下字据，钱物两讫，交易便结束。但是，有的卖家在交易结束之后，心有不甘，仍想获取更多的钱财，因此纠缠卖家找补价款，这种行为违背了交易公平。

以光绪十年（1884）四川南部县的一件卖田找价案为例。

> 张朝清既将田业出卖张虞廷，获买价二千三百五十串，契价两清，出有收约。张朝清何得妄称佃钱不清，重索滋角，殊属不合，本应深究，姑念未讯之先，业凭文生徐登岱等理明取和，免予深究，饬令归家农业，勿

---

①《牧令须知》卷六《论叙供》。

再妄滋事端，各具遵结备案。此判。[①]

州县官认为张朝清将田业卖与张虞廷，彼此订立了契约并付清价款。本已买卖两清，便应遵守买卖契约。张朝清不该无理反悔，企图再索要更多的钱财。并且为了索取找价，滋生事端引发口角争闹。其行为于理不合。本应追究其责任，但是考虑到在审理之前，两人已经通过第三人说理求和，因此免除追究其责任。

《刑科题本》中也有因卖田后找价引发的命案。以“浙江仙居县民范炳湘等群殴毛全宽身死案”为例。

嘉庆二十一年八月二十四日，据地保张兆发禀报，据王丕德投称：八月二十一日，伊出外工作，有仙居县人范炳湘等至伊家内索讨担保王光桂田价钱文，工人毛全宽向理，被范炳湘等拉去，伊闻知回归。邀同邻佑王顺宝、王宁喜追至高园地方，见毛全宽受伤在地。随将范炳湘等获住，毛全宽旋即身死。伊即往报，尸兄毛全武一同报验等语。往查属实，理合将犯解案禀请验究……王光桂混行索找田价致酿人命，应照不应重律，杖八十。王丕德之祖所买之田久经过户，且曾找过钱十千，立有字据，其不允找价并无不合，应免置议，无干省释。理合具题，伏乞皇上睿鉴，敕下三法司核复施行。[②]

对比之下可以看出，这一则命案中的“不应为”行为，与张朝清案类似。都是在签订契约、付清价款结束交易之后，心生不甘，想要获取更多的钱财，于是无理取闹滋生事端。本案中，法官认为买方在立有字据、付清价款之后不同意找价的行为，没有不合理之处。而王光桂在买卖两清之后混行索找田价，最终引发了命案。这种行为于理不合，因此被法官科以“不应为”之罪。

第二，没有以理相劝的行为。从清代案件的审断记载中，可以看出，司法者认为当家人、亲族、友邻等与人发生争执之时，应当以理相劝，帮助争端平息，而不是放任争端发展，或者参与其中激化矛盾。

① 《南部县档案清全宗档案》档案号 8-970。转引自里赞：《晚清州县诉讼中的审断问题——侧重四川南部县的实践》，法律出版社 2010 年版，第 254 页。

② 杜家骥编：《清嘉庆朝刑科题本社会史料辑刊》，天津古籍出版社 2008 年版，第 710 ～ 711 页。

《天台治略》中记载一案如下。

> 明系群子圭征逐角口，为尊长者若能以理劝谕，各自儆戒，其子便尔释然省却无数是非烦恼。想尔一味护短，以致周君义等亦出而争衡耳。何得听信讼师，妄牵旧事渎禀，殊属不合。速归诉邻总处。明均不得多事，时当岁暮，所谓有事不如无事也，思之！思之！[①]

法官认为，事件起因本是周君义与人口角，但案中尊长没有以理劝谕，反而护短，导致周君义与人相争不休。并且听信讼师怂恿，以陈年旧怨兴讼。这样的行为是“殊属不合”。

对比《刑科题本》中的“甘肃镇原县民闫士吉殴伤牛金满跌崖身死案”为例。

> 嘉庆十八年七月初七日，奉本州信牌，据镇原县典史朱敦元详称，七月初三日，据乡约报，据民人王可成投称：伊地路旁干水窝内躺一死人，头面有伤。等语。理合报验。等情。据此，随即带领刑仵前诣该处，先看得情形。勘毕，饬令相验……该署督既称：闫士兴于罗香等受伤之后，闻声往查，并不善为劝理，竟赴塬喊叫众人帮拿送官，追牛金满等逃跑，又复拾取劈柴追赶，以致闫士吉将牛金满殴伤落崖身死；侯智元于牛金满殴伤罗王氏等二人并周姓殴打闫士兴之时，并不力为劝阻，致起事端，均属不合，应照不应重律，杖八十。闫士统用木叉殴伤侯智元胳膊，应照他物殴人成伤律，笞四十。老农张进畛路过劝令各自调养伤痕，以致并不即时报官验伤，取辜医治，应照私和公事律，笞五十。聂有陇、刘文忠因牛金满伤重，将其抬放半路身死，与侯智元、李学、辛豆娃、昝习忠均各畏累逃避，并不报官请验，亦有不合，应比照地界内有死人，里邻不申报官司检验，而辄移他处律，杖八十。查该犯等事犯在嘉庆十九年二月三十日恩旨以前，闫士兴、侯智元、闫士统、张进畛、聂有陇、刘文忠、李学、辛豆娃、昝习忠所得杖笞各罪，均予宽免。罗王氏、刘李氏不知聂有陇未食凉粉，按人统算讨钱，致肇衅端，均有不合，业已被殴受伤，且系女流无知，

① 《天台治略》卷十。

> 应同并未动手殴人之刘洪玉、罗香均免置议。逸犯周姓获日另结。无干省释，尸棺关属领埋。等语。均应如该署督所题完结。[①]

此案中，共有两人被科以“不应为”之罪。分别是没有依理劝阻的闫士兴，在斗殴发生时没有尽力阻止的侯智元。其中，闫士兴在听到打斗声前往查看时，发现有人受伤，本有能力以理劝阻，中止争殴，防止纠纷扩大。但却没有善为劝理，而是自行跑开找人来抓牛金满。其后又拾取木柴追赶，牵涉进争斗之中，间接引发后续的命案。法官认为他不善为劝理，反而进行了一系列激化矛盾的行为，最终引发命案，将其与侯智元，依照“不应为”律处罚。《刑科题本》中“不合”行为记载颇多，于此不再一一赘述。对于发生在他人或者自己身上的纠纷，应当“以理劝谕”、“善言理阻”、“善言理讨”，这才是法官认为合乎情理的行为逻辑。

第三，帮助争殴的行为。清代细故、重情案件的审断记录之中，都有很多帮助纠纷一方与对方争斗的行为。以南部档案记载的一件媒人索取谢礼案为例。

> 堂谕讯明……嗣因媒证文三清复索谢资争角，其侄文天奎扛帮，将学忠殴伤，情殊不合，薄责以儆。文三清称财礼未清，果未付楚，刘姓何不到案？明系饰词，本应并责，姑念两造抓扭，发被征脱，从宽免究。各结完案。此判。[②]

媒证文三清自称对方没有付清财礼，为了索要钱财作为谢礼，从口角之争发展到与人斗殴。其侄子文天奎参与斗殴中，与文三清一起将受害者打伤。州县官认为文天奎为了帮助叔叔，参与斗殴将人打伤的行为于理不合，因此施以责罚以示惩戒。文三清谎称财礼未清，索欠引发纠纷，也属于“不应为”行为。本应当一并责罚，但是考虑到文三清在斗殴中受了一点轻伤，因此予以宽免。可以看出，这一则细故案件，州县所做的裁判之中，文天奎之“不应为”行为，以及文三清之“不应为”行为，与清代命案审断并无区别。文三清的“不应为”行为被宽免责罚的原因，也与清代命案中“不应为”行为的免责条件相同。

而《刑科题本》中这样的行为记载更为常见。以“河南宁陵县民黄克信殴

---

① 杜家骥编：《清嘉庆朝刑科题本社会史料辑刊》，天津古籍出版社 2008 年版，第 966 ~ 967 页。

②《南部县档案清全宗档案》档案号 8-970。转引自里赞：《晚清州县诉讼中的审断问题——侧重四川南部县的实践》，法律出版社 2010 年版，第 289 页。

毙邻庄人王大根案"来比对。

嘉庆二十四年二月二十二日，据中九野地保杨元二禀，据王世美投称：本月二十一日，黄克信因挟伊雇工吕明公索欠殴伤之嫌，纠约黄第五等还殴。吕明公与伊子王大根出敌，伊子被黄克信扎伤身死。等语。往查属实，理合禀报。等情。据此，随带刑仵亲诣尸所，饬令将尸移放平明地面，如法相验……该臣看得宁陵县民黄克信扎伤王大根身死一案。黄克信合依同谋共殴人致死，下手致命伤重者绞律，拟绞监候。黄第五、邱油昕纠共殴，合依余人杖一百律，各杖一百，折责四十板。吕明公索欠肇衅，应照不应重律杖八十，折责三十板。李畛等劝阻不及，应毋庸议。黄克信所欠吕明公工钱照追给领。无干省释，尸棺饬埋。臣谨具题，伏祈皇上睿鉴，敕下法司核复施行。[①]

案中吕明公向雇主索讨拖欠的工钱，没有和平地商讨，被雇主拒绝后双方发生争殴。吕明公"不依争闹"，将雇主殴伤。这一索欠引发纠纷的行为，导致其后命案发生，因此吕明公被问以"不应为"之罪。与上文细故案件中的文三清的"不应为"行为相似。而文天奎帮助当事人参与斗殴的"不应为"行为，与前文所提及的"山东单县刘玉柱听从刘宗周共殴致伤刘泳召身死案"中，帮助当事人参与斗殴的刘牛、刘年之"不应为"行为也几乎一致。

第四，失职行为。《大清律例》中，对于官吏失职的轻微罪行，也会依照"不应为"律处定罪罚。在命案审理记载之中，也有大量的特殊主体失职的"不应为"行为。而清代细故案件中，也有这样的情况。

据详已悉详尾，引例科罪，于描摹印信骗财蚀税之革生梁士杰，则拟杖七十。于并不匿税无端受骗之商人张瑞祥，则拟杖八十。有如此不公平者乎？此等事，原不必详办，州县官在堂上立时事结，并不必告知幕友。一经不通刑名之手，必致有例案而无情理为止。试思例文云："田房税契业主，误交匪人代投，致被假印诓骗者，杖八十。"然则假印诓骗之匪人罪，

① 杜家骥编：《清嘉庆朝刑科题本社会史料辑刊》，天津古籍出版社 2008 年版，第 1481 页。

> 反轻于业主乎？来详意在不办已革之秀才，遂各引各例，而不顾事理之不平，此等幕宾，应照不应重律，杖八十。代张瑞祥受杖。详称梁革生并未得财开脱之词，耳渠既费力描摹，不得钱岂肯放手。张瑞祥并不知其作伪，岂能措税不给，是该商始已折财，继又涉讼又二次投税，终被劣幕拟杖八十。反比匪人加等，何其冤也。以本司定断，张瑞祥别无罪过，立即省释。梁士杰痛笞一顿，枷号一月完事。幕友准其收赎，一板一金，扣束修八十金，发交龙洞渠充公此缴。①

此案中，樊增祥认为原判并不公平。州县官听信幕友所拟定的判决，反而使人无辜蒙冤。此案本是商人张瑞祥缴纳税款时，将税款托付革生梁士杰代投，结果梁士杰伪造印信，骗取了代缴的税款。《大清律例》虽有条例云："凡州县官征收田房税契，照征收钱粮例，别设一柜，令业户亲自赍契投税，该州县即粘司印契尾，给发收执。若业户混交匪人代投，致被假印诓骗，即照不应重律杖八十，责令换契重税。"但是，本案中，张瑞祥并非故意匿税，乃是被人所骗。幕友所判，将伪造印信骗人钱财的梁士杰杖责六十，反而将被骗的张瑞祥杖以八十，被骗的事主所受处罚比恶意行骗者更重，实在有失公平。梁革生所供称的并未得财之词，乃是开脱罪责的谎言，幕友却不加思考轻信梁革生，导致张瑞祥蒙冤。这种将律例生搬硬套，却不顾案件事理情节、审断不公的做法，实为失职。因此，樊增祥认为应当将张瑞祥无罪释放，梁士杰笞刑并且加枷号一月。幕友依照"不应为"重律，杖八十，允许其缴纳赎金抵罪。

以《刑科题本》中"安徽龙井庵僧人松和打死窃贼张和尚案"为例。

> 报验讯供：该州张槐因班房有干例禁图避处分，详内改作管押在店殴毙通报，旋据臬司防闻揭报参奏，奉旨革审。一面行提犯证卷宗来省，委员会审，详解，提犯审认不讳。僧松和实因张和尚窃贼取钱文避匿，向讨被骂气忿殴伤致死，亦无行窃王李氏衣物。质之王志璜亦俯首认诬，实因欠租畏质所致，王凡并不知诬告情事。此案张和尚原属罪人，僧松和实属擅杀，将松和依律拟绞，王志璜等拟杖等因，具题前来。

① （清）樊增祥：《樊山政书》，中华书局2007年版，第92页。

> 应如该抚所题，僧松和合依罪人不拒捕而擅杀律，绞监候，秋后处决。王志璜名诬告，合依诬告人于杖七十上加所诬罪三等，杖一百。王李氏罪坐伊子，毋庸议。刑书翁宽，捕役蔡璜、金和、余顺，各应照不应重律，杖八十，折责革役发落。查该犯等事犯到官在四年十一月二十七日恩诏以前，王志璜挟嫌诬窃，酿成事端，所得杖罪不准援免。翁宽、蔡璜、金和、余顺各杖罪均予援免，仍革役，班房严饬革除。该参州张槐前据该抚审拟杖责，业经照拟奏复在案，毋庸再议。[①]

此案中，参州张槐因盗窃案，缉捕了嫌疑人松和。但是松和拒不认罪，因此被关押至班房，由差役余顺等看押等待审讯。此时与松和有旧怨的张和尚也因盗窃被捕，同样被关入班房之中。松和因索讨钱财而与张和尚发生争执，扭打中，松和将张和尚打伤。其后张和尚因为伤重难治而死亡。参州张槐担心因班房衙役管押失职，导致犯人争殴而死，而自己会被处分。因此在上报文书中谎称张和尚关押在外而被打死。事发之后，除了处置命案，参州张槐因谎报案情而受处罚。刑书翁宽，差役蔡璜、金和、余顺也因为失职，被问以"不应为"罪。

由以上对比可见，重情案件与细故案件中，这些被评断为"不应"（"不合"）的行为，仅就行为本身来看，几乎都是一致的。虽然，细故案件很少之间援引"不应为"律审断，但是，法官对于"不应为"行为的评判标准，与命案审断并无本质区别。当然，由于细故案件"鼠牙雀角"之事皆能成讼，较之重情之案，被认定为"不应"（"不合"）的行为也就更加多样、琐碎。对于这些"不应为"行为，州县官有时会在判词中，做出上述提及的"不应"、"不合"等判定。与命案审断记载中的"不应为"行为判定语词相同，如"本有不应"、"殊属不合"等。

---

① 杜家骥编：《清嘉庆朝刑科题本社会史料辑刊》，天津古籍出版社 2008 年版，第 1126 ~ 1127 页。

第二节　审断的理据支撑

细故理断中的“不应为”行为判定与“不应为”律，同样是以“理不可为”作为判断标准。“理不可为”这一行为内核，使重情与细故中的“不应为”行为得以贯通。但是，从处断结果来看，细故理断与命案审断又有很大的不同。命案审断之中，法官评判某种行为“不应为”，并将其中一部分不符合免责条件的“不应为”行为，依照“不应为”律问罪处罚。这样做的主要目的，是为了遵照清代基层差序社会结构的客观限制，平衡案件中不同行为人的行为、罪责与刑罚，以“不应为”律进行司法平衡，教喻及惩戒违理的民众，最终使案件审断实现“轻重之平”，并力图修复差序社会秩序。而细故案件之中，由于没有人命死亡的严重后果，州县官对于“不应为”行为的评判与处罚，则是为了获得审断的理据支撑，得到“两造认同”以“输服具结”，并力图建构社会情理共识。先以州县官对细故案件中“不应为”行为的处断来作分析。

一、州县官对“不应为”行为的处断

如前文所述，较之于清代命案审断，细故案件的理断之中，“不应为”律被明确适用的实例极少。对于“不应为”行为，州县官的处理方式通常分为以下三种。

第一，依照“不应为”律科罪。因为行为触犯“不应为”律而被州县官援引律例问罪处罚。不过，这样的案件非常少，就笔者查阅到的清代判牍，并没有太多的例证。先以“僭越仪仗之妙判”为例。

判得隶卒愚顽婚姻僭越事……以胥台之卑贱，效仕官之威严，招摇过市，罔恤道路，讥评编闯官衙，任意公门出入，既忘在公奉公，自应当罚必罚。科以不应之罪，谅无解免之辞，笞杖加身，敲同蝶板，荷枷示众，击出蜂

衙，只因狂逞一时，痴心妄为，遂致法尝三尺，无力求情。遇红鸾而逢白虎，问新郎于意云何？因牴犊而累犁牛，惩蠹胥当如是也。给以肉鼓吹两部，余音犹合卺之笙箫；赏以独桌席双台，雅叙作会亲之筵宴。实葛藤之自缚，讵桁杨之无情。公庭上户对门当，莫道齐姝非偶；亲家翁求荣反辱，正同楚子对囚。凡兹略示薄惩。务各速知悛改。此判。[①]

此案是因两名州县差役为儿女结亲，僭越婚礼仪制所起。由于清代良贱有别，倡优隶卒之家是为贱流。依照清代律例规定，倡优隶卒之家，婚丧嫁娶的仪制都不得与良民等同。因此在婚礼仪制上，不得僭越等级。而此案中，两名差役在举办婚礼之日，没有依照良贱有别，遵守贱民婚丧嫁娶不可使用仪仗，在合适的仪制内操办儿女婚事。反而极为铺张阔绰，不仅雇人鸣锣开道，在街道两旁陈设旌旗，而且招摇过市，滋扰道路两旁的民众。正逢有一名讼师与州差陆少达有仇，便将此时禀报州县，请求追究僭越礼制的责任。法官认为这两名差役，虽然联姻是家中喜事，但是庆祝婚礼也应当遵照礼制，行为有度。两名差役本就在州县衙门任职，应当知晓律法规定，但却知法犯法。本是卑贱的胥台，却效仿官员之威严，僭越了身份与法度。因此被法官依照"不应为"律问罪处罚，并且加枷示众，令其悔改。

第二，不依律的薄责。很多案件中，对于"不应为"行为，州县官并不直接援引"不应为"律问罪责惩，而是施以如掌责之类的轻微责罚。不过，这样的案件数量也很少，一般只有情节较为恶劣，才会"薄责以儆"。以一"钱债纠纷"案为例，案中两造"狡供蒙混"，州县官如此理断："堂谕讯得：何明德、杨仕春均买文廷才桑叶各一处……且查何明德向文廷才承买小树桑叶九根，价钱二百五十文，因伊父误摘杨仕春承买之叶，杨仕春由此只给半价，其余不给。文廷才始向何明德向讨角口凶殴，乃凭敬天喜理斥，胆敢武断，致酿讼端，殊属不法，将其掌责。……此判。"[②] 本案中，纠纷本属琐事，只是因为一方误摘桑叶，而另一方只肯给付半价，由此发生口角并争殴。本已有人依理训斥想要平息争端，但行为人却并不听从劝阻，自行兴讼，并且在呈堂证供之时作虚假供述。因此，

① 晓明等编：《绝妙判牍·陆稼书判牍》，海南出版社1993年版，第19页。

② 《南部县档案清全宗档案》档案号9-332。转引自里赞：《晚清州县诉讼中的审断问题——侧重四川南部县的实践》，法律出版社2010年版，第259页。

州县官认为殊属不法，判令将其掌责以儆效尤。

第三，宽免不罚。对于这些“不应为”的行为，州县官的处理较命案更为宽容。除去少数案件加以薄责之外，绝大多数“不应为”行为都被宽免责惩。

清代南部县档案有明确判词的100件案件中，常常出现“本应责惩，姑从宽免”，“理应责惩，姑宽”这样的判语。以前文提到的南部县档案记载的那件“买妻卖妻”案为例，“何王氏不查明虚实，控告牵累，殊属不合。既凭家族理明，姑免深究，巳后不准翻悔，各具结完案。此判”[①]。复举“捏情愈勒”一案，判词中写道：“但李天泮等出佃房屋亲书契约，乃敢捏情妄控，殊属不合，本应掌责，姑念一脉，免修和好，从宽免究。”[②] 再以前文所提的“钱债纠纷”案为例，州县官而后“覆讯”，发现文廷才讨要争殴实有隐情，杨仕春“骗价不给，从中取巧，使人涉讼，殊属非是”，不过最终还是判其“本应责惩，姑从免究”，只令其将欠款于三日内缴清。[③]

可见，州县在理断细故案件之时，并没有将“不应为”行为都援引律例责惩。这就与之前部分学者的推断，即引用“不应为”律的州县自理案件数量可能比重情案件更多这一推断全然不符。也令人联系到滋贺秀三与黄宗智两位学者那场关于清代州县审断依据的著名论争，但由于州县审断的依据并非本书旨趣所在，因而墨止于此，复承上文续论“不应为”在细故案件理断中的功能。

二、审断的理据支撑

命案中适用“不应为”律是为规范论罪，为平衡案件整体审断，并警示告诫做出“不应为”行为之人。而细故案件理断中的“不应为”判定，则是为了辨别是非，说服两造认同处断，接受裁判不再纠缠。具体而言，这种“不应为”判定，是州县官基于案件事实、以理为依据，对案中人的行为是否合乎于理，

---

① 《南部县档案清全宗档案》档案号 9-544。转引自里赞：《晚清州县诉讼中的审断问题——侧重四川南部县的实践》，法律出版社 2010 年版，第 264 页。

② 《南部县档案清全宗档案》档案号 9-677。转引自里赞：《晚清州县诉讼中的审断问题——侧重四川南部县的实践》，法律出版社 2010 年版，第 267 页。

③ 《南部县档案清全宗档案》档案号 9-332。转引自里赞：《晚清州县诉讼中的审断问题——侧重四川南部县的实践》，法律出版社 2010 年版，第 259 页。

所作出的总结性判断，仍然是以"理不可为"作为隐性的标准，是案件判决结果的理据支撑。这种合理性判断所起的作用，则是为处理案件和了结纠纷提供理据支撑、奠定甘结基础。先以"讯黄连元一案"为例。

讯明黄连元之女黄桂香，经向洪发、朱文明卖于姚本先。据朱文明供称，系与黄连元至亲，托伊代卖，向洪发得钱十四串，身只得钱二串。质之黄连元，供称并不与朱文明认识，亦无托卖之事，足见此女系朱文明、向洪发所拐。朱文明重责收押，候拿向洪发再行质讯严办。姚本先并不问清来历，擅娶幼女，亦有不应。即将黄桂香退还黄连元领去。至所去礼价，候传向洪发到案究追。彭元福之佃户彭启秀妄行作媒，实属可恶，着一并传讯究惩。姚本先婚书存卷。此谕。[1]

此案为收买被拐卖的幼女为妻。清律对诱拐妇人子女的行为是严厉打击的。此案中，朱文明谎称是幼女父亲的至亲，受托卖女。而在清代默认的人口买卖中，若买的是幼女，那么一般是由幼女父母与买家签订卖女文契。按照情理，姚本先在买妻之时应当详细查问，以弄清幼女真正的来历，看其是否是其父托此异姓"至亲"售卖。因此，熊宾认为姚本先没有谨慎查明幼女来历，就将其买下被拐幼女娶作妻子的行为是"不应为"行为，于理有亏。然后，在对其行为进行否定性认定之后，综合案情考虑，令理亏之人姚本先承担了"理亏"的不利后果，即退还所买的幼女妻子。并且考虑到案中首恶是拐卖幼女的向、朱二人，姚本先虽有过错但较之为轻。因此，对姚本先所向人贩给付的礼价予以"究追"。由此可知，认定姚本先的行为是"不应为"之举，是依照情理等做出的合理性判断，这一判断是其后令姚本先退还幼女、为其追究礼价这些处理的前提和支撑。点明这一行为是不应为的，也为民人接受理断结果、甘结输服奠定了基础。

再看"讯冉裕全一案"。

此案冉裕全等买冉广厚田地一分，内有一百一十串价未付，仍令冉广厚耕种，即作为押佃之钱。而冉广厚二年不认租稞，且称内有冉广大所

① 杨一凡等主编：《历代判例判牍·三邑治略》，中国社会科学出版社 2005 年版，第 28 ～ 29 页。

买旧屋基园子一块，曾经去钱十六串文，系自治私业，并未出卖。细查约据内有除业一块，此即冉广厚有意纠缠之根。冉裕全投税之时，忽将此四字涂去，改为并无插针之地，彼此均有不应，断令冉裕全仍照旧付钱一百一十串文，交冉广厚收领搬家。其冉广大旧屋基园子一块，冉广厚二年租稞未给，此地即作钱十六串文，归并冉裕全弟兄，以清租稞一款。冉牟氏微有伤痕，据冉祥祯等均称不知如何受伤。冉广厚所砍冉裕全树木等件，亦系小事，彼此均毋庸议，各具结完案。冉裕全期票一纸，计钱一百一十串文，暂存卷。此谕。[①]

此案中，州县官认为两造皆有于理不合之处，评断其“均有不应”。其后的断令还钱、搬家、将旧屋基园子折合价款以抵偿所欠租稞一系列处断，都是以“均有不应”这一不合于理的判断为基础做出的。由此可见，在州县审断之中不应为之行为被“免予深究”、“免于责惩”，更多地指免于受到肉体上的责罚，并不代表免于一切不利后果。行为人的行为被州县官认定为“不应”（“不合”）之后，虽然责罚被宽免，但是仍然会因“理亏”而遭受判决上的不利后果。双方都因“不应为”的行为而处于理亏的地位，这为州县官令其各退一步、不计较小处的调处提供了支持，为“两造具结”奠定了基础。

再以“周良才等控案判”为例。

周氏自南宋迁居，至今三十余世，宗祠、宗谱咸奉始迁者为祖，深合小宗继别之意，与礼相符。周良才钞得旧帙，见其由汉迄唐，世系联贯，辄欲添入谱牒，增主于祠，族人皆谓不可遂以灭祖毁祀，驾词呈控。斯诚愚而好自用者也，本县不惮烦言，于旧帙之谬妄，逐条批斥，俾周宗人共晓之。谱牒之学莫盛于六朝，唐人犹重门第，屡以家世相矜。沿及五季，中原大乱，衣冠巨族散为氓庶。至宋已无复言者，况在今日，而欲追千百年遥遥之胄，以为自出之祖，岂可信耶？旧帙所载，周姓为赧王之后，秦灭周子孙，居汝南，遂以为氏，其说近似而实非也……周良才妄窜谱牒，本应责惩，姑念事出有因，毋庸深究。此后宗祠宗谱，一仍旧贯，不得再

① 杨一凡等主编：《历代判例判牍·三邑治略》，中国社会科学出版社2005年版，第13～14页。

有更动，致生事端。呜呼李义府，自称赵郡、杜正伦强附城南罗绍威联昭谏之宗郭崇韬，哭汾阳之墓，扳援贵族，自昔已然，求如狄武襄之，不祖梁公者，前史有几人耶？周之子孙，日失其序，于良才乎，何诛吾愿。凡为子孙者，共儆之也，原谱发还，当予销案。此判。[①]

此案中，想要篡改宗谱记录的周良才，引发了亲族纠纷。本来，其亲祖自南宋迁居本地，按照礼制应当尊崇始迁者为祖先，记录于宗谱之中，在宗祠供奉。而三十余世后，子孙周良才从某件并不属实的旧时帙文中，看到周姓为赧王之后的记载。便欲修改宗谱，将赧王族裔增添到祖先之中，以表明本宗乃贵族后裔。族人认为周良才灭祖毁祀，将其控告至官府。州县官认为尊崇有证据可证实的始迁者为祖先才是"与礼相符"，是"应为"之行为。周良才修改宗谱的行为于理不合，违反礼制规范，乃是"不应为"之行为。本应当责惩，但考虑到其事出有因，因而宽免责罚。为了使周家人以后不再因为此事再起争端，法官将此事之事理一一道明：

周才卿谥敬侯，而旧帙曰文敬。周法尚谥僖公，而旧帙曰忠武，止谥法之妄也。蓝田为汉县非郡也，而旧帙曰蓝田太守。崇阳为赵宋所设，非唐县也，而旧帙曰崇阳令。此地名之妄也。晋元帝三次改元，无永平也，而旧帙曰元帝永平二年，即惠帝之永平仅两月耳。唐僖宗五次改元，无永隆也，而旧帙曰僖宗永隆四年，即高宗之永隆仅二载耳。此年号之妄也。种种错谬，不可枚举。此等旧帙，一炬烧之可矣。乃欲篡入祠谱，诬其祖宗，至愚至妄，真不值明眼人一噱者。推是意也，必将举周家八百年之统，自后稷至赧王，一一列祀于祠，然后始尽报本追远之意也。此尚知有黑白乎？而谓一族之人能从其议乎？[②]

通过讲解理据，将"应为"与"不应为"之行为分辨清楚，使周良才和周家人明白旧帙记载并不可信，篡改宗谱理不可为。平息事端之后，便不会再因此发生争端。

---

①②《汝东判语》卷四。

再如光绪年间的“悔婚”一案。

> 查婚姻以庚帖、财礼为凭，今孙有荣既未过有庚帖、财礼，陈文另许之文元品家有庚帖可凭，断令女归文三义。主婚文元品、陈文，即陈应文，不将孙有荣作揖之事说明，与孙有荣不过礼帖，均有不合，姑念控出有因，陈、文二姓甫过事物免其责罚，罚陈文、文元品各出钱二千文以为孙润元另娶之资。①

此案中，孙陈两家结亲，但其后陈家反悔，将女儿另许文家。州县官发现，陈家与孙家尚未过庚帖、财礼，而与后许之文家已经过了庚帖。因此，断令陈家女归后许之家。陈、文两家的家长作为主婚者，陈家将女儿许配孙家却不过庚帖、财礼，文家没说清楚孙有荣作揖之事，其行为都有不合于理之处。虽然考虑到事出有因，两人被宽免责罚。但是仍然因为自己的“不应为”行为，遭受了判决上的不利后果，即被判令罚款。

从以上分析可以看出，在细故理断中，“不应”、“不合”是州县官基于案件事实所作出的行为评价，依照礼治、理义、事理、情理等，对案件所涉当事人之行为，评价其是否理不可为。然后再根据这一评判，做出审断裁判。在判词之中，应与不应，指明了行为合乎于理的标准。在词讼之中，违背这一标准的行为，将受到州县官的否定性评价，即“亦有不应”、“殊属不合”之类。州县官在这种否定性评价的基础上，审断、调处案件。借助“不应为”的行为评价，寻求审断方案的理据支撑，综合整个案件考量作出合理的裁判，为案件审断、两造甘结奠定基础。

---

①《南部县档案清全宗档案》档案号 7-840。转引自里赞：《晚清州县诉讼中的审断问题——侧重四川南部县的实践》，法律出版社 2010 年版，第 254 页。

第三节 教喻与"输服具结"

"不应为"律在清代细故案件中,虽然没有被大量援引适用,但是"理不可为"的内核,仍然影响着州县词讼的审断。而细故案件审断中并不直接援引"不应为"律的原因之一，可能还在于，官府认为细故案件的危害性，较之重情之案更为轻微。这一点，或许能从州县官对细故案件的看法中略窥一二。汪辉祖认为:"细故不过一时竞气，冒昧启讼，否则有不肖之人，从中播弄，果能审理，平情明切，譬晓其人，类能悔悟，皆可随时消释，间有难理，后亲邻调处，吁请息销者，两造既归辑睦，官府当予矜全，可息便息，宁人之道，断不可执持成见，必使终讼，伤同党之和，以饱差房之欲。"[①]而理想的处理结果则是："当堂具结时用好言劝导，使有理者心服，无理者知愧，彼此和解而去，自不结怨再告也。"[②]可见清代官府认为，细故案件中的"不应为"行为虽然很多，但是造成的后果远远没有命案一类的重情案件严重，命案需要以"不应为"律作为平衡案件整体公平的刑罚来规范罪刑处断，但细故烦琐，靠调解、教谕就可以收到好的解决纠纷效果。基于这样的认识，对于相同的"不应为"行为，州县官的处断也就与命案审断大不相同。如上文所述，细故案件审断中极少援引"不应为"律科罪，只偶有掌责等薄责。其余大多数案件，州县官都将肉体上的责罚予以宽免，而只是借助对行为"不应为"的评价来讲解案中情理。"不应为"的评判,仅仅是事实叙述,表明行为人在纠纷中处于理亏的位置。而后,州县官在"不应为"评判的基础之上,讲解道理，再行审断劝谕，尽力使其在理亏的基础上做出让步，甚至内心追悔,从而为两造输服、词讼完结奠定基础。否则,便会再生事端,或反复呈控形成讼累。毕竟，细故案件虽然琐碎，但是若处理不当，则会形成积案或者引发新的冲突，导致民众反复上控，最终导向更为严重的纠纷。清代曾有一则条陈积案弊源折，

① (清) 汪辉祖:《佐治药言》，中华书局 1985 年版，第 6 页。
②《牧令要诀》卷一。

就阐述了这样的道理。

> 工科给事中臣胡承珙跪奏，为直陈外省案件积压之源，敬抒管见。仰祈圣鉴，事窃照听讼乃无讼之基，积案即兴狱之渐。民间雀角细故，有司随时听断，别其曲直，则贫懦有所庇，而足以自立。凶强有所惮，而不敢滋事。若经年累月，奔走号呼，有司置之不理，是始既受气于民，终更受累于官。则其憾无所释，构怨泄忿，于是有纠众械斗者，有乘危抢劫者，有要路仇杀者，有匿名倾陷者，并有习见有司疲玩不以告官，径寻报复者。此皆以积压小案，而酿成大狱。并使人心风俗日趋刁悍之实在情形也。[①]

由此可见，州县官应当及时听理词讼，做出妥当合理的裁判，才能避免积案而使词讼发展成刑狱。虽是雀角细故之案，但是州县官也要进行合理的裁判。辨别其中区直，指出案中的“不应为”行为以作裁判理据，令审断能够服众。这样才能保护贫懦者，威慑凶强者不敢再滋生事端。否则，若是置之不理，任由案件积压，最终会导致人心风俗都日渐凶悍，社会秩序恶化。这种情况，也是因为社会成员之间，失去了“理”的共识。不合于理的行为没有得到司法者的否定性评价，没有被司法纠正、惩戒，在民间便不可能形成警示和威慑，无法传达“理”的共识。行为合乎于理之人，又因为贫弱而被凶强欺压，可能会心生怨愤。凶强之人恃强凌弱，更会肆无忌惮。从长远来看，可能会出现聚众械斗、寻仇报复等事件，不利于社会秩序的稳定。

若要避免这样的恶果，州县官就应当及时审理词讼，并且做出合理的裁判，使纠纷终结。一般说来，“输服具结”是州县官处理词讼的理想结果。熊宾在《三邑治略》自序中写道：“每讯一案，必反复开导，使其输服具结。”[②]“反复开导”即是州县官在“应为”与“不应为”的判断基础之上所进行的。“输服具结”则是案件双方对州县官裁判的认同与接受。而这种认同实际上是出于民众自身所具有的一部分“理”的共识，因此，州县官教喻之后，才会得到当事双方的认同。而理作为“不应为”行为的内核，自然是“输服具结”的基础之一。毕竟州县官也是社会中的个体，因此，他与当时的百姓之间必然分享一些情理上的共识。

---

① 《小倦游阁集》。

② 杨一凡等主编：《历代判例判牍·三邑治略》，中国社会科学出版社 2005 年版，第 4 页。

正是因为百姓与地方官拥有一些情理上的共识，他们对熊宾的审断才会"输服"。州县官所作出的"不应为"行为评判，是依照民间社会中的礼制、礼俗、道德、理义、事理、情理的评价标准来评判的。这些标准，就是社会成员之间关于"理"的共识。在细故理断中，州县官体察人情、依循情理，才能使百姓认同州县官的调处方案，为词讼的了结奠定基础。

小　结

清代细故案件的理断过程，也是州县官对于"理"的社会共识再行强调的过程，暗含着使"应然"的社会共识在实践中实现建构的期望。从清代基层社会来看，州县官并非现代意义的专业法官，而是"父母官"；其司法行为，仅是政务活动的一部分。他们"或是以情理为主的教谕式调停，或是严格依律的法律实践活动"，事实上这种审断"是以化解纠纷、维护地方稳定与和谐为价值取向的，根据具体需要综合、灵活运用'具文之法'、'情理之法'以及'经义大法'进行纠纷裁断的'政务性'活动"[①]。由于官府对重情案件与细故案件有着不同的认识和定位，于是两类案件中的"不应为"行为，在案件审理中所获处罚不同。命案中的"不应为"行为，若不符合宽宥条件，则会因为引发命案争端或者牵涉人命，被依照"不应为"律问罪处罚，以使整个案件的处断轻重平允。细故案件中"不应为"行为，则是州县官依照案件事实做出的行为评判，再于此基础上进行理断。细故案件的理断结果，最终也会向同僚、民众传达"应为"与"不应为"的判断标准，重申社会中的价值共识。州县官借助细故理断这一司法活动，在解决具体纠纷的同时教谕百姓，使其明白自己行为的理不可为之处，以及今后应当如何行为。民众对裁判结果的"输服具结"，其实可以看作是州县官与民众再次达成了"理"的共识。州县官将词讼理断与施行教谕融为一体，从而对

---

① 里赞：《晚清州县诉讼中的审断问题——侧重四川南部县的实践》，法律出版社 2010 年版，第 27 页。

民众进行引导和规训，以使其明理向善，实现社会秩序的稳定发展。因此，我们可以认为，细故案件中州县官对“不应为”行为的判语，是通过司法之警示与官府之权威，将“理”的共识再一次传达给民众，以使纠纷所打乱的社会秩序得以平复。

结 语

“近代以来，中国在法律制度方面进行了多次改革，法律移植与传统文化、社会结构之间的矛盾一直为人们所关注，对传统法律的评价也一直处于悖论当中。”[①] 深入认识传统法律现象，了解其背后的文化观念、社会结构与秩序，对于我们解决这一矛盾，有着重要的意义。对“不应为”律进行细致的考察，还原其在历史中的真实状态及流变发展，不仅可以打破僵化的模式化认识，也能拾取到被宏大叙事所遮蔽的细节。全面而系统地剖析“不应为”律，客观地批判其弊端、认可其存在的必然性，深刻地理解传统法律的逻辑，深化对中国传统法律文化的认知，才能进一步增强文化自信。

把“不应为”律片面地称作“口袋罪”，是基于西方刑法理论对“不应为”律进行简化、刻板的批评和否定。这样的视角有其借鉴意义，但是并不利于对传统法律现象进行全面系统地分析。“不应为”律作为传统法典中相沿甚久的规则，若从单一角度来评判，便只能得出简化的片面结论，这对我们认识传统法的逻辑脉络并无助益。事物本就具有多面性，与其将之降维至单一维度来简化理解，不如尝试从多重维度进行综合性、系统性的深入探究。若仅从法典正条规定这一视角来分析，“不应为”律在历代法典中，确实具有概括性禁律的特征，与近代刑法中的兜底条款类似。缺乏明确性的构成要件是“不应为”律正条规定最为显著的特征，同时也是被诟病最多的弊端。唐代以后，历代法典皆予以承袭的“不应为”律展现出了一条清晰的主脉意涵，即“理不可为”。在剖析完“不应为”律的具体规定之后，则可看出“理不可为”之理，乃是出于更为深层的秩序规则：礼治、理义、事理和情理。

在探究了“不应为”律的立法原意之后，我们可以发现，这一分析维度所展示出来的，更多的是成文法典面对法律局限性的无奈。为了庶补遗缺，并且

① 张小也：《官、民与法：明清国家与基层社会》，中华书局 2007 年版，第 28 页。

能够轻重相明，“不应为”律成为传统法之中对于法律局限性的补救措施。就积极意义而言，这是古代立法技术的一次重大进步。此后，后世数代法典皆予以沿用。这一立法技术成果还被日本法典所效仿。“不应为”律并非以广义的“理”来规范一切不合于理的行为。从唐代开始，特别“不应为”律条款开始出现在疏议、条例之中，对部分律条的法律漏洞进行有限的补充和完善。若删除这些条款，则会导致这部分律文正条存在明显漏洞、法律逻辑不能周延，无法在司法适用中体现公平。因此，并不能将“不应为”律断定为只为陷人于罪的、广织法网的工具。从客观意义而言，特别“不应为”律在立法上所体现出来的审慎态度，在一定程度上收束了“理不可为”在理论上所指向的及其广阔的适用范围。

不可否认的是，“不应为”律的概括性特征，使其从诞生之始便带有难以忽视的弊端。缺乏明确性的规则要件、弹性的适用范围，虽是实现庶补遗缺目的之必然选择，但同时也导致了此律难以避免擅断滥刑的风险，并间接造就了“不应为”律在明清司法适用中所遭遇的种种困局。可是，我们也必须认识到，“不应为”律的擅断滥刑风险，并非无法限制，也并非必然实现。对于这一风险，古人早已存有警惕。在不同的时期，司法者对待“不应为”律的态度不尽相同，历史上也不乏弃用此律的呼声。只是由于“不应为”律的存在有其必要性和难以替代性，因此一直被沿用至清末修律时方予废止。唐代之后，宋明两代的立法者并未肆意扩张法律解释的范围。虽然在明代，民间私家律注中增加了大量有关“不应为”律适用的私人见解，但是明代官修律例并未给予其正式的官方认可。较之于唐宋两代，明代甚至出现了大幅删减的现象，可见其克制之义。这一现象与部分研究中提及“不应为”律立法的发展趋势是从唐代至清代不断扩张的推测并不吻合。这也从侧面说明了，“不应为”律并不必然导致擅断滥刑。对于擅断滥刑风险的防范，在立法阶段可以通过控制特别“不应为”律的数量来达成。在司法中，可以通过司法者的专业程度来限制。反之，大量扩张特别“不应为”律的数量则会增加擅断滥刑的风险。这从明清两代的对比之中就能清晰地看出。明代官修条例大幅删减特别“不应为”律，在一定程度上抑制了擅断滥刑的风险，避免网罗太多的轻微罪行入律。而在清代条例编修中，从《大明律集解附例》的私家律注部分吸纳了大量的“不应为”律适用解释，未能避免条例中特别“不应为”律的扩张，从而为擅断滥刑风险的发生埋下了隐患。

在考察了清代“不应为”律的司法适用这一维度之后可以发现，虽然清代“不应为”律在立法中的扩张增加了理论上的擅断滥刑风险，但是在案件审断中，也并未出现大肆滥用“不应为”律陷人于罪、导致滥刑的现象。清代命案与细故案件的司法之中，“不应为”行为仍然以“理不可为”作为共通之义。但是，“不应为”行为在两类案件中，所受到的责罚却大不相同。探究之后，可以看出，这种差别是由案件性质及司法目的所决定的。

命案之中，由于发生了人命死亡这一严重后果，司法者在审断之时，便会借助“不应为”律来平衡行为、罪责与刑罚，使情罪相符，力图实现案件审断的轻重之平。并且向民众传达了在日常社会生活中，应当如何行为以避免争端激化引发命案的观念和行为准则。处罚这些行为也是基于清代社会结构、血缘宗法逻辑出发。再从实际处罚来看，“不应为”行为在命案审断之中，较之于其他主从犯罪刑，所受的处罚较轻，甚至多数皆被予以宽免。因此，就命案司法适用而言，并不能说“不应为”律必然导致擅断滥刑。通过探析清代命案审断中“不应为”律的司法适用,还能有助于还原清代基层差序社会结构的实际运作。使我们得以窥视到清代基层社会的秩序状态，了解到清代社会结构中不同主体的义务与职责。

而较之于命案，清代细故案件的审理之中，也并未出现部分理论推断中认为州县官大肆适用“不应为”律陷人入罪的现象。当然，如果再探究下去，又会涉及滋贺秀三与黄宗智关于清代州县审判是否依律的争论。对于词讼之中没有人命死亡后果牵连的“不应为”行为，州县官极少援引“不应为”律问罪处罚，而是对少量情节较恶劣的行为人略施以薄责，其余多数涉案民众皆被宽免。州县官在细故案件理断之中，更多的是借助“不应为”做出行为评价，为裁判结果提供理据支撑，并借此教喻民众，进而重新建构“理”的社会秩序共识，以使民众输服具结，结束纷争。借助对清代命案审判及细故理断的探究，可以使我们了解到清代基层的社会秩序、官府的治理逻辑以及传统社会之中的“理”的共识。

以上不同维度的分析结合起来，才能共同构筑出对中国古代“不应为”律的系统性认知，才能为进一步了解中国传统法律现象、传统法律文化提供可信的视角。

附　录

《清嘉庆朝刑科题本》中适用“不应为”律的案件

编号	案件名称	行为人	“不应为”行为	法律适用	宽免情况
1	四川安岳县民李胡氏为护婆婆砍死丈夫堂弟案	李枝广	因李枝魁在伊地界砍伐树木，并不言理阻，辄用拳殴伤李枝魁左右胳膊，致酿人命	不应重律，杖八十	折责三十板
2	浙江诸暨县民赵家庭因口角打死小功服叔案	赵胜荣	嘱令子弟同往拦阻，致酿人命	不应重律，杖八十	——
3	江西上饶县民童旺棕因索分山价银打死无服族侄案	童三棕	索分山价，肇衅酿命	不应重律，杖八十	现在逃逸，获日折责发落
4	湖北谷城县民刘延锦因琐事打死小功服兄案	雷扶楚	于得受工钱之后复欲索添，致肇衅端	不应轻律，笞四十	折责十五板
5	陕西富平县民窦景顺因口角打死无服族弟案	窦张氏	肇衅酿命	不应重律，杖八十	年已七十，照律收赎
6	湖南芷江县民姚秀兰因索要债务致死无服族嫂案	姚文道	姚秀兰混将妇女拉走并不阻止，辄跟随同行致成事端	不应重律，杖八十	折责发落
7	安徽怀远县民吕在选与他人争殴误伤无服族孙身死案	吕勤	应出费银不即付给，肇衅酿命	不应重律，杖八十	折责三十板。事犯到官在恩旨以前，所得杖罪应于宽免
8	福建德化县民林大专因退佃致死小功堂兄案	林大国	私自退佃肇衅，致酿人命	不应重律，杖八十	——
		林燕美	代写字据，并不查明	不应轻律，笞四十	

续表

编号	案件名称	行为人	“不应为”行为	法律适用	宽免情况
9	四川大竹县民罗蕊芝因阻耕田亩将无服族叔致死案	罗得中	一田两当，致酿人命	不应重律，杖八十	折责三十板。事犯到官在恩旨以前，所得杖罪均予宽免
10	江苏溧阳县民狄绍德因索讨废票钱文起衅致死无服族侄狄麟案	史庭翔	将旧存废票央狄绍德代取钱文，酿成人命	不应重律，杖八十	折责发落。事犯到官在恩诏以前，所得杖罪应予援免
11	湖北孝感县民萧履厚因买卖基地殴毙堂弟萧时新并萧中秀殴毙缌麻族弟萧中才案	萧时异	因萧履荣阻卖基地筑墙塞路，复因墙被拆毁，辄欲赶牛抵赔，致酿人命	不应重律，杖八十	事犯到官在恩诏以前，所得杖罪，均予援免
12	江苏句容县民陈茂毕因债务责务纠纷勒死义侄陈陇沅移尸图害案	陈茂凤	因陈茂毕不肯偿还陈衍富欠项，致被拖累，邀同陈陇光往向催讨，因其仍不肯还，辄即强取钱文抵偿，酿成人命	不应重律，杖八十，加枷号一个月	折责发落
		陈陇光	帮同强取钱	不应重律，杖八十	
13	直隶平泉州单云因土地纠纷殴伤小功服弟单英身死案	单霞	所卖地亩虽系伊父单可嘉向单幅碌商允伙买，第伊父尚未归还地价，该犯辄行价卖，致酿人命	不应重律，杖八十	折责三十板。事犯到官在恩旨以前，所得杖罪应请援免
14	安徽庐江县民胡晓淋因妻荣氏拦阻其与人理论致妻身死案	吴云成	混赶牛只，肇衅酿命	不应重律，杖八十	折责三十板
15	河南内黄县民张黑风因割麦纠纷殴毙无服族侄张五喜案	张养存	不将出典地亩情由向张玉魁告知，致肇衅端	不应重律，杖八十	事犯到官在清刑恩旨以前，所得杖罪应予援免
16	直隶晋州民刘双九致伤胞叔刘山水平复案	刘黑	欲令刘山水还欠，并不婉为措词，致肇衅端	不应重律，杖八十	折责三十板。事犯到官在恩旨期内，所得杖罪应请援免
17	江西余干县民李育章因地租纠纷致死同父异母胞兄李才章案	李敬先	恐子受罪，私埋匿报	不应重律，杖八十	年逾七十，照律收赎
		地保朱阳太	失察于先		折责发落

续表

编号	案件名称	行为人	“不应为”行为	法律适用	宽免情况
18	江西浮梁县民郑六旺误伤弟媳周氏身死案	吴业光	肇衅酿命殊属不合	不应重律，杖八十	折责三十板
19	湖南溆浦县民唐典亮殴伤缌麻服叔致死案	唐思任	主使割谷致酿人命	不应重律，杖八十	年已八十，照例勿论
20	贵州普定县民周登荣因争雇脚夫戳伤大功服兄致死案	杨正万	已允雇为周登荣家挑担，后因雇价较多，又复许周登和，致酿人命	不应重律，杖八十	折责三十板
21	江西安远县民陈六贵扭结无服族伯落河致死案	陈胜度	并不查明租已交纳，复向张则亨催取，肇衅酿命	不应重律，杖八十	现在外出，待回照拟折责发落
22	广东乐昌县民罗双贱因债务纠纷致伤无服族弟罗正坤身死案	罗献庭	索欠争殴酿命	不应重律，杖八十	折责三十板
23	浙江江山县民吴学增因斥责吴树枧倒卖公山被戳身死案	姜继淙	并不查明，混将吴姓公山承买，致肇衅端	不应重律，杖八十	——
24	湖北恩施县民王致顺殴死童养弟媳李女图赖案	王世河	率领伊子王致进等牵牛肇衅	不应重律，杖八十	折责三十板
25	浙江龙泉县民金华振等共殴张炳华身死案	张火荣	索欠肇衅致酿人命，虽被殴受，未便竟置不议	不应轻律，笞四十	——
26	江苏太湖厅民唐亮揆殴伤胞兄唐秀文致令自缢身死案	徐留观	以绝卖之地屡次索找地价，致酿人命	不应重律，杖八十，再加枷号一个月	满日折责发落
27	四川彭水县民王进臣砍伤小功服兄王相臣身死案	李二长	支工钱致酿人命	不应轻律，笞四十	折责十五板
28	江西上犹县民罗杨相因赎取山场事被郭汝和刀伤身死案	罗杨清	向罗杨相赎山不允，并不善为理论，辄行村斥，致肇衅端	不应重律，杖八十	折责三十板
29	陕西绥德州民贺惠因索讨欠钱殴毙缌麻服弟贺盛案	贺子义	负欠躲避，肇衅酿命	不应重律，杖八十	折责三十板

续表

编号	案件名称	行为人	“不应为”行为	法律适用	宽免情况
30	四川南部县民刘子畛因索欠砍伤小功堂叔刘顺章身死案	何李氏	负欠肇衅	不应重律，杖八十	是妇人，照律收赎
31	贵州大定府民妇陈氏因劝阻丈夫刘廷飏被殴毙案	刘石保	争论佃种地土，致酿人命	不应重律，杖八十	折责发落。事犯到官在恩诏以前，所得杖罪应予援免
32	江西德兴县民王赏因争夺山地殴毙族兄王有发案	王沅端	盗卖公山不及一亩，肇衅酿命	不应重律，杖八十	事犯到官在恩诏以前，应得笞杖各罪均予援免
33	浙江余姚县民邵偕良因割公共学田稻谷被邵成秀殴毙案	邵田氏	所分田价虽已交还，惟不与邵陈氏言明，辄即雇工刈割，致酿人命	不应重律，杖八十	系妇人照律收赎
34	湖北荆门州民罗大昌因口角事误伤岳父身死案	田德元	索衣吵闹，致酿人命	不应重律，杖八十	事犯到官在恩旨以前，所得杖罪应予援免
35	安徽宿松县民王黑苔因被逼找断业钱文事致死妻族兄案	石育珍	同往争殴，致酿人命	不应重律，杖八十	折责发落
36	湖南新田县李乂古戳伤姑表侄李运学身死案	廖贵垅	索欠相争，肇衅酿命	不应重律，杖八十	折责三十板
37	福建将乐县民张肇畛因工钱之争将外姻缌麻服兄谢洪友砍死案	饶德荫	因谢洪友支取工钱不允加增，复与争嚷，以致酿成人命	不应重律，杖八十	年已七十，照例取赎
38	四川阆中县民马菲农等因索讨枪筒纠纷伤李继登身死案	彭廷富	肇衅酿命	不应重律，杖八十	事犯在恩诏以前，杖罪援免
39	河南洛阳县民马寅因欠钱纠纷殴伤杨振甲身死案	马添锡	肇衅酿命	不应重律，杖八十	事犯到官在恩旨截止期内，所得杖罪，应予援免
40	直隶青县民王自达等因佃种土地扎死于宗洙案	苏珣	嘱令陈有恒等持械防守，致酿人命	不应重律，杖八十	折责三十板，系屯居庄头，应照民人一例发落

续表

编号	案件名称	行为人	“不应为”行为	法律适用	宽免情况
41	四川东乡县民张应山因讨谷戳死李升魁案	马士韬	负欠酿命	不应重律，杖八十	折责三十板
42	湖南东安县民孙有道因捞鱼打死邓正月案	邓楚琯、翟承相	私放塘鱼，肇衅酿命	不应重律，杖八十	折责三十板
43	河南安阳县民杨玉掷伤同村人刘添保身死案	胡二	肇衅酿命	不应重律，杖八十	折责三十板
44	广东阳春县民岑荣栋故杀岑和生案	杨时裔	不善言理讨，辄行殴伤，以致酿成人命	不应重律，杖八十	折责三十板
45	山西灵石县民赵明惠因收敛戏钱事将邻人殴伤致死案	温均诰、赵建业	揪扭肇衅，致酿人命	不应重律，杖八十	折责三十板
46	贵州黔西州民王纯宇因口角事致死邻人李芝富案	王小三	教唆伊姊王氏，扬言欲告，借索帮银，致肇衅端	不应重律，杖八十，加枷号一个月	满日折责三十板
47	山东青城县民胡雨子因同庄人杨有年代地保催银事将其致死案	地保杨本清	转杨有年帮催钱粮，致酿人命，未便置之不论	不应重律，杖八十，革役	事犯到官在恩旨以前，所得杖罪应予宽免，仍革役
48	山西太谷县民杜从幅子因垫钱事致死邻人孙黑喜儿案	范合魁	向孙黑喜儿借钱不偿，以致酿命	不应轻律，笞四十	事犯到官在恩旨以前，应予援免
49	安徽许方来等因宗族间土地纠纷共殴唐仲华身死案	唐拊桐	肇事酿命	不应重律，杖八十	系监生照律纳赎
50	河南鲁山县民刘贵因劝架纠纷砍伤张用幅身死案	余兴	欠钱酿命	不应重律，杖八十	折责三十板
51	河南固始县民杨秉栋因租屋纠纷戳伤李汝美身死案	沈应试	既因杨秉栋欠稞将田另佃，其原收押佃钱文不即清还，以致酿成人命	不应重律，杖八十	折责三十板。事犯到官在恩旨以前，所拟杖罪应予援免
52	安徽宿州民欧学孔因债务纠纷扎伤杨宗立身死案	杨宗礼	詈骂肇衅，致酿人命	不应重律，杖八十	折责发落

续表

编号	案件名称	行为人	"不应为"行为	法律适用	宽免情况
53	江西乐安县民曾均十因卖地纠纷致伤陈成四身死案	曾四生	于曾子二等杜卖之山并不查明，冒昧回赎，致酿人命	不应重律，杖八十	折责三十板
54	四川大竹县民白当喜等因买米纠纷殴毙罗才章案	袁正廷、张昌学、傅士	皆或买卖不清，或负欠无偿，肇衅酿命，均属不合	不应重律，杖八十	折责三十板
55	湖南攸县民田冈陵因被索讨钱文事致伤邻人肖步羔身死案	肖九林	听从肖步羔索钱掘塍殊属不合	不应重律，杖八十	折责三十板
56	四川长寿县民罗正玉因劝架起衅戳伤蒙帼复身死案	罗正东	阻割田谷，致酿人命	不应重律，杖八十	折责三十板
57	广东香山县民谭彩贵等因分租事斗殴致酿人命案	谭京彦、招香全	混索工本，肇衅酿命	不应重律，杖八十	折责三十板
58	山西武乡县民石现成因救护继父致伤同村李荣时身死案	李逊仁	当李荣时索讨公摊钱文，并不婉言答复，致酿人命	不应重律，杖八十	折责三十板
59	江西德兴县民丁闻远因转佃事致死江汪氏案	王里富	听从伊母将田转佃致酿人命	不应重律，杖八十	折责三十板
60	贵州仁怀县民毋思循等因田价共殴张理身死案	杜老晚、张赞	混拉毋思虎马匹欲图勒找回价，致肇命端	不应重律，杖八十	折责三十板。事犯到官在恩旨以前，所得杖罪均请宽请宽免
61	江西南康县民黄文程等索欠致伤胡道全身死案	黄文坛	借钱未还，致酿人命	不应重律，杖八十	折责三十板
62	江西瑞金县民曾科为索欠致伤王清俅身死案	贡生谢清庐	肇衅酿命	不应重律，杖八十	系贡生照例纳赎赎
63	贵州安化县民肖大狗因争种田亩被王乔保殴伤身死案	肖登潮	一田两抵，致酿人命	不应重律，杖八十	各折责发落
		肖登泮	并不查明混行受当	不应轻律，笞四十	

续表

编号	案件名称	行为人	“不应为”行为	法律适用	宽免情况
64	贵州平远州民俞贵山因索钱纠纷伤苗阿义身死案	潘老大、周二	帮同该犯前往牵马肇衅酿命，殊属不合	不应重律，杖八十	折责三十板
65	湖南新化县民周荐贤因赎地被周维宛殴毙案	周彩九	肇衅酿命	不应重律，杖八十	年逾七十，照律收赎
66	湖南常德民陶兆万等因割草起衅致三人被殴毙案	杨列三、杨殿元、杨辉光	借粮控争断管，至酿三命，实属好讼多事	不应重律，杖八十	应革去生员、武生、监生，折责发落
67	河南汝州民王泳受扎伤李云生身死案	李云武	并不查明完粮来历，冒昧讨还，肇衅酿命	不应重律，杖八十	折责三十板
68	四川成都县民易家顺误戳夏家蛮身死案	王化美	逞强将易家顺殴打，致酿人命	不应重律，杖八十	折责三十板
69	江西上犹县民朱雨沧因取赎山场事致黎盛庭被殴身死案	黎棕韶	违约赎山，致酿人命	不应重律，杖八十	折责三十板
70	浙江仙居县民范炳湘等群殴毛全宽身死案	王光桂	混行索找田价，致酿人命	不应重律，杖八十	——
71	奉天锦县民李果有因找补典田地价被郭明等戳伤身死案	李果起	将地典当与郭亮耕种，后欲行增长典价，强行锄铲肇衅，以致胞兄李果有被戳身死	不应重律，杖八十	折责三十板
72	湖南平江县民周兴才因租佃纠纷被周台得殴伤身死案	周登荣	欠租肇衅，致酿人命	不应重律，杖八十	事犯到官在恩旨以前，杖罪应请援免
73	山东邱县民陈喜被申二小扎死案	陈全省	辄行詈骂肇衅，致酿人命	不应重律，杖八十	折责发落
74	浙江奉化县民甘正祥因与孙孝琛等争种田亩被殴伤身死案	葛奕世	受托收钱，并不与葛更说明，致酿人命	不应重律，杖八十	事犯到官在恩旨以前，杖罪悉予援免

续表

编号	案件名称	行为人	“不应为”行为	法律适用	宽免情况
75	湖南衡山县民向呈化因帮同割禾抵欠事殴毙罗克明案	罗懋禨	割禾肇衅，致酿人命	不应重律杖八十	先因事犯在正月恩诏以前，惟到官在后，而不准援免，断令折责发落。后又逢八月恩诏，援免
		李士唐	欠钱不还		
		丁惟贤	帮同割禾	不应轻律，笞四十	
76	四川屏山县民王如纶因田界之争而被傅老三戳伤身死案	王子恭	阻耕酿命	不应重律，杖八十	事犯在恩诏以前，照例援免
77	云南建水县民高源因债务纠纷殴毙同村人李上和案	张老四	借欠银两延不措还致肇衅端，酿成人命	不应轻律，笞四十	事犯到官在恩诏以前，所得笞罪应予援免
78	广东信宜县民黄华进因争夺租谷殴伤邻村人范应贤身死案	刘沅和	欠谷不偿，致酿人命	不应重律，杖八十	折责三十板。事犯到官在恩诏以前，杖罪应予援免
79	广西土田州民岑宜橦因帮族人索欠踢伤桃苏氏身死案	岑营	往邀桃基向陶卜屡讨银，因桃基代为说缓，辄向村斥扭结，以致肇衅酿命	不应轻律，笞四十	事犯在恩诏以前，均予宽免
		农功西	因岑裕墉祠屋久成空地，暂行盖屋堆柴，虽非有心侵占，究属不合	不应轻律，笞四十	
80	广西武缘县民刘仲光因争种荒地殴毙邻村民梁尉通案	梁万青	邀人争耕荒地，致酿人命	不应重律，杖八十	均折责发落
		梁如光、梁汉高、梁利达、梁材柏、梁尉彬、梁栋菁、韦学邦	听从同往	各减一等，杖八十	
81	广西怀远县客民吴老九等索欠争殴致储上志等落水溺毙案	储子亨	负欠无偿争詈肇衅	不应重律，杖八十	事犯在恩诏以前，杖罪应予援免
82	福建顺昌县寄居民张廷裕因租种山地打死谢世本案	冯世泽	违约另租肇衅	不应重律，杖八十	折责三十板

续表

编号	案件名称	行为人	“不应为”行为	法律适用	宽免情况
83	安徽亳州客民关得因劝架打死高洪亮案	王松	负欠酿命	不应重律，杖八十	折责三十板
84	直隶房山县客民煤窑工王五因索欠踢死县民田玉达案	王利儿	持刀与王利元寻衅，复向田玉达告知以致酿成人命	不应重律，杖八十	折责三十板
		（未载人名）	目睹王五等先后殴踢并不劝之		
		刑书王浩	应报府尹公文漏未详报，殊属疏忽	不应重律，杖八十	折责三十板，系公罪免其举役
85	四川平武县客民贵学俸因口角打死张应魁案	孙学礼	口角起衅，致酿人命	不应重律，杖八十	折责三十板
86	四川彭县民刘文举因劝架打死何以元案	何绍林	因欠工价，致酿人命	不应重律，杖八十	折责三十板
87	广西西隆州客民陆其霖因讨欠殴死覃光祖案	生员谭士辉	因欠土地庙会银不还，以致肇衅酿命	不应重律，杖八十	折责三十板，照例纳赎，毋庸褫革衣顶。而事犯到官在恩旨以前，所拟杖罪均予援免，并免纳赎
88	湖北钟祥县民梁郢贵因工钱纠纷被客民黄成明殴伤身死案	袁大名	争扭肇衅	不应重律，杖八十	折责三十板
89	福建瓯宁县张成仔被客民吴观英致伤身死案	张陈氏	取讨蚊帐，肇衅酿命	不应重律，杖八十	系妇人照律收赎
90	湖南祁阳县民胡大银因田界纠纷踢死客民游洪泰案	王名贵	因园地毗连欲立界限，自应先行知会同往开挖，仍独往挖界致酿人命	不应重律，杖八十	折责三十板
91	陕西定远厅蒋开运因劝架被湖南衡阳县范占鳌扎伤身死案	袁在松	肇衅酿命	不应重律，杖八十	折责三十板
92	甘肃徽县客民赵登富等共殴杨贵身死案	朱世爵	肇衅酿命	不应重律，杖八十	折责发落

续表

编号	案件名称	行为人	"不应为"行为	法律适用	宽免情况
93	河南鲁山县封得林因债务纠约纷殴伤山西凤台县来学仪身死案	侯林、雷诰	欠钱酿命	不应重律，杖八十	事犯在恩旨以前，所得杖罪例得援免
94	山西宁远厅客民李保山因租地纠纷扎伤高英身死案	姚宗会	将地亩许给李保山租种，复又翻悔致肇衅端	不应重律，杖八十	事犯在恩诏以前，杖罪应予援免
95	四川眉州周明惠因索讨画字钱被客民曾罄元殴伤身死案	李长林	承买产业，既许周明惠中资钱文，屡讨不给以致肇衅酿命	不应重律，杖八十	折责三十板
96	甘肃平番县客民文兆基因借欠钱文事致伤土著民李成明身死案	监生康乃俊	负欠，肇衅酿命	不应重律，杖八十	照律收赎
97	陕西安康县客民刘茂魁伤詹开贵身死案	林潮云	负欠不偿，致酿人命	不应重律，杖八十	折责三十板
98	四川隆昌县民王登魁等因劝架起衅共殴李光帼身死案	唐开和、江秀	肇衅酿命	不应重律，杖八十	折责三十板
99	山西左云县客民李海因债务纠纷殴伤马玉案	刘玉	肇衅酿命	不应重律，杖八十	折责三十板
100	贵州仁怀县客民焦仕银因索找田价殴伤姚志万致死案	焦仕彬	以绝卖之产混向索找，以致肇衅酿命	不应重律，杖八十	折责发落
101	浙江钱塘县客民杨升因索钱伤王大贵、赵毛身死案	魏幅成儿	肇衅酿命	不应重律，杖八十	折责三十板
102	吉林伯都讷客民蒋发因赎田纠纷伤张荣身死案	李全	因欠蒋发钱文，欲将张荣地亩转典抵欠，并未与张荣商妥，致蒋发查问张荣情由，口角起衅，致酿人命	不应轻律，笞四十	折责发落
103	福建彰化县客民游宾因退佃致伤陈兴身死案	刘连俦	起田肇衅，致酿人命	不应重律，杖八十	折责发落

续表

编号	案件名称	行为人	“不应为”行为	法律适用	宽免情况
104	云南大关厅客民郭成高因债务伤廖升位身死案	宋信仲	拖欠佃银，致酿人命	不应重律，杖八十	折责发落
105	陕西安康县客民储光幗因种地纠纷伤刘胜举身死案	储光耀	致酿人命	不应重律，杖八十	折责三十板
106	浙江江山县客民叶老二因争佃纠纷故杀徐添平案	傅在民	明知叶老二租种山内茅杆，听从徐添平割取烧灰，致酿人命	不应重律，杖八十	——
107	福建建安县寄居民叶上连因田价纠纷伤叶添泳身死案	叶叟命	短欠田价，致酿人命	不应重律，杖八十	饬拘获日，照拟折责发落
108	广东揭阳县民吴阿齐因地租起衅打死同村人吴李氏案	吴阿狗	欠租肇衅，致酿人命	不应重律，杖八十	折责三十板
109	湖北黄梅县民石添相因欠钱踢死陈徐氏案	陈学胜	索讨欠钱，辄欲剥衣作抵，致酿人命	不应重律，杖八十	折责三十板
110	贵州遵义县邹元格等为索讨赊欠殴毙赵三姑案	邹元相	主令拉牛，致酿人命	不应重律，杖八十	折责发落
111	四川雅安县朱毓恒等阻收田谷启衅致死杨阳氏案	杨万美	肇衅酿命	不应重律，杖八十	年已八十，所得杖罪照律收赎
112	陕西大荔县田东方子因索欠启衅秽骂孙干氏致氏自缢案	田鱼香子	索债肇衅酿命	不应重律，杖八十	折责三十板
113	湖北黄冈县民叶熊氏因索分卖地钱被叶象原踢伤毙命案	叶大杰	争闹肇衅	不应重律，杖八十	折责三十板
114	直隶宁晋县民王孝因债务纠纷扎伤李王氏身死案	王思孝	逼索汇给钱文，致酿衅端	不应重律，杖八十	事犯在恩诏以前，杖罪应予援免
115	江苏赣榆县妇人王葛氏因口角将与之奸宿的王奎踢伤致死案	张锦	詈骂肇衅，致酿人命	不应重律，杖八十	事犯在恩诏以前，杖罪应予援免

续表

编号	案件名称	行为人	“不应为”行为	法律适用	宽免情况
116	安徽宣城县僧人济修殴毙徒孙僧辉善案	包于九	索契不允，辄向争扭，致酿人命	不应重律，杖八十	折责发落。事犯到官在恩诏以前，所拟杖罪，应予援免
117	四川什邡县王以青等因口角殴伤行医道人石守银身死案	陈寿修	口角肇衅，致酿人命	不应重律，杖八十	折责三十板
118	浙江黄岩县王良明因僧人借贷起衅戳伤无服族弟王良书身死案	僧彦锡、僧彦修	欲将寺田推抵欠钱，肇衅酿命	不应重律，杖八十	系过误致罪，照例纳赎，免其还俗
119	湖南浏阳县僧曙南索欠致蔡禄太误伤陈大全身死案	僧曙南	擅卖寺产，复因朱兴渭欠找田价不还，起意搬取蔡成发家谷物，挟制朱兴渭负欠田价，致酿人命	不应重律，杖八十	事犯到官在恩旨以前，僧曙南等所得杖罪均予援免，僧曙南仍勒还俗
		杜光连	从中说合，复贪得朱兴渭银两，私将限字契纸付给		
		陈兴鉴、陈大昭、董云太	听从搬取谷物	于僧曙南杖八十罪上减一等，各杖七十	
120	江苏兴化县道士舒青达因欠钱纠纷伤民袁得贵身死案	毛哥子	因讨钱无还，辄行混骂，致酿事端	不应重律，杖八十	折责发落
121	贵州镇宁州五显庙僧人清和因收讨田租被民龚泳太殴毙案	陈有	欠租肇衅	不应重律，杖八十	事犯到官在恩诏以前，杖罪应行援免
122	浙江瑞安县客民施荣因劝架打死阙成珍案	施钦升	肇衅酿命	不应重律，杖八十	事犯在恩诏及恩旨以前，施钦升杖罪名应予援免
123	湖南永兴县监生熊广祥因债务殴伤曹宸彰身死案	曹得和	认还会钱并不如期清偿，致酿人命	不应重律，杖八十	折责三十板

续表

编号	案件名称	行为人	“不应为”行为	法律适用	宽免情况
124	江西鄱阳县徐庭辉致死王三连并徐帼伦致伤王三达成废案	生员冯巄均	租田挖煤，因已费工本，于经官断禁之后复行邀伙开挖，致酿人命	不应重律，杖八十	均照例纳赎
		监生余琏	并不查明，混行合伙	为从减一等律，杖七十	
125	江苏丹阳县民杨芬沅因拖欠田租被监生张鹤受家雇工殷腊生殴毙案	张鹤受	于杨芬沅欠少租钱并不赴县控追，辄率领工人割其田麦，因杨芬沅往阻，又欲捆缚送官，致酿人命	不应重律，杖八十	系监生照例纳赎
		张毛头	听从捆缚	应照为从减一等律，于张鹤受罪上减一等，杖七十	折责发落
126	四川三台县民江维金因阻耕事将承佃之杜中乔致死案	杜怀信	于议定价值之后，复令江维金让价，以致江维金向杜中乔阻耕酿命	不应重律，杖八十	折责三十板
127	贵州威宁州民王维金伤毙顾名元并杀己子移尸图赖案	李张容	将承佃他人地土私行转佃，追田主查知撤佃，又不将所得王维金押佃银两即行退还，致酿人命	不应重律，杖八十	折责三十板。事犯在恩旨以前，所得杖罪应予援免
128	浙江宁海县民王阿海等共殴原田主胡升鹤身死案	王阿卯	肇衅酿命	不应重律杖八十	事犯到官在恩旨以前，杖罪宽免
129	广东合浦县佃户石勇德因交租纠纷致伤吴廷珖身死案	吴廷林	肇衅酿命	不应重律，杖八十	折责三十板。事犯到官在恩诏以前，杖罪准予援免
130	江苏荆溪县任和大踹伤佃户俞方名落河溺死案	任济洺	即因任文楷田价未归，亦应禀县催追辄即纠人搬运稻谷，以致酿成人命	不应重律，杖八十	再加枷号一个月，满日折责发落
		陶连溪、陶五瀡、张义芳	听纠同往	不应重律，杖八十	——
		船户王裕丰、王顺瀡	受雇同往	不应轻律，笞四十	折责发落
130	江苏荆溪县任和大踹伤佃户俞方名落河溺死案	任文楷	既经当官认还田价，复欲立票迁延致启事端	不应重律，杖八十	系监生，照例纳赎

续表

编号	案件名称	行为人	“不应为”行为	法律适用	宽免情况
131	江西南昌县熊克伟致伤熊衾波身死案	杨亨仁	短欠租谷，既与田主议明秋后分割清偿，乃辄私行收割，致酿人命	不应重律，杖八十	折责三十板
132	湖南许七因买卖土地纠纷殴毙姜庭秀案	姜磐云、姜履安	肇衅酿命	不应重律，杖八十	——
133	湖南茶陵州民尹群遥因地租纠纷殴伤无服族叔祖尹显文身死案	尹谭氏	混求让谷斥闹，肇衅酿命	不应重律，杖八十	系妇人照律收赎
134	山西盂县民李美因继种典地事推跌李运倡身死案	许进仁	既将质地先允租给李继亨承种，立有租约，辄因亲戚李运倡向租，并不与李继亨言明，先行允许，致酿人命	不应重律，杖八十	折责三十板
135	贵州绥阳县民龚继先因拖欠田租纠纷戳伤雷象洪身死案	龚补二	讯未帮殴，唯欠租不还，转向索讨佃约并垫发丁粮银，致酿人命	不应重律，杖八十	折责三十板
136	安徽合肥县民张锡详因佃种纠纷戳伤李俊身死案	李荣临	业经允佃，继复翻悔，肇衅酿命	不应重律，杖八十	折责三十板
137	浙江嵊县民竹孝恭因割麦殴毙林世堂案	林世荣	承租种地，既与业主议明均分花息，乃不预行知会，辄将麦了收割，致酿人命	不应重律，杖八十	事犯均在赦前所得杖、笞各罪俱予援免
138	福建闽县陈六六因拉劝口角致死雇主案	林强强	追取工资肇衅酿命	不应重律杖八十	折责三十板
139	江苏甘泉县客民工头冯广生因承挑河工纠纷殴毙田有凤案	田潮元	肇衅	不应重律，杖八十	折责发落
140	湖北襄阳县朱文化因代人索讨工钱启衅被刘应周扎死案	刘应旺	斥闹肇衅	不应重律，杖八十	折责三十板
141	浙江江山县民童成礼因水车被拆事将雇工击伤落水身死案	徐式训、徐好南、鲍簇	虽因自费工力筑埂蓄水，不许他人车戽，第闻知童成礼私行灌田，并不向理，辄将水车拆回，肇衅酿命	不应重律，杖八十	——

续表

编号	案件名称	行为人	“不应为”行为	法律适用	宽免情况
142	广东镇平县民何秀景因追讨工钱被罗毛猴三致伤身死案	罗传柏	因欠何爱柏工钱不还，肇衅酿命	不应重律，杖八十	折责三十板
143	贵州普定县客民谢上品因索讨烧瓦钱文将雇主严文通扎伤毙命案	谢老三	私向严文通支用银两，致酿人命	不应重律，杖八十	折责发落
144	河南宁陵县民黄克信殴毙邻庄人王大根案	吕明公	索欠肇衅	不应重律，杖八十	折责三十板
145	吉林客民张幅玉因工钱纠纷殴毙雇主邢瀼海案	蓝添成	不行劝阻反护邢瀼海，将张幅玉耳轮揪伤，并咬伤头颅，致酿人命	不应重律，杖八十	折责发落
146	贵州威宁州猓民安世鳌致死阿三并安世魁戳毙期亲家奴者么案	安松	因安禄氏不允送还已卖地土强向佃户收租，致酿人命	不应重律，杖八十	犯事到案均在恩诏以前，杖罪援免
147	陕西西乡县客民袁士秀因口角戳死回民马兴才案	张士驮	肇衅酿命	不应重律，杖八十，	折责三十板。事犯在恩旨以前，杖罪宽免
148	陕西咸宁县回民马六一儿等共殴回民马自良身死案	马兴瀼	肇衅酿成人命	不应重律，杖八十	折责三十板
149	山东商河县回民马乞秀因琐事打死邻庄人贾思智案	马对子	肇衅酿命	不应重律，杖八十	折责发落
150	广西龙胜厅瑶民王弟楼打死客民吴郁文案	王弟通	争闹肇衅，致酿人命	不应重律，杖八十	折责三十板
151	云南嶍峨县夷民李阿抖因口角打死白玉陇案	白作禄	争田肇衅，案经断结，尤复附和随行，致酿人命	不应重律，杖八十	折责三十板
152	云南会泽县回民马富生因交纳香火谷纠纷致死同村马瑞祥案	马隆玉	肇衅酿命	不应重律，杖八十	事犯到官在恩诏以前，应予援免

续表

编号	案件名称	行为人	“不应为”行为	法律适用	宽免情况
153	直隶建昌县蒙古族套不鲁魁因债务纠纷打死回民王玉案	哈拉乞	肇衅酿命	不应轻律，笞四十	系蒙古移旗，鞭责发落
154	贵州独山州苗民佃户石应堂因地租纠纷刀伤全老大身死案	殷有忠	于石应堂延欠租谷并不善为催讨，辄即带领工人前往收割余谷，致酿人命	不应重律，杖八十	折责三十板
155	甘肃西宁县回民韩文全等共殴王贵才身死案	武殿魁	不将赎地情由即时向王贵才告知，致酿人命	不应重律，杖八十	折责发落
156	云南宣威州客民苏有发谋杀赵云泰图赖夷目何万荣案	何万荣	调处欠项，自应酌令归还本利，乃袒护佃户勒让利钱，致肇衅端	不应重律，杖八十，革役	折责革役
157	贵州盛宁州民张受元因债务之争被布苏殴毙案	阿格坝	拉牛抵欠，致酿人命	不应重律，杖八十	折责三十板
158	陕西凤县汤洪升因劝架打死同营兵丁孙喜案	张秀得	肇衅酿命	不应重律，杖八十	折责发落
159	贵州仁怀厅民邓钱因拒传唤打死差役郑洪升案	邓堰	其水向用木枧引灌田亩，自应随时修整，乃因枧槽朽坏，辄欲掘地开沟，及至邓钦等阻止，又复兴词滋讼，以致酿命	不应重律，杖八十	折责三十板
160	四川平武县客民贵学俸因索欠打死张应魁案	孙学礼	口角起衅，致酿人命	不应重律，杖八十	折责三十板
161	湖北京山县民瞿克俭因争水打死祝士元案	严海山	随同踏践田谷，致肇衅端	不应重律，杖八十	折责三十板
162	湖南东安县民莫加信因口角推跌郭仁彩落水身死案	唐叔文、郭奕滔	欠银酿命	不应重律，杖八十	折责三十板
163	湖南湘乡县陈迪贤殴伤禹荣礼身死案	禹帼发	起意牵牛，肇衅酿命	不应重律，杖八十	折责发落
		陈钲太、陈十四、禹定本、龙僎宝	听从同行	为从减一等，各杖七十	

续表

编号	案件名称	行为人	“不应为”行为	法律适用	宽免情况
164	山东莱阳县胡庆云因回赎土地纠纷砍伤无服族叔祖胡河身死案	胡景云	将伊兄胡庆云所给之地，并不向其兄告述，私行典卖，致酿人命	不应重律，杖八十	事犯在恩旨以前，杖、笞各罪均予援免
		胡浩	典买胡庆云地亩，其兄胡庆云既向回赎，并不放赎	不应轻律，笞四十	
165	浙江奉化县民江伦爵殴死差役宋云案	地保江沅二	辄代原告索钱肇衅	不应重律，杖八十	革役。事犯到官在恩诏以前，所得杖罪均予援免，仍革役
166	云南宁州民入赘子李均选因算账戳伤李均玺身死案	李家信	经放银两延久不清，致酿人命	不应重律，杖八十	折责发落
167	贵州铜仁府差役汤贵误伤舒双应身死私和匿报案	刘位、孙世魁	肇衅酿命	不应重律，杖八十	折责三十板，刘位革役永不复充
168	江西义宁州帅直壂殴伤无服族兄帅直旬身死贿和未成案	帅直堤	借钱不遂，肇衅酿命	不应重律，杖八十	折责发落
		犯父帅信秋	欲为伊子脱罪，许银私和		
		尸母帅刘氏	听许银两，将伊子私埋拦验，赃未入手与贿和已成者有间		帅刘氏系妇人照律收赎
169	四川冕宁县傅潮青因被索诈钱财争斗致死冒充差役罗义案	吴得荣	田业既已绝卖，复行控找，致酿人命	不应重律，杖八十	折责三十板
170	四川仁寿县邓潮开戳伤李学杜身死案	邓元倖	负欠酿命	不应重律，杖八十	折责三十板
171	四川乐至县民曹正荣因典盐井事致死罗添惠案	左添章、贺耀先	价未交明，遽往汲水，致酿人命	不应重律，杖八十	折责三十板
172	山东阳谷县张自远因劝架殴伤县衙役卢万兴致死案	王世荣	借欠卢万兴钱文不偿被索，肇衅致酿人命	不应重律，杖八十	折责三十板
173	四川天全州民周士贵戳伤乡约冯山秀致死案	危桶匠	肇衅酿命	不应重律，杖八十	折责三十板
		周三儿	欠钱不还		

续表

编号	案件名称	行为人	“不应为”行为	法律适用	宽免情况
174	吉林宁古塔壮丁张九蓬索要工钱殴伤民戴佩礼身死案	曹文玉	韩俊与张九蓬争殴范克修，曹文玉并不劝阻，反将张九蓬手脚帮拉倒地，殴打致酿人命	不应重律，杖八十	折责发落
175	贵州普安厅差役陈德润等共殴刘正春身死案	吴帼才	肇衅酿命	不应重律，杖八十	折责三十板，革役
176	直隶固始县民葛玉喜争产逼迫期亲服婶身死案	葛玉卦	随同葛玉喜往分地亩，并量取黑豆亦属不合	不应重律，杖八十	折责三十板
177	广东揭阳县民李阿添因索欠打死王阿广案	陈阿冲、郭阿吟	同行附和，殊属不合	不应轻律，笞四十	折责十五板
178	江西武宁县客民卓尔贤因不允加收山租被王祥庭殴毙案	王柯庭、王友庭、王俊照、王登庭	随同砍伐	不应重律，杖八十	事犯在恩诏以前，所得杖罪均予援免
179	浙江于潜县客民储大川因索要工钱故杀谢明如案	储长生	随同伊父前往助势，并将谢阿全拉出门外	不应重律，杖八十	——
		储二生			储二生年未及岁照例收赎
180	河南陕州民姚进宝挟嫌帮殴致死无服族叔姚喜先案	姚唤成、姚学升	听从纠人	不应重律，杖八十	折责三十板
181	山西稷山县民赵活儿因其兄不孝听从母命扎伤胞兄身死案	赵三远、赵六娃、赵旺儿	听从抬埋，虽讯无受贿情事，亦属不合	不应重律，杖八十	折责三十板
		乡地苏明	听嘱不报		折责三十板，革役
182	陕西安康县客民吴坤山等共殴谭贵潮身死案	程明秀、蒋贵光	听从随往并未同殴	不应重律，杖八十	折责发落
183	陕西三原县客民雒向行因王田氏索欠将妻马氏砍伤致死案	王宗濂、杨喜儿	听从搬货	不应重律，杖八十	折责三十板
184	广西上林县黄经绳因帮护侄子接妻回家被卢玉表殴伤身死案	黄经芳、黄光耀、黄光山、黄特禀	听从牵牛挟制	不应重律，杖八十	折责发落

续表

编号	案件名称	行为人	“不应为”行为	法律适用	宽免情况
185	江西泰和县监生熊光俊因田亩之争殴毙刘六仔案	黄时运	听从蒋士登强割田禾	不应重律，杖八十，	折责三十板
186	四川渠县民李青太受雇割谷将佃户李腾芳致死案	杨作彬	系僧全柏雇往，而与人争斗	不应重律，杖八十	折责三十板
		僧全柏	因李腾芳未给租钱，并不理讨，辄即雇人收割，以致酿成人命		
		僧广寂	嘱令携带鸟枪		
187	湖南平江县朱为勋等为索找工本银起衅殴毙原雇主子吴照叙案	朱千乘	听从牵牛	不应重律，杖八十	折责发落
188	山东单县刘玉柱听从刘宗周共殴致伤刘泳召身死案	刘牛	听纠共殴	不应重律，杖八十	刘牛折责发落。事犯到官在恩旨以前，杖罪援免
		刘年			刘年之父刘泳召已死非命，从宽免议
189	四川邛州民张大德因地租纠纷伤王会川身死案	张戊元	听从王会川背回谷子	不应轻律，笞四十	折责十五板
190	直隶朝阳县蒙古四喇嘛因被索欠打死郑六案	金贵	听从同往寻衅	不应轻律，笞四十	折责十五板
191	吉林宁古塔珲春旗人德受因债务纠纷殴伤徐罗锅子身死案	彰锡保	听从伊父将徐罗锅子拖拉出屋	不应重律，杖八十	系旗人，鞭八十
		毕呼噜氏	将伊夫解放，致酿人命		系妇人，所得杖罪，照例收赎
192	湖南宁乡县阳名彰殴伤小功服弟阳魁武身死私和匿报案	阳奉潮	听从同往掘塍	不应重律，杖八十	事犯到官在恩诏以前，所得杖罪均予援免
193	四川忠州民张添纲因赡谷纠纷将胞兄殴伤身死私埋匿报案	张添常、陈登润	一系张仕荣之子，一系张仕荣雇工，虽律得容隐，但听从抬埋究有不合	不应重律，杖八十	折责三十板

续表

编号	案件名称	行为人	“不应为”行为	法律适用	宽免情况
194	河南光州民张同盛等因被强拉牛只事致伤施文礼等身死案	张春	听从拉牛殊属不合	不应重律，杖八十	折责三十板
		胡瑞	听纠同行亦有不合	不应轻律，笞四十	折责十五板
195	四川邛州民钟元兴因债务纠纷致死郑守坤案	古万章、李新方	事不干己，帮同索钱，亦属不合	不应重律，杖八十	折责三十板
196	浙江奉化县民张角弓等因口角共殴邻居舒董氏身死案	张显品	张角弓等背负舒董氏到后泽村时帮同护送	不应轻律，笞四十	事犯到官恩诏以前，所得笞罪应予援免
197	江苏金山县赵炳咸等因乞丐盛二强讨将其致死弃尸案	沈建方	帮忙扶尸上肩	不应重律，杖八十	——
198	陕西蒲城县民刘元林因索欠打死刘元恺案	刘元宏	劝阻不力	不应重律，杖八十	折责三十板
199	甘肃武威县民翟吉存戳伤缌麻服兄翟吉善身死案	翟吉浦	明知于氏系翟吉翰堂嫂，当翟吉善声言嫁与之时并不劝阻，乃帮同揿按	不应重律，杖八十	折责发落
200	湖南会同县民蒋丙申私押胞婶唐氏田亩并割谷抵欠致唐氏抱忿自缢案	蒋任才	并不理阻，复帮同押借割取田谷	不应重律，杖八十	折责三十板
		蒋荣富、蒋三科、蒋曰德、蒋德友、蒋兴远、蒋添胜、蒋及伢、蒋兴富	听从同往	不应轻律，笞四十	各折责发落
201	四川长寿县民张升元割伤无服族弟张升禄身死案	张升华、张升吉、张升潮	不善为劝阻	不应重律，杖八十	折责三十板
202	湖南湘乡县民谢重来因欠钱未还事致缌麻表兄身死案	邓太宁	并不劝阻，辄行受雇装送	不应重律，杖八十	——
203	吉林伯都讷民王富林因不能还欠打死同屯人张万良案	范文、孙文学、刘端、李良	斗殴时在场，并未力阻	不应重律，杖八十	恭遇本年四月十四日恩旨，杖罪均应援免

续表

编号	案件名称	行为人	“不应为”行为	法律适用	宽免情况
204	安徽阜阳县民袁应砍伤李妮孜身死案	魏庄	并不劝阻，殊有不合	不应重律，杖八十	折责发落
205	四川石硅厅武生刘庭杰因强行砍竹被殴毙案	袁益丰	不行救阻，先自走回，究属不合	不应轻律，笞四十	折责发落
206	浙江嵊县民俞允大因争佃殴毙崔连升案	崔南松	并不劝阻	不应重律，杖八十	事犯在恩诏以前，应予援免
207	甘肃西宁县民马洪成因借贷纠纷被陕西临潼县吴秉禄戳伤身死案	岳斌	劝阻不力	不应重律，杖八十	折责发落
208	四川天全州祝俸荣因买卖事被荥经县吴成贵戳伤身死案	熊登富	救阻不力，事后又不首告	不应重律，杖八十	折责三十板
209	甘肃镇原县客民闫士吉殴伤牛金满跌崖身死案	闫士兴	不善为劝理，竟赴塬喊叫众人帮拿送官，追牛金满等逃跑，又复拾取劈柴追赶，以致闫士吉将牛金满殴伤落崖身死	不应重律，杖八十	事犯在恩旨以前，应予援免
		侯智元	不力为劝阻，致起事端		
210	浙江平阳县客民江学庸因争割稻谷肇衅致使颜如武等落水身死案	曾阿四、梁阿谢	在场不行劝阻	不应重律，杖八十	事犯在恩诏以前，应予援免
211	云南宁洱县客民罗正元因租谷之争砍死李老二夫妇案	刀映棕	听从同行，虽未帮殴，但不力为救援，事后又不首告	不应重律，杖八十	折责发落
		刘五十	寻获李老二尸首，不好为看守，致被野兽食尽	不应轻律，笞四十	
212	湖南民卢礼全索要嫁嫂财礼钱殴伤颜成玉身死案	颜臻治	劝阻不力	不应轻律，笞四十	事犯在恩旨以前，笞罪均予援免，保正仍革役
		颜秉沅	致酿人命		
		保正文中义	失察	不应轻律，笞四十，革役	
213	江西万载县民李师胜因催促退佃事将佃户张开生致死案	李章子	在场并不劝阻	不应重律，杖八十	折责发落。事犯在恩旨以前，所得杖罪应予援免

续表

编号	案件名称	行为人	"不应为"行为	法律适用	宽免情况
214	陕西宜川县民白志尚因索讨欠租殴毙佃户王裕德案	程谦	劝阻不力	不应重律杖八十	折责三十板
215	陕西武功县民赵根子因雇工赵东五懒惰将其殴伤致死案	张种秋、赵光显	劝阻不力	不应重律，杖八十	折责三十板
216	山西萨拉齐厅住民郝治因牛践食禾苗殴伤蒙古人几克几忒身死案	武四如子	并不力劝	不应轻律，笞四十	折责十五板
217	广州驻防汉军旗人赵兴旺因索欠戳伤养育兵尹常升致死案	刘逊和	不即救阻，先行跑出	不应重律，杖八十	系旗人照数鞭责
218	陕西南郑县客民赵克起因口角打死嵇居忠案	沈三	劝阻不力	不应重律，杖八十	折责三十板
219	京城内宛平县民王三因索欠打死顾二格案	张大、韩达儿	并不力为劝阻	不应重律，杖八十	折责发落
220	云南镇雄州差役王俊等共殴魏潮纲身死案	安帼才、李成发、傅启贵	不行劝阻	不应重律，杖八十	折责发落
221	四川彭水县民刘兴怀殴伤伊妻前夫之子何蛮身死案	田庆举	并不劝阻	不应重律，杖八十	折责三十板
		曾老么（即曾馥恒）	索欠酿命		
222	直隶蔚州民王杰因口角打死缌麻服兄案	乡保元三	匿不禀报，以致复酿事端	不应重律，杖八十	折责三十板，系公罪免其革役
223	浙江平湖县民褚庭书追赶其妻堂弟宋承烈落河身死案	地保朱幅	失于查报	不应重律，杖八十，革役	——
224	山西归化城厅客民王万全伤妹夫武六仔身死案	保长李伏海	失于查察	不应重律，杖八十	折责三十板，系公罪，免其革役
225	四川忠州民袁成因索讨工钱被邹谷仕打死案	保邻周仕龙、陈孔卫	失察私和匿报	不应轻律，笞四十	折责发落，周仕龙革役

续表

编号	案件名称	行为人	“不应为”行为	法律适用	宽免情况
226	甘肃华亭县民吕金潮因索找地价殴死潘海受贿私和案	乡约冯芝	失于查报	不应重律，杖八十	折责革役
227	陕西长安县民高仁吉因调节他人事将乡邻张江致死案	乡约李崇幅、高朋	失于查察	不应重律，杖八十	折责三十板。事犯在恩旨以前，所得杖罪均应援免
		高春	出钱认罚，肇衅酿命		
228	江苏武进县民樊受海因找价事殴伤乡邻焦阿大身死案	地保柳忝玉、邻佑樊胜德、樊阿二	查知焦阿大被樊受海殴毙，辄因畏累任听私和匿报，殊属不合	不应重律，杖八十	折责发落，柳忝玉革役
229	陕西洋县客民樊正海谋害张珑案	乡约刘长智	失于查察	不应重律，杖八十，革役	事犯到官在恩诏以前所得杖、笞各罪应予援免
		邻佑马太元、敖贤佐	未能觉察	不应轻律，笞四十	
230	陕西宁陕厅客民张兴才殴死佣工张泳成并杀人灭口案	乡约汪崇德	失于查察	不应重律，杖八十	折责三十板，革役
231	陕西沔县客民许洪才因租佃事致伤土著谭仕林身死案	乡约金会潮	失于查察	不应重律，杖八十	折责三十板免其革役
232	陕西西乡县客民陈奉因债务伤王长青身死案	保正赵文明	失于查察	不应轻律，笞四十	折责发落，犯系公罪，免其革役
233	贵州水城厅民李正虔因索欠殴毙客民万玉陇案	乡约马得荣	失察私和人命	不应重律，杖八十，革役	事犯到官在恩诏以前，应予援免，仍革役
234	湖北大冶县在配徒犯王允发打死杨唐氏、项氏案	看役周大有	失于约束	不应重律，杖八十，革役	折责，革役
235	安徽龙井庵僧人松和打死窃贼张和尚案	刑书翁宽	失职	不应重律，杖八十，革役	折责革役发落。事犯到官在恩诏以前，杖罪均予援免，仍革役
		捕役蔡璜、金和、余顺	失察		
236	江苏沛县僧照幅不守清规被师傅宝明殴伤身死案	地保朱言	失于查报	不应重律，杖八十	折责革役

续表

编号	案件名称	行为人	“不应为”行为	法律适用	宽免情况
237	山西灵石县监生秦志真喝令雇工张兴玉殴毙曹添理案	小里石城顺	听嘱不报应照	不应轻律，笞四十	折责十五板，革役
238	山西朔州王雨汉因租地纠纷致伤张有德身死案	乡约王祥	听嘱不报	不应轻律，笞四十	折责十五板，免其革役
239	陕西宝鸡县民茹徐家娃砍伤雇主杨迎春身死案	地保孙世林	失于查察	不应重律，杖八十，革役	折责三十板。事犯到官在恩旨以前，所拟杖罪均予宽免
240	贵州郎岱厅苗民韦老三因谋夺田土将苗民杨潮德殴毙弃尸案	乡约李升	失察人命	不应重律，杖八十	折责发落
241	直隶丰宁县旗人王英雇工张义忠等共殴郭思聪身死案	差役王庭贵	郭思聪不允赴县辄与争吵	不应重律，杖八十	折责三十板，革役
		王英	肇衅酿命		折责三十板，系旗人，应行鞭责，年逾七旬，照律收赎
242	湖南龙山县民李受戳死差役姜威案	涂贵	系本案原差，任听姜威分途往传，并不协同前往	不应重律，杖八十	各折责三十板，革役
		龚美	因病未行，私令姜威代唤		
243	广西怀集县民程宗廉推跌程英宽致死私埋匿报案	保正刘兆馨	失于觉察	不应轻律，笞四十	折责十五板。事犯到官在恩诏以前，杖笞各罪均请援免，保正仍革役
244	陕西紫阳县民妇王黄氏殴伤小功堂侄王玉身死私和匿报案	乡约张东海	失于查察	不应重律，杖八十，	折责三十板
245	浙江仁和县朱玉秀等共殴曹三身死私和匿报案	地保徐闻、沈淙	发事后分得洋钱，徇隐不报，虽讯无串同私和情事，亦有不合	不应重律，杖八十	革役

续表

编号	案件名称	行为人	“不应为”行为	法律适用	宽免情况
246	贵州兴义府李备因争种公田纠纷致死贺阿五并私和匿报案	头人李荣	失察人命	不应重律，杖八十	折责发落
247	山西寿阳县史守德听从母亲主使扎伤其兄史守谦身死案	地段汉中	失于查察	不应轻律，笞四十	折责十五板。革役。事犯到官在恩旨以前，所得笞罪应予援免
248	湖南安化县吴潮献殴伤缌麻服侄吴能辉身死贿和匿报案	保正刘付祥	失察私和人命	不应轻律，笞四十	折责发落，革役
249	山西阳城县赵小四殴伤李有安身死并厅役刘满城诈赃畏罪自缢案	散役张泳	虽讯无受贿故纵刘满城情事第不小心看守，致令脱逃自缢	不应轻律，笞四十	折责十五板，革役
		李广全	因向赵小四索取地内粪土工本，不给，辄向拦种争区殴，以致涉讼酿命	不应重律，杖八十	折责三十板
250	山东滕县差役张训索诈陈文忠致其自缢身死案	散役殷桂兰、王开勋、保地张有秋	曾与张训私食陈文忠酒饭，均属不合	不应重律，杖八十	折责发落
251	广东乐昌县民邱冲斗致伤胞兄邱受华身死伊父匿报案	地保张武聪、村邻王日光、杨黄祐	一则失于查察，一则知情不报	不应重律，杖八十	折责三十板
252	浙江汤溪县客民曾森林被苏岳秀等共殴身死犯父私和匿报案	地保苏帼华	事后知情不首	不应重律，杖八十	革役
253	陕西韩城县民刘玉环殴伤胞兄刘玉辰身死贿和私埋案	乡约刘大定	失于查察	不应重律，杖八十	折责三十板
254	江西乐平县民吴正发将胞弟吴正起勒死私埋匿报案	地保吴作云	失于查察	不应重律，杖八十	折责发落

续表

编号	案件名称	行为人	“不应为”行为	法律适用	宽免情况
255	直隶卢龙县皂役刘景顺借差吓诈钱文致李兴情急投井身死案	伙役胡文治	先经分受李兴送给盘费钱文，继复在彼饮食	不应重律，杖八十	折责三十板。革役。事犯到官在恩旨以前，胡文治系衙役诈赃不准援免
		社书陈邦贤	于刘景顺将李兴拴锁央释之后，辄随同饮有事人酒饭	不应轻律，笞四十	折责十五板。免其革役。事犯到官在恩旨以前，陈邦贤所得笞罪应予援免
256	江西庐陵县民刘萧氏触忤伊姑刘易氏自缢身死案	易兴樟、易宏饶、易良才	见易氏颈上并无缢痕，顶心疮毒未痊误为伤痕，虽属因疑所致，惟并无查明，冒昧混报	不应重律，杖八十	各折责三十板
257	湖南新田县民邓倡孺殴毙无服族叔祖妻邓蒋氏案	邓大溃、邓倡荛、邓荣学、邓妹崽	将僧林灿进山礼钱私行分用	不应轻律，笞四十	事犯到官在恩诏以前，所得笞罪应予援免
258	湖北黄冈县民余正太私占坟山戳伤无服族侄余耀龄身死案	余正文、余正元	听从余正太各将母棺私在公山添葬，殊属不合	不应重律，杖八十	事犯到官在恩旨以前，所得杖罪俱应援免
259	云南昆明县民杨幅仕因欠钱纠纷伤缌麻服嫂杨田氏身死案	施号	既见尸身并不投约报官，究有不合	不应轻律，笞四十	折责发落
260	陕西安康县客民赵文科因占种纠纷误伤其妻赵刘氏身死案	赵其卓	不预将地界指明，致李炳俊等越界侵种	不应重律，杖八十	折责三十板
		李炳俊、李富	并不查明界址，越种酿命		
261	广西桂平县民林建文因争夺家产被李启明殴毙案	林建明	将受伤之人船载来城，以致中途因伤身死，亦有不合	不应重律，杖八十	折责三十板
262	江苏溧阳县民陈幅三因索欠被无服族弟陈良孙等殴毙案	方士川	于陈幅三被害之后并不首告，究属不合	不应重律，杖八十	事犯在恩诏以前，杖罪宽免
263	浙江淳安县民胡大高等因误砍小树事共殴缌麻表兄身死案	胡三广、方象成	不知山界，误砍鲁士均坟树	不应重律，杖八十	事犯在恩旨以前，所得杖罪均予宽免

续表

编号	案件名称	行为人	“不应为”行为	法律适用	宽免情况
264	直隶钜鹿县民谷庭文因债务纠纷殴伤李全义身死案	史魁	身为乐户，辄娶良家子女为媳，殊属不合，但尚未成婚，即被告发断回	不应重律，杖八十	事犯到官均在恩旨以前，所得杖罪应请援免
		杨洛变	听从说合	减一等，杖七十	
265	四川泸州民周帼奇为索押佃钱戳伤李世瓒身死案	李泳受等	将所捐当产另招佃户耕种，不楚押佃，均有不合	不应重律，杖八十	折责三十板
266	湖北房县民袁陇因赎地纠纷伤魏长帼身死案	魏富祚	出典地面，尚未满限，辄因向赎未允允，强往耕犁，殊属不合	不应重律，杖八十	折责三十板
267	安徽婺源县民程富因坟地之争被邻村人仉大别等人殴毙案	程沅	并不查明界址，辄疑己地，混行阻葬，殊属不合	不应重律，杖八十	折责发落
268	广西博白县民王十八因找补地价殴毙庞亚八案	王绵	因地价被胞兄王纮用去，辄向庞帼豪索补不遂，并令子侄在于屋后立堆图占	不应轻律，笞四十	均年逾七十，例应收赎，且事犯在恩诏以前，应予援免，并免收赎。王纮年老患病，并免到案
		王纮	既经收价，不行分给，以致肇衅酿命		
269	陕西洵阳县客民李有因买木材打死吴九案	陈光受	并不告官辄行滋事，并将王光明殴伤	不应重律，杖八十	折责三十板
		陈百子	随同毁物亦属不合，姑念已被徐德旺掷伤	不应轻律，笞四十	折责十五板
270	广西平乐县客民林发兴为财谋杀罗庭行案	邱老三	与刘老二同至罗庭行厂内并不据实供明，亦属不合	不应重律，杖八十	折责三十板
271	河南禹州客民王六等因口角打死赵五头案	窑户郭维新	私开煤窑	不应重律，杖八十	折责三十板
272	奉天广宁县刘文祥因租地纠纷被客民李二戳伤身死	李四	用枪戳破李可宝衣襟并未成伤，亦有不合	不应重律，杖八十	折责发落
		李可宝、张仁、刘谷保	听从翻毁地拢又不力为劝阻		

续表

编号	案件名称	行为人	“不应为”行为	法律适用	宽免情况
273	直隶朝阳县客民高荣扎伤李丕敬身死案	高自南	代为顶认，后又据实首明	不应重律，杖八十	折责三十板。业已在押病故应毋庸议。
		刘发升	拾获毛毯，当李丕敬查知向索并许给谢礼并不给还，致酿人命	不应重律，杖八十	折责三十板。事犯到官在恩旨以前，应请援免
		乡长姚晋玉	并不查明实情，混行妄报	不应轻律，笞四十，	折责十五板，系公罪免其革役。事犯到官在恩旨以前，应请援免
274	安徽霍邱县民张宣因口角被客民胡自清扎伤身死案	陈陶	辄令工人割稻树，呈控胡自清伐割，殊属不应	不应重律，杖八十	系监生照例纳赎
		差役侯山、约保安淋	不自行亲传，辄令张宣先行往探，致酿人命	不应重律，杖八十	折责革役
275	长乐县陈亚五因债务纠纷致伤债主妻张徐氏身死案	张潮江	斗殴伤重亲属违例抬验而致伤生者	不应重律，杖八十	折责三十板
276	浙江余姚县民卢沅隆等共殴胡作梅身死案	僧通海	私租庙田，致酿衅端	不应轻律，笞四十	——
277	湖南浏阳县熊学武父子打死潘学萌谭之可案	熊教民	听从其父熊毁禾，事属侵损	不应重律，杖八十	事犯在恩诏以前，杖罪应请援免
278	广东遂溪县监生梁著琳踢伤工人林那子身死并周老育教唆翻供案	梁贵	冒昧代递书信	不应重律，杖八十	折责三十板
279	福建永春州大姓与小姓械斗致多人死亡案	蔡平、李奢	较论挑钱	不应重律，杖八十	折责发落
		李楼	帮护		邱再、李楼业已在押，在家病故，应毋庸议
		族人邱再	走路误碰，先后争殴		
		蔡湖塘	报复赶殴，掷毁酒甕，致肇事端		折责发落
280	广东新兴县民梁召希因交租纠纷伤叶立秀身死案	叶维煊	不查确实，遽行兴讼	不应轻律，笞四十	折责十五板

续表

编号	案件名称	行为人	“不应为”行为	法律适用	宽免情况
281	浙江汤溪县佃户傅秀发因夺佃肇衅被田主章淙汉殴毙案	傅实发	因佃田被夺，往割田稻泄愤	不应重律，杖八十	——
		范秀	听从随行		
		酆广普	加价谋佃，致酿衅端		
282	江西石城县民刘和元因索讨耕牛事误伤雇工身死案	刘著员	因刘和元欠租霸但，并不善为理讨，辄强牵牛只作抵	不应重律，杖八十	折责三十板。羁禁系在恩旨以前，杖罪应予援免
		刘汉垂	于刘和元牵牛时辄将王幸希殴伤，致酿人命		
283	四川西昌县夷民阿合等因索讨工钱致伤雇主余世位身死案	阿白、呷车、哄支	并不理讨，辄行摘苞谷作抵	不应重律各杖八十	各折责发落
284	陕西大荔县回民于考儿殴死欲赎地之于兴云案	于瞎慢	伊子行凶当场，不能禁	不应轻律，笞四十	折责十五板
285	科尔沁蒙古人巴彦仓等将索讨赌债之汉民魏从欣合谋杀死案	张得	容留巴彦仓等集聚，致滋谋命重案	不应重律，杖八十	事犯到案在恩诏以前，所得杖责应予宽免
286	河南遂平县遣犯梁亚树因财物纠纷伤遣犯徐亚执身死案	马夫王朝升、王玉振	失于管束	不应轻律，笞四十	事犯到官在恩旨期内，所得笞罪应予援免
287	云南路南州沙厂厂民张汉弼因口角打死张勇春案	陈国用	不能妥为照料	不应轻律，笞四十	折责发落
		周起	前往寻衅，致酿人命		
288	湖北天门县金辉五殴伤县役邓超身死案	田善	于金辉五托令转还钱文私行挪用	不应重律，杖八十	折责三十板
289	甘肃肃州伊兴因工钱纠纷殴伤雇主李真身死案	蔡成其	斋桑三宝索文放犯，换回锁链之时并不阻止	不应重律，杖八十	折责三十板
290	四川富顺县客民陈元等因工钱纠纷共殴喻添贵身死案	谢义泷	透支工钱私逃	不应重律，杖八十	——

续表

编号	案件名称	行为人	“不应为”行为	法律适用	宽免情况
291	湖南宁乡县民孟诗沅等私造假银并酿人命案	陶以光、李晚	查获蔡一等铅银器具，并不送官，辄听许私和	不应重律，杖八十	陈士高系监生，照律纳赎，余俱折责发落
		陈士高、蔡松轩、刘咸梅	听从耽保赔银		
292	山东即墨县民高密因买妻事将王氏前夫殴伤致死案	曲幅隆	冒昧媒合	不应重律，杖八十	折责发落
293	奉天岫岩厅民王汶有因争害田禾砍伤解容身死案	解桂	拖累无辜	不应重律，杖八十，再加枷号一月	满日折责发落
294	安徽宿州差役刘元等私押诈索钱财致使陈秀文自戕身死案	薛得、邵二、王志	因刘元捏称病人，并不查明，冒昧扛抬	不应重律，杖八十	除王志病故不议外，薛得、邵二均应均折责三十板
295	广东香山县民李亚占因抢夺银两将其母尸身划伤图赖案	李焕元	该犯所夺尝银系伊祖祠内公共之项，与抢夺亲属银两应照恐吓取财以窃盗加等治罪者不同，若比照卑幼私擅用财科断，罪止笞责，及负欠不还罪亦止于杖六十不议	不应重律，杖八十	折责三十板。事犯在恩旨以前，所拟杖罪准予援免
296	湖南桂阳州民骆贵开因田亩之争被李世臣等共殴毙命案	罗英蛟	将已抵李世仅之地重抵骆显玉管业致酿人命，若仅照将典卖田宅，其所得抵价不及三两，罪止杖六十，似觉情重法轻	不应重律，杖八十，再加枷号一个月	满日折责发落
297	浙江山阴县寓民杨阿四误伤叶大芳身死案	姚启忠	先将叶大芳殴伤，本非与杨阿四共殴，未便照余人律问拟	不应重律，杖八十	——
		祝明耀	肇衅酿命殴伤高长佑		
298	江苏海州民妇刘葛氏因被强迫改嫁打死故夫无服族弟刘广沅案	葛魁	因刘广沅强嫁伊姐，争扭推跌欲行捆缚送官，迨刘葛氏迭用铁尺殴打犹揿住不放，以致刘广沅被殴身死，虽未帮殴成伤未便竟置不议	不应重律，杖八十	——

续表

编号	案件名称	行为人	"不应为"行为	法律适用	宽免情况
299	广西永淳县李光敷等因分粟纠纷共殴陈谷良身死案	陆潮聘、陆潮像、陆建始	听纠互殴陈大鼎等受伤，若照殴人成伤律拟笞，似觉轻纵	不应重律，杖八十	折责三十板
300	直隶献县差役子孟春踢伤刘河东身死案	孟文焕	因催纳钱粮辄与刘河东争闹，将其发辫揪落一绺，致酿人命，实属不合，未便按律仅拟笞责	不应重律，杖八十	折责三十板，革役。事犯在恩赦以前，应免罪
301	甘肃武威县杨吉林因用水纠纷掷伤牛化鹏身死案	徐法浦、杨安、苏家保、戴五十子、张疤娃子、张福得子、王青、王义、张克顺、张桐	争水互殴，肇衅酿命。因其均未成伤，仅照律拟笞，无以示惩	不应重律，杖八十	折责发落
302	直隶沧州回民丁体山被民金鸣皋等殴伤身死案	金宝儿、金群儿、金七	均系在场助殴，未便议拟笞责	不应重律，杖八十	折责三十板。事犯到官在恩诏之前，杖罪均予援免
		丁炳	因彼此私相接受，致丁体山借端肇衅，亦有不合		
303	直隶平泉州蒙古进可因欠钱事用石掷伤胡连有身死案	胡连功	未记载	不应重律，杖八十	事犯到官均在恩旨以前，所得杖笞各罪均请援免

参考文献

古籍

[1]《道德经》，古逸丛书景唐写本。

[2]《荀子》，岳麓书社 1993 年版。

[3]（汉）许慎：《说文解字》，中华书局 2012 年版。

[4]（汉）伏胜：《尚书大传》，中华书局 1985 年版。

[5]（汉）班固：《汉书》，岳麓书社 2008 年版。

[6]（汉）郑玄注：《礼记》，四部丛刊景宋本。

[7]（汉）郑玄注，（唐）贾公彦疏：《周礼注疏》，上海古籍出版社 1990 年版。

[8]（汉）贾谊：《新书》，岳麓书社 1993 年版。

[9]（晋）陈寿：《三国志》，崇文书局 2009 年版。

[10]（晋）杜预注，（唐）孔颖达等正义：《春秋左传正义》，清嘉庆二十年南昌府学重刊宋本十三经注疏本。

[11]（北齐）魏收：《魏书》，中华书局 1974 年版。

[12]（唐）李林甫等：《唐六典》，中华书局 1992 年版。

[13]（唐）封演撰，赵贞信校注：《封氏闻见记校注》，中华书局 2005 年版。

[14]（宋）窦仪等：《宋刑统》，中华书局 1984 年版。

[15]（宋）蔡模：《孟子集疏》，清文渊阁四库全书本。

[16]（宋）王溥：《唐会要》，中华书局 1955 年版。

[17]（宋）陆九渊：《陆九渊集》，中华书局 1980 年版。

[18]（宋）朱熹注：《周易》，上海古籍出版社 1987 年版。

[19]（宋）宋慈：《洗冤集录》，上海古籍出版社 2008 年版。

[20]（宋）胡太初：《昼帘绪论》，商务印书馆 1922 年版。

[21]《元典章》，中国书店 1990 年版。

[22]（明）宋濂等：《元史》，中华书局 1976 年版。

[23]（明）吕坤：《呻吟语》，三秦出版社 2006 年版。
[24]（明）黄宗羲：《明夷待访录》，中华书局 2011 年版。
[25]（明）高举：《大明律集解附例》，清光绪三十四年本。
[26]（清）三泰修：《大清律例》，清文渊阁四库全书本。
[27]（清）张廷玉等撰：《明史》，中华书局 1975 年版。
[28]（清）朱轼：《大清律集解附例》，清雍正内府刻本。
[29]（清）徐松：《宋会要辑稿》，清嘉庆十四年刊本。
[30]（清）壁昌：《牧令要诀》，咸丰三年刊本。
[31]（清）刚毅：《牧令须知》，江苏书局清光绪十五年本。
[32]（清）戴兆佳：《天台治略》，清光绪二十三年本。
[33]（清）刚毅：《牧令须知》，江苏书局清光绪十五年本。
[34]（清）董沛：《汝东判语》，清光绪正谊堂全集本。
[35]（清）包世臣：《小倦游阁集》，清小倦游阁钞本。
[36]（清）徐栋：《牧令书》，道光二十八年刊本。
[37]（清）汪辉祖：《佐治药言》，中华书局 1985 年版。
[38]（清）沈之奇撰，怀效峰等点校:《大清律辑注》，法律出版社 2000 年版。
[39]（清）薛允升：《读例存疑》，清光绪刊本
[40]（清）孔昭明编：《福建省例》，台北大通书局 1987 年版。
[41]（清）皮锡瑞：《皮锡瑞集》，岳麓书社 2012 年版
[42]（清）戴震：《戴震全书》，黄山书社 1997 年版。
[43]（清）樊增祥：《樊山政书》，中华书局 2007 年版。
[44]（清）方大湜：《平平言》，吉林人民出版社 1998 年版。
[45]（清）沈家本：《历代刑法考》，中华书局 1985 年版。
[46]（清）沈家本编：《刑案汇览三编》，凤凰出版社 2016 年版。
[47] 刘俊文点校：《唐律疏议》，法律出版社 1999 年版。
[48] 祖生利等点校：《大元圣政国朝典章》，山西古籍出版社 2004 年版。
[49] 薛梅卿点校：《宋刑统》，法律出版社 1999 年版。
[50] 怀效锋点校：《大明律》，法律出版社 1999 年版。
[51] 黄彰健编：《明代律例汇编》，台北商务印书馆 1979 年版。
[52] 田涛等点校：《大清律例》，法律出版社 1999 年版。
[53] 张家山二四七号汉墓竹简整理小组编著：《张家山汉墓竹简·二四七号

墓》，文物出版社 2001 年版。

[54] 杜家骥编：《清嘉庆朝刑科题本社会史料辑刊》，天津古籍出版社 2008 年版。

[55] 晓明等编：《绝妙判牍 · 陆稼书判牍》，海南出版社 1993 年版。

[56] 杨一凡等主编：《历代判例判牍》，中国社会科学出版社 2005 年版。

[57] 邓洪波等编：《中国状元殿试卷大全》，上海教育出版社 2006 年版。

近著

[1] 唐君毅：《中国哲学原论》，九州出版社 2016 年版。

[2] 郭沫若：《中国古代社会研究》，人民出版社 1964 年版。

[3] 程树德：《九朝律考》，商务印书馆 2010 年版。

[4] 张晋藩：《法史鉴略》，群众出版社 1988 年版。

[5] 高绍先：《中国刑法史精要》，法律出版社 2001 年版。

[6] 戴炎辉编著：《唐律通论》，台北中正书局 1964 年版。

[7] 金观涛等：《中国现代思想的起源：超稳定结构与中国政治文化的演变》，法律出版社 2011 年版。

[8] 童光政：《明代民事判牍研究》，广西师范大学出版社 1999 年版。

[9] 郑秦：《清代司法审判制度研究》，湖南教育出版社 1988 年版。

[10] 费孝通：《乡土中国》，人民出版社 2012 年版。

[11] 里赞：《晚清州县诉讼中的审断问题——侧重四川南部县的实践》，法律出版社 2010 年版。

[12] 张小也：《官、民与法：明清国家与基层社会》，中华书局 2007 年版。

[13] [美] 博西格诺等：《法律之门》，邓子滨译，华夏出版社 2007 年版。

[14] [美] D. 布迪、C. 莫里斯：《中华帝国的法律》，朱勇译，江苏人民出版社 2010 年版。

[15] [日] 滋贺秀三等:《明清时期的民事审判与民间契约》，王正新等编译，法律出版社 1998 年版。

论文

[1] 杨一凡：《中华法系研究中的一个重大误区——“诸法合体、民刑不分”说质疑》，《中国社会科学》2002 年第 6 期。

[2] 黄源盛:《唐律不应得为罪的当代思考》，《法制史研究》2004 年第 5 期。

[3] 张茂霖：《中国传统法律“不应为”律条规范结构探析》，《世界华人法哲学年会 2012 年会议论文集》，清华大学 2012 年。

[4] 徐燕斌：《唐律“不应得为”罪新探》，《兰州学刊》2008 年第 12 期。

[5] 陈新宇：《继受与变革——以日本过渡刑律下“断罪无正条”与“不应为”的变化为中心》，《清华法学》2008 年第 3 期。

[6] 刘志勇：《清代“不应为”律及纠纷解决》，谢晖等主编：《民间法 2011》，济南大学出版社 2011 年版。

[7] 管伟：《试论清代不应得为律的适用——以规则分析和案例实证为中心》，《政法论丛》2008 年第 4 期。

[8] 甘露：《从一个判例看中国古代的“不应得为”罪》，《北京航空航天大学学报》2004 年第 2 期。

[9] 钱锦宇:《论中国古代刑法典中的概括性禁律——以〈大清律例〉为例》，《求是学刊》2007 年第 1 期。

[10] 靳匡宇等：《“不应得为”条背后的礼法共识——论中国古代法律文本中的泛论条款》，《北华大学学报（社会科学版）》2018 年第 6 期。

[11] 于志刚：《口袋罪的时代变迁、当前乱象与消减思路》，《法学家》2013 年第 3 期。

[12] 彭剑鸣：《中国法制史上的“不应为”罪名及其现代启示：以法社会学为视角》，《湖南社会科学》2013 年第 4 期。

[13] 张伯元：《〈大明律集解附例〉“集解”考》，《华东政法学院学报》2000 年第 6 期。

[14] 邓晓芒：《中西正义观之比较》，《华中科技大学学报（社会科学版）》2015 年第 1 期。

[15] 张建军：《论刑法中兜底条款的明确性》，《法律科学》2014 年第 2 期。

[16] 陈兴良:《刑法的明确性问题：以〈刑法〉第 225 条第 4 项为例的分析》，《中国法学》2011 年第 4 期。

［17］［日］ 寺田浩明：《清代民事审判：性质及意义——日美两国学者之间的争论》,《北大法律评论》1998 年第 1 卷第 2 辑。

学位论文

杨舒然：《功能视角下的“不应为”律》，云南大学硕士学位论文，2012 年。